武汉纺织大学学术著作出版基金资助出版

该著作出版还得到教育部人文社会科学研究青年基金项目

（13YJC820116）资助

法、人格、自由的内在逻辑结构研究

——立基于康德和黑格尔的法哲学

■ 周雪峰 / 著

武汉纺织大学人文社科文库

（第三辑）

中国社会科学出版社

图书在版编目（CIP）数据

法、人格、自由的内在逻辑结构研究：立基于康德和黑格尔的
法哲学/周雪峰著. —北京：中国社会科学出版社，2014.12
ISBN 978 - 7 - 5161 - 5230 - 0

Ⅰ.①法⋯　Ⅱ.①周⋯　Ⅲ.①康德，Ⅰ.(1724～1804)—
法哲学—研究②黑格尔，G. W. F. (1770～1831)—法哲学—
研究　Ⅳ.①B516.31②B516.35③D90

中国版本图书馆 CIP 数据核字(2014)第 297532 号

出　版　人	赵剑英	
策划编辑	田　文	
责任编辑	徐　申	何博超
责任校对	王兰馨	
责任印制	王　超	

出　　　版	中国社会科学出版社
社　　　址	北京鼓楼西大街甲 158 号
邮　　　编	100720
网　　　址	http://www.csspw.cn
发　行　部	010 - 84083685
门　市　部	010 - 84029450
经　　　销	新华书店及其他书店

印　　　刷	北京市大兴区新魏印刷厂
装　　　订	廊坊市广阳区广增装订厂
版　　　次	2014 年 12 月第 1 版
印　　　次	2014 年 12 月第 1 次印刷

开　　　本	710×1000　1/16
印　　　张	21.25
插　　　页	2
字　　　数	303 千字
定　　　价	66.00 元

目　　录

前　　言

　　中国当今的时代精神有两大主题，一个是社会呼吁更加健全的法治，另一个是人们呼吁有尊严的生活。从理论上厘清法、人格和自由之间的内在逻辑结构对回应时代精神这两大主题具有一定的现实意义。但在市场化和民主化的当今时代，人们对于自由的研究更多在经济学和政治学等领域，对人格和人格权的研究主要分布在心理学和法学（主要是民法）两个领域。而从法哲学的角度对法、人格和自由的内在逻辑结构进行深入细致的研究，在当今注重实证主义研究的中国法学界较为缺乏。

　　本书的核心论点基于人格的定义，即人格是指以自我规定性的能力为基质的同一性表象。而人格这一定义的根基在于自由。自由从本源上讲是一种自我规定的能力。本体论意义上的法作为一种自由意志的存在，承担着高贵的历史使命：命令人成为真正的人，并尊重他人为人，即法哲学必须承担起使人现实地拥有人的尊严和自由、享受"真实法权的人"的使命。本书核心命题的立论根基主要是康德和黑格尔的理性自由观和法哲学。因此，从实践理性和辩证逻辑的方法论上厘清法、自由、人格三者之间内在逻辑关系是本书的主要任务。总的来说，这种内在关系的基本逻辑就是：人格具有形式和内容、表象和本质、主体和客体等既区别又统一的内在结构；这个内在结构使人格具有跨现象界和理知世界的特点。只是在这个内在结构中，表象和本质之间并不是一个平行的关系，而是这样一种关系：在此结构中，本质决定表象，表象呈现出一种时空中的绵延性，即康德所言的号数上的同一性。这一特征的决定因素在于人格性的本质，即自由。自由正是决定人格之成为人格的最本质的规定。自由是什么？根据康德的理论，自由是自行开始一个序列（相对于自然因果律的序列而言）的原因性。本书认为自由是独立于强制而进行自我规定的资格和能力。所以对人这一主体而言，自由意味着自我规定性的能力。正因为人格的这种内在结构，所以人既不是纯粹经验意义的人，也不是纯粹本体的人，而是"作为人格的人"。就主体性"跨两界"的这一特征而言，人既相对于自然界而存在，也相对于本体界而存在，既相对于他者和他物而存在，也相对于自我而存在，即自在自为的存在。就人格相对于本体界而存在而言，即就人作为本质的存在、自在自为的存在而言，人的自由的特性使得法具有终极关怀的理念从而背负着历史的神圣使命，即追求人的全面的自由和尊严；又因为人格相对于自然界而存在，相对他者和他物的存在，作为一种现实关系的总和而存在，从而使得法具有现实存在的必要性，这一必要性以命令的形式"向着"人格的现象界。正是在规范的现实世界中，通过对人的基本权利以及各项其他权利的保障使得那抽象的本质、绝对的原理得以现实化。自由作为一个本质性的规定，还只是一个单纯的起点，一个空洞的开端，一个纯粹的意向，一个抽象而普遍的绝对。而法则是绝对的中介，所以法的实现过程就是自由的现实过程，也就是人格的现实化过程。

从本体论意义上对法、人格、自由的内在逻辑进行理论建构还只是作了形而上意义上的追问，我们还必须从实践上回答这一理论何以可能。关于"何以可能"这一问题主要从四个方面进行解答：

第一，人格与自由的内在逻辑结构。首先对不同学科（如哲学、心理学和法学）的人格理论进行跨学科比较研究，分析人格的属性和特征，并揭示出人格内在结构。然后明确界定人格的概念：人格的基质为自我规定性（自我规定性内含着自我决定的资格和自我选择的能力），而自我规定性的本质在于人的自由，所以自由是人格的逻辑前提。

第二，法与人格的逻辑结构。通过对人格内在结构的理论分析，阐述人格表象与人格本质、个体与人格体、个体世界与人格体世界的辩证关系。其中个体与人格体的分离是法之存在的必要条件。人格的绝对价值和终极目的是法之正当性的根基。个体世界和人格体世界的分离成为区分公法和私法的依据，而个体世界和人格体世界的关联又使得公私法呈现交叉性。在此理论的基础上分析主体、人格与人格权，尤其着重分析法律人格的本质要素（如主体资格要素和包含权利能力、行为能力和责任能力的主体能力要素）以及人格权、财产权和物权之间的内在关联和本质差异。譬如人格表象的同一性使得法律人格作为法律责任的承担主体成为可能，也揭示出人格不具有同一性的人格障碍患者不承担法律责任的理论根据。再比如人格表象是主体自我选择的"公开自我"，对于未公开的自我，任何他人都不得擅自侵犯，主体的这种人格权具体表现为隐私权。因此，隐私权的本质在于"个人信息的自我控制权"和"自我决定的自主权"，是人格的内在基质的外在体现和现实化。总之，人格尊严和价值的外在体现和现实性必须体现在法权意义的人格权和人格利益。

第三，自由与法的逻辑结构。通过对自由内在结构的理论分析，揭示为什么法必须将自由作为理念。法的真理在于自由，但第一层次的自由首先是作为一个本质性的命令展示出来的，即自由作为法的理念或终极关怀范导整个法律体系和形式。在此着重比较分析霍布斯和奥斯丁的"强制命令说"，康德的"绝对命令说"，黑格尔的"人格命令说"。立基于黑格尔的法哲学理论，分析法作为本质性的命令必然要在现实世界中体现它的实效、外化出它的内容，从而保障人的自由的全面实现。这些内容体现为以权利保障和权力制约为内核的宪法和各种法律原则、法律规范和法律制度。

第四，就实践论意义而言，构建以"主客体统一"为图式的"人格间交互关联论"的法图景。通过分析出法、人格与自由的内在结构，揭示出法、人格与自由之间有一种分离和统一的辩证逻辑关系。人的自由本质使人具有自主性、能动性、独立性，但这种自主性、能动性和独立性必须建立在规范性之上，并在与他人的交互关系中至少能达到外在的和谐相容。因此，现实的或真实的自由和人格尊严必须在普遍的平等人格之间的交互关系中才能实现。

总之，法的正当性必须建立在一种普遍平等的人格间的交互关联中。法本身的规律性和客观性必须与人的自由和人格尊严形成"主客体同一的图式"。所以必须扬弃主客体相互分离的观点，即要么认为法是某种主观意志的人为之物，要么认为法是脱离人的意志的纯粹客观之物。建立在实践理性之上的法律理论体现了个体与社会的关联和个体之间的交互关系。这种关联论强调法本身不是一种客观实体，而是呈现为关系结构的主观性和客观性的合体。这样的法才能完成自身神圣的使命：使人现实地获得幸福和人格尊严，人的自由的全面实现才有可能。

本书的特色体现在：法、人格、自由的内在逻辑结构从本体论、认识论和实践论上进行法哲学意义上的研究。具体表现为：

第一，体现了跨学科的理论衔接、突破和创新。首先，本书通过深入分析人格的内在结构，同时吸收心理学和哲学关于人格理论的研究成果。其次，进入法学领域对法律人格和人格权进行深度地理论研究。从法理角度对法律人格进行界定，通过分析指出法理意义上法律人格与民法意义上人格权的区别与联系。对自由的探索则深入到哲学的相关理论。既要分析自由作为人的本质特性在本体论上对法的意义，又要具体分析自由权的现实化途径。

第二，构建以"主客体统一"为图式的"人格间交互关联论"。通过剖析法、人格与自由的内在结构，揭示出法、人格与自由之间的

"分离与统一"的交互运动及其辩证逻辑关系。人的自由本质使人具有自主性、能动性、独立性，但这种自主性、能动性和独立性必须建立在规范性之上，并在与他人的交互关系中能达到外在的一致。因此，现实的或真实的自由和人格尊严必须在普遍的平等人格之间的交互关系中才能实现。

第三，采取"跨学科—多维度理论分析构架"的方法论体系。根据本书的研究目标与内容，拟采用比较研究方法、历史考察方法、现象分析学、形式逻辑与辩证逻辑等相结合的综合分析法，并形成法学、哲学、心理学等多学科的"跨学科—多维理论分析构架"作为基本的分析方法体系。其中逻辑分析法为主导方法论。本书的内在逻辑是形式逻辑和辩证逻辑的统一。形式逻辑主要采用同一律、排中律、（不）矛盾律。比如人格表象的同一性要符合形式逻辑的同一律或不矛盾律；法的体系和形式也必须符合形式逻辑的一贯性和不自相矛盾性。自由要获得持续性同样必须有一贯性和不自我矛盾。但是由于自由的不断自我超越、自我否定的本性和个体处于现实的交互关系中，不同个体不断地在个体世界和人格体世界的分离与统一的辩证关系中突围，这就使得一方面需要规范世界的形成，另一方面规范世界在形成的过程必须符合正当性要求。而规范世界的正当性就是在人格交互的辩证关系中达成的"主体间的合意"。

因此，本书将法的理论建立在实践理性之上，扬弃主客体分离的理论范式，力图既关注法律的现实化和实效性，又注重法律与社会的关联，同时也力图关注法律自身的正当性和形式上的逻辑自洽。

第一章

导　　论

第一节　三范畴关系的研究现状和理论背景

一　对时代精神和社会主题的回应

中国当今的时代精神有两大主题，一个是社会呼吁更加健全的法治，另一个是人们呼吁有尊严的生活。"让人民活得更加有尊严"和"加强法治建设"频频成为近几年政府工作和两会会议的鲜明主题，充分说明这两大主题的紧迫性和重要性。从理论上厘清法、人格和自由之间的内在逻辑结构对时代精神这两大主题的实现具有重要的现实意义。面对过去以经济发展为主导的社会发展模式所产生的社会问题，中国社会迫切需要的是观念的转变。中国法治建设在此阶段也获得了某些进展。如"国家尊重和保障人权"2004年入宪，《中华人民共和国物权法》2007年出台，《中华人民共和国刑法修正案（八）》2011年2月通过。尤其值得一提地是2011年的刑法修正案。它严控慎用死刑，加大对食品安全犯罪的惩罚力度，并将醉酒、飙车等严重危害生命健康安全和恶意欠薪严重侵犯劳动者权益、无视劳动者尊严的行为入刑等等，这些举措无不彰显着中国政府、社会和人们对人格尊严、人权的高度关注和重视。毫无疑问，尊重人格、保障人权、关注民生已成为时代精神的主旋律。有尊严地活着何以可能？这需要回答两个问题：一个是有尊严地活着的根基；一个是有尊严地活着如何实现。就当今时代精神的紧迫性而言，这一可能性要转化为现实性，必须依靠以人格尊严为终极目的、以自由为理念的法治。如果法失却了人格尊严和自由正义等目的和理念，那么在法治之下生存的人之尊严和价值必然随之沦落，人作为人的高贵尊严和自由精神将不可能实现，甚至完全丧失。所以结合部门法和司法实践，对法、人格、自由的内在关联进行理论和实践反思具有十分重要的现实意义。一方面，可以为建构中国法律体系提供理论资源；另一方面可以促进法理学与部门法以及法律实践的沟通和互动，对部门法中的理论难题如法律人格、人格权、主体资格、权利能力等进行实践分析和理论破解。

在市场化和民主化的当今时代，人们对于自由的研究更多在经济学和政治学等领域，对人格和人格权的研究主要分割在心理学和法学（主要是民法）两个领域。而从法哲学的角度对法、人格和自由的内在逻辑结构进行深入细致的研究，在当今中国法学界较为缺乏。在中国目前的法治理论研究和实践操作中，出现了一个难题，即中国法治的工具性的现实需求与法治理念本身的目的性产生很大的矛盾。这容易导致理论和实践在各自的领域自说自话。因此，法学研究者必须从中国法治实践的出发，在学理上厘清范畴间的内在逻辑关联，从本体论上探寻法的存在根基，进而结合我国司法经验，对法律的范畴、体系和理念在方法论和认识论上进行深入研究和反思，这样才能直面法学研究者和实务者共同的法律难题。只有在对法治建设经验不断地反思，我们才能提供出符合中国法治建设的理论渊源，才能获取属于本土的"法律话语权"。毋庸置疑，中国的法治建设已取得极大进步，但是仍存在某些缺陷。就笔者所涉及的论题而言，理论和实践方面需要进一步提升的有：首先，就理论而言尚需在实践理性的基础上，继续深入研究逻辑自洽的理论体系。例如法与自由、人格在法哲学领域内的逻辑关联以及该理论体系与部门法的内在关联。其次，在现实体制上，权利保障还需要更有效的制度安排，如新闻自由、言论自由、迁徙自由等权利有待进一步明确。再次，在民法领域，人格权还存在一些疑难问题。如人格权的权利结构问题，人格权在民法典上的立法体例问题，死者人格权益的保障问题，法人人格权的问题等。本书注重方法论的应用和研究。鉴于该课题涉及哲学、心理学、政治学和法学等跨学科理论和实践，因此在此基础上"跨学科—多维度理论分析构架"的方法论体系。

二　国内外研究现状与趋势

本论题研究的任务是法、自由、人格三范畴之间的内在逻辑关系，直接目的是探寻"什么是法"或者"法是什么"的问题。这个问题可以称作是法律科学的元问题。因此，本书的研究路径与实证法学派对此问题的探究不同，法学实证主义实际上否定在逻辑上有一个先于实证法的一般权利理论或权利哲学，在它们看来，法的本质是有关唯一的现行法规的知识。从某种意义上讲，本论题与实证主义法学派观点恰恰相反，笔者对法是什么或者法的本质问题做形而上的探讨，从而将"法律命题的'应当是'建立在人的存在及其内在本质之上"①。对于法律实证主义学派提出的"我们是否有必要提出另一种更基本的法律与现行法律相比较或作为现行法律的正当性理据"的问题，笔者的回答是肯定的。抛弃本体论或价值论的实证研究方式被德国法哲学家考夫曼教授称之为法律教义学。② 一般而言，法律教义学的根本弊端是：将"先行法律"作为一个真实的先予的既定存在或一个毋庸置疑的前提未予批判的独断地接受下来。

---

① 这一提法是法国哲学家保罗·利科提出来的，很精确地表达了笔者的研究界定，遂引用之。[法] 保罗·利科主编：《哲学主要趋势》，李幼蒸、徐奕春译，商务印书馆2004年版，第285页。
② 所谓教义学，考夫曼教授采用了康德的定义，即"对自身能力未予以批判的纯粹理性的独断过程"。[德] 阿图尔·考夫曼：《当代法哲学和法律理论导论》，郑永流译，法律出版社2002年版，第4页。

　　当然我们并不是说法律教义学的研究方式不必要。相反，从方法论的角度看，实证法是法学方法论的核心方法。但因此而认为"超教义学不必要、'纯理论'、甚至非科学"而加以拒绝，"危险便显示出来"。① 如果醉心于法律教义学或法律科学主义，未将法律的问题上升到哲学层面进行严肃认真的对待与反思，甚至仅仅在法学体系内部进行一般学说的探讨，那只能导致"法哲学的安乐死"和"法学的亲近繁殖"。这种结果"或许本能地懵对一回，但却不知自己在干什么，一般而言，只是平庸的半瓶子醋"。② 不仅仅是法学理论有这样的需求，我们只要看看比较成熟的部门法，我们立即发现，刑法已经走到前面，如关于刑罚正当性的探讨早已深入哲学、心理学、社会学各领域，并取得蔚为可观的成果：就刑罚观与犯罪本质论之间的辩证关系而言，古典理性派将犯罪的本质界定为"自由意志"，就此提出"道义论"的刑罚观；费尔巴哈将犯罪的本质界定为"权利侵害"，就此提出"心理强制"的刑罚观；迪尔凯姆将犯罪界定为"集体感情之触犯"，就此提出"遏制与威慑"的刑罚观，等等。就中国当下而言，刑法学家们争论激烈的诸多问题，最终也不得不涉及并诉诸法哲学的基本理论的探讨。张明楷教授认为当今刑法学界争论的主要问题是："如何理解和判断违法性？故意、过失是违法要素还是责任要素？……从形式上说，违法是指实施了刑法所禁止的行为，而刑法所禁止的行为一定是恶的行为。问题是，依据什么标准判断行为的善恶？实质的问题是，刑法应当禁止什么样的行为？为什么禁止某种行为？"③ 对这些问题的回答迫使法学者们转而在伦理学、哲学等领域寻求理论资源。有学者如是说"面对来自刑法法哲学的这种方法论与价值追求上的挑战，注释刑法学的任何沉默都只能理解为故作镇静或

----

　　① ［德］阿图尔·考夫曼：《当代法哲学和法律理论导论》，郑永流译，法律出版社2002年版，第4页。
　　② 同上书，第10页。
　　③ 张明楷：《行为功利主义刑罚观》，载《中国法学》2011年第5期。

麻木不仁"。①

笔者对法的本质做形而上的探究还基于以下原因。一方面与法哲学的学科性质相关:法哲学"以哲学的方式去反映、讨论法的原理、法的基本问题,并尽可能给出答案。通俗地说,法哲学就是法学家问,哲学家答"。② 所以法哲学既不是"纯哲学家"的法哲学,也不是"纯法学家"的法哲学。"法哲学更非法律教义学。据康德的说法,doguatism 通译为独断论教义学是'对自身能力未先予批判的纯粹理性的独断过程'。教义学从某些未加检验就被当作真实的、先予的前提出发,法律教义学者不问法律究竟是什么,法律认识在何种情况下、在何种范围中、以何种方式存在。"③ 所以法哲学必须在法学领域已知的理论知识下超越其界限,对法现象进行本质性的探索,对法律科学的基本问题和基本前提进行深层次研究。因为"人类任何时候都不可能成为机器和自动售货机"。④ 将我们这个社会完全法律化,作为一种政治体制当然是一件最不坏的事。但是我们也"不要受技术唯理性驱使得太远,我们这个社会的法律化是技术唯理性的一部分,以至于忘记了人类和人类的基本关怀"。由此就引出了另一方面的原因:作为与人的本质直接相关的自由概念实际上构成了整个社会以及社会在体制的理论根据。因为人与人、人与社会、国家之间的关系模式是以人本质上是何种存在者为基础的。如果缺乏对自由和人性、人格这些概念之内涵的深入探索,就难以对以保障权利、限制权力为核心的宪政精神和保障人权的法治精神进行本质的探讨,更遑论逻辑自洽的理论证成。最后,虽然前面两点着重强调对于法之本质的形而上研究的重要,但也并不否定实证法学派尤其是分析实证主义法学派的

① 邱兴隆:《刑罚理性导论——刑罚的正当性原论》,中国政法大学出版社 1998 年版,导读,第 7 页。
② [德] 阿图尔·考夫曼:《当代法哲学和法律理论导论》,郑永流译,法律出版社 2002 年版,第 4 页。
③ 同上。
④ 同上书,第 4、23 页。

重要性。根据法国哲学家保罗·利科的观点①，法律科学的含义应该包含多方面的内容，诸如谁从事和研究这门科学——可能是学者和专业法学家，也可能是法律从业者；法律科学的作用问题——可能存在于某民族领土或特定国家范围内的法律，也可能在于从不那么受空间限制，甚至不那么与个别国家政权联系一起的标准法；法律科学的主题问题——可能是包括自然法和成文法在内的法律（如英国的情况）；法律科学的权能问题——可能包括法律研究也包括国家研究（如苏联的情况）；还有诸如谁制定法律的问题，法律科学仅说明有效的法律，还是需要另一种更基本的法律进行比较等问题。回答这些问题实际上暗示着我们又提出了另一个更根本的问题，即我们根据什么把一种规范称作法律规范。这就回到笔者提出的法律科学的元问题："法是什么？"或者"什么是法？"

（一）国内外关于三范畴关系的研究现状和趋势

总的来说，国外对该课题的研究主要有两种研究进路，即规范的正当性和经验的合法性。前者主要从本质上研究法的理念、价值的正当化根基；后者则悬置价值诉求和本源探索，注重研究法律体系内部的系统性以及形式合法性和实践上可接受性条件以及实效状态。如英美学者更关注自由权利和人格权益的外在表现和现实性，因此主要在实在法范围内探讨自由权利和人格权问题。大多数英美法学家尤其是实证法学派的学者持这种观点。如奥斯丁、凯尔森、哈特、霍尔姆斯等。而大陆理性派学者更注重自由理念和人格价值对法之正当性的型构和范导，更多从本源上关注法、自由、人格之间的本质关联。如某些自然法学派的英美学者和深受康德和黑格尔影响的理性法学派。如德沃金、迈霍菲尔、考夫曼等。前者将自由和人格建立在法之上，即自由和人格来自于法律的赋予，后者将法建立在自由和人格之主体性

---

① ［法］保罗·利科主编：《哲学主要趋势》，李幼蒸、徐奕春译，商务印书馆2004年版，第285页。

之上，即法的正当性根源于自由和人格的价值性和目的性。显然这两种观点都是建立在主客体相分离的"实体本体论"①上。笔者认为法的结构是一种关系结构，它从本质上体现了一种主客体相统一的图示。正如考夫曼提出要建立法律的"关联本体论"②。又如卢曼提出的"法，是给定的（gegeben），同时又是自我创设的（aufgegeben），是不可取消的客观性和主观性的合体"。③ 也就是说，自由与人格和法的关系是一种交互关联的结构。这种主客体统一的图示主要体现为内容和形式两个方面。从内容上说，自由理念和人格尊严是法的终极目的，但这一最高原理和抽象理念需要法赋予其充实的内容和丰富的现实性。如果说，自由和人格首先还只是主观的理念，那么这主观的理念必须要体现为具备真实性和现实性的客观法；反过来如果实在法不体现自由理念和人格尊严，那么实在法不过是某些人或某个权威的主观意志，这种情况下，那自由和人格的理念必将发挥客观的不以主观意志为转移的力量来摧毁实在法的主观任意。从形式上说，关联本体论的主客体统一图示是在一种普遍平等人格间的交互关联中建立起来。它体现了一种正当性的规范世界，而达到主客体统一的法正是这种规范世界的蓝本。

在法理学内部不同法学派提出不同的"法本质"学说，主要有以下一些成熟的理论："权利说"（以德沃金为代表）、"正义事业说"（以庞德为代表）、"自由道德说"（以拉兹为代表）、"最低道德说"（以富勒为代表）、"程序正义之功能说"（以卢曼为代表）、"系统关

---

① 关于法律的实体本体论这一术语参见［德］阿图尔·考夫曼：《当代法哲学和法律理论导论》，郑永流译，法律出版社 2002 年版，第 19 页。

② 参见［德］阿图尔·考夫曼：《当代法哲学和法律理论导论》，郑永流译，法律出版社 2002 年版，第 19 页。

③ ［德］迈霍菲尔主编：《自然法还是法律实证主义？》第 3 版，1981 年版；另见阿图尔·考夫曼：《法律诠释学论文集》，第 2 版，1993 年版，第 79 页及以下。转引自［德］阿图尔·考夫曼：《当代法哲学和法律理论导论》，郑永流译，法律出版社 2002 年版，第 19 页。

联论"（以狄骥为代表）等。建立在康德的外在自由"法权说"和黑格尔的"自由意志定在说"等理论基础上的理性法学派更注重自由和人格与法的本质关联，如 W. 迈菲霍尔的《法治国与人的尊严》（1998），巴鲁奇·阿尔诺的《自由、法和公益——法哲学的基本问题》（1982），布鲁诺·莱奥尼的《自由与法律》（1961），考夫曼的《程序正义论》（1989）、《后现代法哲学》（1992），等等。就国外的研究趋势而言，各种学说不仅出现学派之间的融合，而且也出现了学科之间的相互交融，如法学研究深入到哲学、政治学、伦理学等领域。在当下的法律理论中，人们日益认识到各个学派都有自身弊病。如新自然法学派难脱形而上的嫌疑，实证分析的法学理论倒是关注法律的实效性，却又冒着割裂法律与道德、社会之间关系的风险，社会法学虽关注社会关联，却难以建构起法律自治的概念工具。因此，法学研究总的趋向不但表现为法学派自身之间的相互交融，而且还体现为跨学科的交流与融合。这种趋势在理论上体现为寻求"法本身的客观性与人的主观性之间统一的图示"。人们逐渐放弃那种"要么认为法是某种主观意志的人为之物、要么认为法是脱离人的意志的纯粹客观之物"的主客体相割裂的观点。而提出建立在实践理性基础上的法律关联论。这种关联论强调法本身不是一种客观实体，而是呈现为关系结构的主观性和客观性的合体。该理论的研究趋势在本书的主题上体现为法的规律性和客观性必须与主体间的自由意志达到一种"主客体同一的图式"。目前国外关于法的本质学说的前沿研究主要体现为"主体间合意"（如德国法哲学家考夫曼）、"新契约模式"（以罗尔斯为代表）和"商谈模式"（以哈贝马斯为代表）、"自创生系统"（以德国法学家贡塔·托依布纳为代表）等各种不同理论范式。

国内对法、自由、人格三范畴的研究呈"分散"特征，主要分散于哲学、政治学、社会学和法学领域。如对自由的研究多分布在政治哲学上，并且更多是编译和解读。如刘训练、应奇编译的《后伯林的自由观》（2007）、《第三种自由》（2006）、《自由主义中立性

及其批评者》（2007），徐向东编的《自由意志与道德责任》
（2006），邓正来的《自由主义的社会力量——解读哈耶克的〈自由
秩序原理〉》（2003），顾肃的《自由主义的基本理念》（2003），等
等。而对人格的法律研究，多体现在部门法中，如王利明的《人格
权法研究》（2005）、《民法典·人格权法重大疑难问题研究》
（2007），王利明、杨立新编的《人格权与新闻侵权》（2010）、《人
格权法》（2006），曹海峰的《人格、人格权与中国民法典》（2009），
刘建新的《犯罪动机与人格》（2009），《自然人格的法律构造》
（2008），郑永宽的《人格权的价值与体系研究》（2008），马俊驹的
《人格和人格权理论讲稿》（2009），等等。有关人格理论研究的法学
论文也主要从法律人格、人格权的要素、客体、立法体例等方面进行
论述。近几年来，国内关于自由和法理论的研究体现为对罗尔斯、哈
耶克、康德、黑格尔、马克思、伯林、韦伯等学者对该课题研究的再
研究。

　　本文课题的国内研究最后一个特征是：呈现出学科自身内部和学
科之间的相互融合和跨学科交叉研究的趋势。就学科内部而言，相关
部门法的研究不断追溯到法理根基并对之进行深刻的法哲学反思。而
这种趋势的特色还体现为：这种对理论根基的追踪和法哲学反思主要
不是由法理学发起，而是由成熟的部门法如民法和刑法提出。如杨立
新、刘召成的《论作为抽象人格的自我决定权》（2010），夏贞鹏的
《概念法学 VS 自由法学的法解释学命题考察—写在"民法典"之间》
（2003），马俊驹的《人格权的理论基础及其立法体例》（2004），胡
田野的《财产权、自由与人格权——对民法典制定的启示》（2004），
马特的《人格权与宪法基本权关系探讨》（2008），林来梵、骆正言
的《宪法上的人格权》（2008），等等。当然也有法哲学上的理论探
讨，如张玉霞的《自由的法哲学透视》（2007），付子堂的《关于自
由的法哲学探讨》（2000），朱振的《人格权的伦理分析》（2005），
等等。由此可见，法哲学关于此课题的研究任重道远。

（二）国内外关于康德和黑格尔相关理论的研究现状与趋势

国内外对于康德和黑格尔关于法、人格与自由的理论研究现状主要有如下体现。对康德理论的研究现状及趋势总的来说是逐步从哲学研究走向政治、法学的研究。国际前沿研究主要有：美国法哲学教授杰费里·墨菲（Jeffrie G. Murphy）在《康德：权利哲学》、《品性、自由与法律》等著作中详细分析了康德的权利哲学以及自由与法律的关系。他所理解的权利哲学主要是为了探究用以判定行动之道德正当性的原则。① 当今耶鲁大学兼哥伦比亚大学哲学系、政治学系教授 T. 博格（Thomas Winfried Menko Pogge），在其论文集《康德、罗尔斯与全球正义》中，比较研究了康德与罗尔斯的正义论并提出了全球正义的思想。通过批判地继承康德和罗尔斯的思想，博格提出全球正义观，他认为全球正义观以人权的实现为核心，而与西方世界主流对人权思想的理解不同的是，博格的理解不要求有能够使通过法庭去捍卫自己人权的复杂的法律系统，而提出一种能够被更多人共享的方式。并且博格指出"基本人权应该被理解为一种严格意义上的道德权利，道德意义上的人权应该构成各个层面上的法律制度所设想出来的各种人权的基础，并对那些法律制度的具体实施施加合法性约束。"② 在当代的康德研究中，不得不提起罗尔斯。罗尔斯的《正义论》、《作为公平的正义》、《政治自由主义》等一系列著作是将康德的哲学运用到规范伦理学领域中的最成功的典范。在划时代的巨著《正义论》中，罗尔斯继续追问：①在现代文明社会中，人们在无法逃脱的交互关系中，如何构建正义的社会制度和基本结构；②构架社会基本结构的社会制度的正义原则有怎样的实质内容；③社会基本结构的稳定性

---

① 参见［美］杰费里·墨菲：《康德：权利哲学》，吴彦译，中国法制出版社 2010 年版。

② ［美］涛慕思·博格：《康德、罗尔斯与全球正义》，刘莘、徐向东译，上海译文出版社 2010 年版，第 415 页。

如何可能？④自由平等的理性存在者的普遍同意的共同性条件是什么？①罗尔斯本人的回答就是他那著名的作为自由和公平的正义原则。② A. C. Armstrong，对康德的永久和平理论进行了详细深入的研究，其论文《康德的和平与战争哲学》对我们理解康德实践理性有许多启示。③而 Benn 和 Peters，通过对康德实践哲学的诠释和解读，提出了民主国家的社会原则，是康德哲学运用于法律和政治哲学的力作。④当然在法学领域里，对康德的理论运用最成功的还属哈特。哈特在其代表作《法律的概念》中，严格遵循康德的两分法，区分了法律义务和道德义务之间的区别，并且着重批判了奥斯丁的"强制命令说"，提出法的"规则说"。哈特认为对于法律来说，有两个最低限度的条件：一个是制度的最终效力标准在于行为规则的被普遍遵守；另一个是公务行为的必须有普遍的公共标准。⑤这两个最低条件跟康德认为规则的客观性在于其普遍性是完全一致的。哈特在论述正义与道德以及法律与道德的关系中，我们也可以看出其受康德理论的影响之深。哈特明确指出：即便法律深受道德影响，但是并不能由此得出结论说："一个法律制度中所使用的检验特定法律的法律效力的标准，必须明示或默示地包括道德或正义的引证。"⑥也就是说，哈特并不否认法律受道德的影响，但是这种影响并不能证明以下观点：道德或正义是法律是否具有效力的检验标准。那么什么是检验行为规

---

①　关于这四点的总结参见刘莘对博格著作的译者导读。[美] 涛慕思·博格：《康德、罗尔斯与全球正义》，刘莘、徐向东译，上海译文出版社 2010 年版，第 1 页。

②　参见罗尔斯《正义论》，何怀宏译本；《政治自由主义》，万俊人译本；《作为公平的正义》，姚大志译本，以及罗尔斯《文选》英文版本："Collected Papers, John Rawls"，Harvard University Press，1999。

③　见 A. C. Armstrong：　"Kant's Philosophy of Peace and War"，*Journal of Philosophy* (1931)。

④　见 I. Benn and R. S. Reters，"The Principles of Political Thought"，New York，1959。

⑤　[英] 哈特：《法律的概念》，张文显等译，中国大百科全书出版社 1996 年版，第 117 页。

⑥　参见 [英] 哈特《法律的概念》，张文显等译，中国大百科全书出版社 1996 年版，第八、九章，以及第 117 页。

则具备效力的标准呢？哈特认为其标准为"是否能被普遍化"。显然是受康德关于主观准则成为客观法则之检验标准的影响，康德认为某一主观准则要成为客观法则，必须符合康德所说的"自然律模型"的检验标准，即自然律公式：必须使得你的主观准则能像自然律即自然法则那样具有普遍性。① 可以说，哈特的整个法学体系和方法论深受康德哲学的影响，不弄清楚康德的理论而企图完全弄清哈特的法学思想比较困难。

当代英语世界对康德的自由理论进行过深入研究的是亨利·阿利森。他对康德批判者对康德的诸多批判提出了强有力的回应。批评者对康德理论的批判主要体现在以下几个方面：第一，康德所认为的真正自由即自律，排除了"真实生活"的人所具有的一切利益关切和欲望，由此可推出我们对自身不道德的行为不负任何责任的结论。② 第二，人不可能排除所有的利益关切和欲望，如果一个人能够做到这一点，那么道德沉思和法权都将没有意义。第三，根据自律而赋予行为以道德价值，这与人的基本道德直觉相互冲突。第四，康德关于道德律的有效性的论证并由此确立的自由概念存在严重困难。③ 阿利森致力于从理论和实践的双重维度对康德的理论进行分析和同情式理解。阿利森指出康德关于自律、道德价值和根本恶等概念的论述要比权威批评者更为合理。并且与权威批评者所认为的不同，阿利森认为康德关于自由的演绎是成功的。阿利森提出"两个方面"的解释论

---

① ［德］康德：《道德形而上学基础》，苗力田译，上海人民出版社 2005 年版，第30 页。

② 显然这种观点是对康德的极大误解。康德的道德律并不是一个经验的规则，而是一个纯粹道德的标准，一个超验的理念。康德不但不认为人必须严格按照道德律生活，而且康德认为没有任何人能够真正达到道德律的标准，只是人应该将道德律作为一个理念去追求。显然康德只是通过强调最高的道德原则的纯粹性，因而作为一种理念来范导不纯粹的人类道德，并不是说人必须达到这种道德，相反，这种道德法则作为彼岸世界的一个理念是人这种有限理性的存在者永远达不到的。

③ 参见［美］亨利·E. 阿利森《康德的自由理论》，陈虎平译，辽宁教育出版社2001 年版，导言。

和认识论方法。所谓"两个方面"是指人的经验对象在哲学反思中被思维的两种不同的方式，即它们"呈现的方式"和"是其自身的方式"。所谓它们"呈现的方式"是指人们对它的认识，所谓"是其自身的方式"是指对象作为自在之物的方式。基于这种方法论阿利森提出了"结合论"和"非相容论"①。所谓"结合论"是指保持欲望模型（与理性行为者的经验性人格相关）和自发模型（与理性行为者的智性人格相关）两种模型之间的平衡。具体而言，阿利森认为智性人格具有自发能力，这种能力规定着人自身在主体间的交互关系中按照理性规则而行动。按照这种模型，理性行为者的意向性行为不仅仅是按照自然律规定，即作为行为者的先行的心理状态的必然结果，相反它必须按照自由法则，即必须要求一种自发性的行动作为其必要条件。所谓"非相容论"是指经验性人格和智性人格是非相容性的，也就是说，前者是建立在自然律之上的，而后者是独立于自然律的自由法则，这两大律是不相容的。所以理性行为者的行为并不是基于"或符合自然律或符合自由律"的这种相容论，而是即便是他律或非道德行为，在康德看来也可以是自由的。阿利森的关于康德自由理论的研究为本文关于自由与人格的研究提供了理论基础。

　　国内关于康德的法哲学研究也逐渐走向成熟。李梅的博士论文《权利与正义》对康德的政治哲学进行了系统研究。在论文中，李梅博士通过梳理近代自然法理论和契约理论、启蒙时代的政治哲学思想和康德政治哲学的思想背景，论述了康德的历史目的论，揭示康德的历史观是合规律性与合目的论的统一；接着分析了康德关于政治世界与道德世界的观点并着重梳理了康德关于权利、自由、平等与正义的理论。李梅博士提出康德的两种道德法则即伦理与法律，阐明了法律的义务与伦理义务的区别与联系，并在此基础上分析了康德自由观。

----

　　① 参见［美］亨利·E. 阿利森《康德的自由理论》，陈虎平译，辽宁教育出版社2001年版，导言。

通过揭示康德的自由观阐述了康德关于社会契约与公民社会的观点以及国家与个人的关系。① 该论文主要还是就康德的政治观点进行一种系统解读，并没有就康德关于自由与人格、自由与法的关系进行深入论证和批判。关于康德自由、人格以及法治思想的论文，国内已经有了许多。② 本书主要参考了邓晓芒先生对康德的自由观、法与道德的关系等相关论述。③ 这将在正文中详细论述。

国外关于黑格尔自由以及法哲学的研究一直是对黑格尔理论研究的热点和重点。关于黑格尔自由理论研究影响比较深远的是意大利学者洛苏尔多（Domenico Losurdo）。在其广为人知的著作《黑格尔与现代人的自由》中，对黑格尔的法哲学进行了详细的分析，并且认为法哲学是黑格尔关于自由思想的一个延续，而并不是像一般人认为的那样，是黑格尔自由思想的转折点，即转向极权。在该著作中，洛苏尔多详细分析了康德、黑格尔、马克思等人的自由理论，并揭示出现代人自由冲突的现实性和复杂性。洛苏尔多认为"个体自由"是现代自由的一个基本原则。但单纯的个体自由只是对"丛林法则"的承认，并且将导致两极分化和大规模贫困，这恰好是对自由的侵害。而黑格尔的自由思想正是对这个

① 参见李梅《权利与正义：康德政治哲学研究》，社会科学文献出版社 2000 年版。

② 近几年的主要研究有寇东亮的《德性与自由的融通》，载《学术论坛》2008 年第 6 期。张君平的《康德"法权人格"要旨透析》，载《前沿》2010 年第 9 期。李建华、覃青必的《论康德的道德自由观》，载《哲学研究》2007 年第 7 期。陈义平的《康德法哲学的权利伦理视域与法治理想》，载《现代法学》2005 年第 3 期。潘志恒的《康德的自由理论评析》，载《比较法学》2004 年第 2 期。袁才荣的《浅谈法与自由的关系》，载《渝西学院学报》（社会科学版）2004 年第 2 期。吴亚琼的《论康德的自由观》，载《理论》2008 年第 1 期。硕博士论文有付文学的《康德的法权哲学》，吴岚的《从内在的自由到外在的自由：康德、密尔、伯林自由观的比较研究》，李革新的《从自然王国到自由王国——论康德、黑格尔和马克思的自由观》，载《安徽大学学报（哲学社科版）》2005 年第 5 期。

③ 如邓晓芒先生的相关论文和著作：《康德论道德与法的关系》，载《哲学研究》2009 年第 4 期；《康德和黑格尔的自由观比较》，载《社会科学战线》2005 年第 3 期；《康德〈实践理性批判〉中自由范畴表解读》，载《哲学研究》2009 年第 9 期；《康德自由概念的三个层次》，载《复旦学报（社会科学版）》2004 年第 2 期；《康德哲学诸问题》，生活·读书·新知三联书店 2006 年版。

复杂社会和现实状态进行的反思，揭示出平等与自由等概念之间的张力，力图论证让每个人的自由得以现实化何以可能。洛苏尔多试图证明黑格尔理论正是现代人自由的真正捍卫者。① 另外一个深受黑格尔哲学影响的法国学者科耶夫，其著作《法权现象学纲要》（邱立波译，华东师范大学出版社 2010 年版）详细深入地研究了法权理论。该著作分别从法权的定义、现实性、特殊性与独立性等方面对"法权自身"理论进行了分析，然后从历史的角度梳理了法权的起源与进化，最后从法权现象的分类以及对不同类的法律现象进行分析，对法律体系从现象学的角度进行了别开生面的研究。② 现代美国学者马勒茨（Donald J. Malez）说"黑格尔的《法哲学原理》在很多方面都是一部关于当时处于充满自信的初生阶段的现代国家的伟大著作。它捍卫和阐释了现代国家；同时也传达了一种被公认为是新式的、既足以说明现代国家的基础又足以说明现代国家很多问题的政治思想"。（《黑格尔〈法哲学原理〉"导论"之导论》，Interpretation 杂志 1952 年。）

现代美国学者 S. 希克斯（Steven V. Hicks）在《黑格尔伦理思想中的个人主义、集团主义和普世主义》③ 的文章中，就个体与公民资格的关系进行了探讨。希克斯认为根据黑格尔《法哲学原理》的内容可以发现，我们作为伦理个体的人格，之所以可以得到充分的发展和表达，恰恰是因为我们可以融合进一个有着个别差异和理性结构的共同体中。个体只有获得共同体的认同，并借助被共同体承认的身份才能获得理性和自由的现实性。希克斯还认为对于现代世界的一个社会—政治的基本难题：一方面是，反启蒙时代的对于最大限度的个体独立、自我决断和基于差异与多样性的特权的自由追求；另一方面是

---

① 参见［意］洛苏尔多《黑格尔与现代人的自由》，丁三东译，吉林出版集团有限责任公司 2008 年版。

② 参见［法］科耶夫，《法权现象学纲要》，邱立波译，华东师范大学出版社 2010 年版。

③ *Dialogue and Univerlism*，pp. 53 - 74，1995 年第 3 期，转引自《黑格尔与普世价值》，邱立波编/译，华夏出版社 2009 年版。

更早的更传统的将具有表述功能的共同体作为社会生活基础的观点。黑格尔的回答受到德国精神舞台上两种现象的深刻影响：1. 从 18 世纪到 19 世纪中叶一直控制德国的对古希腊文化及其政体的思乡情绪；2. 康德批判哲学。希克斯认为黑格尔的市民社会与国家的理论深受他对古希腊社会秩序的思乡之情的影响。但同时，黑格尔又深受康德提出的自我决断、理性与普遍性原则的影响，康德个人主义帮助黑格尔克服了过分的思乡病，即对于以伦理为中心的风俗和习惯的过分依赖，从而强调每个个体作为理性主体的无限价值。因此，真正的自由或个体性是用自己的方式实现某种确定的社会功能或社会角色。没有共同体的承认，个体马上被分解、沦落到异化状态和原子主义，沦落到关于伦理生活的、抽象的、私人性的自我现象。

在这个问题上，美国学者伍德（Allen Wood）在《黑格尔的伦理思想》① 中也给出了相同的论述，他认为：在伦理里面，存在着一种个体的自我意识和伦理生活的主观方面与制度性的社会秩序之中的客观方面的交互关系。现代伦理实体通过确保个体成员的权利、自由而存在下来；反过来，个体性的成员只有通过参与共同体并为其做贡献的方式，才能获得现实的自由。只有在一种相互依赖、交互作用的语境中，真正的道德性的自我决断之行动才有可能实现。

另一个学者米蒂亚斯（Michael H. Mitias）在《黑格尔论作为国家基础的法律》② 中，对黑格尔是极权主义国家观的指控进行了批判。他认为大多数批评者不能明白黑格尔眼中的那种国家所建立的基础是什么，更不能说明国家的目的问题。他认为黑格尔眼中的国家，其基础是法律，其目的是实现人的自由。

换句话说，在国家中统治并决定个体生活的不是权力而是法律——

---

① *Hegel's Ethical Thought*，Cambridge：Canbrige University Press，1900. 转引自《黑格尔与普世价值》邱立波编/译，华夏出版社 2009 年版。

② Interpretation，1981（9）. pp. 279 – 300. 转引自《黑格尔与普世价值》邱立波编/译，华夏出版社 2009 年版。

一种公民有意识地加以承认并且也作为一种理性和自由的存在的法律。国家是个体实现自身自由的媒介。这样国家才能获得作为国家的特性。米蒂亚斯还着重对马里旦对黑格尔国家观的批判进行了再批判。

马勒茨（*Donald J. Malez*）在《黑格尔〈法哲学原理〉"导论"之导论》（*Interpretation* 杂志 1985 年）中提出，黑格尔在整个法哲学原理中都主张的观点是，人们可以就法权和国家给出一个前后一贯的哲学性的和系统性的说明。整个著作的论题为新的理性与世间生活的统一。其方法就是从表面上不合理的素材中找到实际起作用的内在逻辑。他还认为黑格尔在导论中对自由与意志的论证是对古典自然法权概念的批判，拒绝自然法派所认为的"与法权相一致的生活是以自然为目标"的观点。法哲学原理最后的"世界历史"的蓝图是合乎理性的自由的一种显现，是人类理性构建的"第二自然"。这些著作和论文从方法论和内容方面给本书提供了理论基础。

国内关于黑格尔的法哲学研究多体现在哲学领域，不过近些年出现了向法学领域扩展的趋向。在法学领域对黑格尔的法哲学进行专门研究的著作最早有林喆教授的博士论文《权利的法哲学——黑格尔法权哲学研究》。林喆教授在其该博士论文中，探讨了黑格尔法哲学的概念及体系和法权哲学的基本原则，如绝对同一原则、普遍性原则、中介原则、国家理念至上原则等；并从法权哲学经纬的视角对黑格尔的法哲学进行了解读，如从人格与财产、权利与义务、市民社会和国家这些角度进行阐述。最后对法哲学的影响进行了评价。[①] 其他对黑格尔法哲学的研究多集中在哲学和政治学领域。其中对黑格尔的自由理念进行详细研究的有丁三东博士的博士论文《论黑格尔的自由谱系——对黑格尔〈法哲学原理〉的一种解释》。在该博士论文中，丁三东博士致力于从黑格尔的自由谱系对黑格尔的法哲学进行解读。丁三东博士将黑格尔的自由分为三个层次：客观的自由、主观的自由、

[①]　参见林喆《权利的法哲学——黑格尔法权哲学研究》，山东人民出版社 1999 年版。

主客观统一的现实自由。并在此基础上，分析了现实自由的交互主体
性和现代国家制度的历史性生成。① 应该说这种解读视角是完全符合
黑格尔关于法本质的理解的。只是对黑格尔的自由层次的这种划分有
点单一和形式化，黑格尔的自由观处处体现了一种辩证的思想，必须
从黑格尔式的辩证逻辑视角才能把握其关于自由的本质思想。最新关
于法哲学原理的详细解读是高兆明教授 2010 年的新作《黑格尔〈法
哲学原理〉导读》。在该著作中，高兆明教授逐句逐段地对黑格尔的
《法哲学原理》进行了详细的解读，这是目前国内关于黑格尔法哲学
原理最详细、最全面、最系统的新解读。正如中国人民大学教授宋希
仁教授的评价：书稿"准确地把握黑格尔《法哲学原理》的思想精
髓、理论内容和逻辑思路。……章句解说之细腻、确切、通明、是前
所未有的。"以及清华大学万俊人教授所言："书稿运用历史唯物主
义和历史辩证法的方法论原理，以现代性理性反思与启蒙的新视
角，……是一部相当成熟而有新意的文本解读型哲学思想再创造专
著。"② 笔者通过详细研读，觉得较为遗憾的是，书中有关法学专业
方面的解读不够深入。值得一提的是，高兆明教授"以另一种方式重新
理解《法哲学原理》"，于 2014 年出版了另一本专著《心灵秩序与生
活秩序：黑格尔〈法哲学原理〉释义》（商务印书馆 2014 年版）。高
教授在该著作中指出：自由是人的内在目的，它既是人类的理想存在
状态，也是人类最高的追求。而黑格尔《法哲学原理》的基本任务
是：探索人类社会自由生活的真谛，揭示人类社会自由生活的可能。
关于黑格尔的学术论文及相关论述，近几年主要有：储昭华教授从认
识论的角度，对自由的内在逻辑进行多层次的分析，据此分析了黑格

---

① 参见丁三东《论黑格尔的自由谱系——对黑格尔〈法哲学原理〉的一种解释》，博
士学位论文，武汉大学，2005 年。

② 参见高兆明《黑格尔〈法哲学原理〉导读》，商务印书馆 2010 年版。

尔的法权基础。① 朱学平博士则从历史背景和理论背景对黑格尔法哲学思想进行了探索，分析了就法律与道德的观点而言，黑格尔对康德的继承与超越。② 冯川博士则通过对黑格尔"两个凡是"（即凡是合理的都是现实的，凡是现实的就是合理的）的破解来分析黑格尔的法哲学思想。③ 薛桂波从自由和法的出发点—意志—对法和自由的本质进行了剖析。④ 李金鑫通过对自由意志的意向性与行为性的简要分析，分析了黑格尔法哲学的自由意志概念。⑤

总的来说，这些理论分别从不同的角度或解读或分析或论述了康德和黑格尔关于自由和法、人格与自由的关系。

三　研究目标、内容与方法

本书的研究目标主要体现为：在国内外对法、人格、自由的相关理论研究的基础上，结合中国法治实践和司法经验，进一步明确三大范畴之间的内在逻辑结构，着重论证三者内在结构的层层逻辑关联。据此理论分析法律人格的本质要素以及人格权、财产权和物权之间的内在关联和本质差异，以及论述法如何承担起使人现实地拥有自由和人格尊严，享受"真实的人的法权"的历史使命，以促进法理学和部门法以及法学实践的沟通和互动，同时也对中国时代精神的两大主题提出法学上的回应和贡献。

本书的研究内容具体为：

（1）国内外自由思想的研究状态及前沿问题。在该部分，主要对

---

　① 参见储昭华《法权的逻辑基础与实质——关于黑格尔法哲学的启示与教训的再认识》，载《哲学研究》2007 年第 7 期。

　② 朱学平：《黑格尔法哲学思想探源》，载《现代法学》2005 年第 2 期。

　③ 冯川：《黑格尔法哲学再诠释》，载《法学研究》2006 年第 11 期。

　④ 参见薛桂波《意志、自由和法——黑格尔〈法哲学原理〉基本概念解读》，载《吉林师范大学学报（人文社科版）》2009 年第 1 期。

　⑤ 李金鑫：《自由意志的意向性与行为性——〈法哲学原理〉中的自由意志分析》，载《山西高等学校社会科学学报》2007 年第 2 期。

相关理论和资料进行归类、整理、分析其背后体制因素、文化因素和现实因素等。着重梳理自由观的历史变迁，解释其背景、意义和对实践的影响。并且在对比中西文化、体制、社会结构以及社会实践之异同的基础上，立足于康德和黑格尔关于自由的思想理论，提出体现以"主客体统一"为图式的"人格间交互关联论"。而该范式的理论根基就是法、人格、自由的内在逻辑结构，实践根基在于中国的时代特色和法治实践。

（2）人格与自由的内在逻辑结构。本书首先对不同学科（如哲学、心理学和法学）的人格理论进行跨学科比较研究，分析人格的属性和特征，并揭示出人格内在结构（如具有形式和内容、表象和本质等辩证统一关系）。然后明确界定人格的概念：人格是以自我规定性为基质的同一性表象。在人格的内在结构中，表象和本质之间并不是平行的关系，而是人格的本质性决定了人格同一性的外在表象。通过跨学科比较研究，揭示出人格本质性的根基，即人的自由。自由正是决定人格之成为人格最本质的规定。因为既然人格的基质为自我规定性（自我规定性内含着自我决定的资格和自我选择的能力），而自我规定的本质就在于人的自由，所以自由是人格的逻辑前提。在该部分，简要梳理自由思想的不同体系和相关理论，阐述不同自由观之间的差异和关联（如哈耶克、R. 斯托那、伯林以及伯林之后的 David Miller，Ian Carter，H. Kramer 等英美经验派代表人物的自由观和建立在康德和黑格尔之上的大陆理性派的自由观的区别）。

（3）法与人格的逻辑结构。通过对人格内在结构的理论分析，运用现象学和解释学的方法，阐述人格表象与人格本质、个体与人格体、个体世界与人格体世界的辩证关系。其中个体与人格体的分离是法之存在的必要条件。人格的绝对价值和终极目的是法之正当性的根基。个体世界和人格体世界的分离成为区分公法和私法的依据，而个体世界和人格体世界的关联又使得公私法呈现交叉性。在此理论的基础上分析主体、人格与人格权，尤其着重分析法律人格的本质要素

（如主体资格要素和包含权利能力、行为能力和责任能力的主体能力要素）以及人格权、财产权和物权之间的内在关联和本质差异。比如人格表象的同一性使得法律人格作为法律责任的承担主体成为可能，也揭示出人格不具有同一性的人格障碍患者不承担法律责任的理论根据。再比如人格表象是主体自我选择的"公开自我"，对于未公开的自我，任何他人都不得擅自侵犯，主体的这种人格权具体表现为隐私权。可以说，隐私权的本质在于"个人信息的自我控制权"和"自我决定的自主权"，是人格的内在基质外在体现和现实化。另外，本书对当今民法学界关于人格权基本问题的纷争进行了学理剖析。围绕人格权，学者们从法理、立法体例、法制史等不同层面展开激烈而持久的论辩，但仍有诸疑难问题尚未达成统一意见。重要原因在于人格权概念的内在结构仍模糊不清。根本原因在于未厘清人格这一范畴本身的结构。"法学家们想把'人格'这个时髦名词确定为法学概念的努力还是没有成功。"① 基本理论问题的这些疑难问题又带来人格权法的立法体系的诸多纷争。可以说，立法模式的纷争取决于理论预设的多样性，根源于人格范畴本身的复杂性。本书明确界定人格权概念：（法律）主体完整拥有并独立支配整体人格及诸人格要素的权利。这意味着主体将整体人格及诸人格要素作为客体来拥有自身。人格权概念在逻辑上包含以"整体人格"为客体的一般人格权和以"诸人格要素"为客体的具体人格权，为"一般人格权＋具体人格权"的立法模式提供一以贯之的理论支持。而人格权概念界定基于人格权的权利结构：主体——人格（作为应然权利）或法律人格（作为法定权利）；客体——人格及其诸要素。人格权之权利结构的本质特征：主客体具有同构性。而这又取决于人格范畴的主客体同构的结构模式。因此，正是人格概念本身决定了人格权的概念。同理，正是

---

① 参见［德］汉斯·哈腾鲍尔《民法上的人》，孙宪忠译，载《环球法律评论》2001 年冬季号。

人格的结构决定了人格权的权利结构。

总之，人格尊严和价值的外在体现和现实性必须体现在法权意义的人格权和人格利益上。对该部分的论述主要结合民法理论进行分析。

（4）自由与法的逻辑结构。通过对自由内在结构的理论分析，揭示为什么法必须以自由作为理念。法的真理在于自由，但第一层次的自由首先是作为一个本质性的命令展示出来的，即自由作为法的理念或终极关怀范导整个法律体系和形式。在此着重比较、分析霍布斯和奥斯丁的"强制命令说"，康德的"绝对命令说"，黑格尔的"人格命令说"。法作为本质性的命令必然要在现实世界中体现出它的实效、外化出它的内容，从而保障人的自由的全面实现。这内容体现为以权利保障和权力制约为内核的宪法和各种法律原则、法律规范和法律制度。

（5）构建以"主客体统一"为图式的"人格间交互关联论"。通过分析出法、人格与自由的内在结构，揭示出法、人格与自由之间有一种分离和统一的交互运动以及辩证逻辑关系。这种辩证逻辑关系的根源在于人的自由的本质特性，并形成于不同主体之间的交互关系中。人的自由本质使人具有自主性、能动性、独立性。但这种自主性、能动性和独立性必须建立在规范性之上，并在与他人的交互关系中至少能达到外在的和谐相容。因此，现实的或真实的自由和人格尊严必须在普遍的平等人格之间的交互关系中才能实现。因此，法的正当性必须是建立在一种普遍的平等人格间的交互关联中。法本身的规律性和客观性必须与人的自由和人格尊严形成"主客体同一的图式"。所以必须扬弃主客体相互分离的观点，即"要么认为法是某种主观意志的人为之物、要么认为法是脱离人的意志的纯粹客观之物"。建立在实践理性之上的法律理论体现了个体与社会的关联和个体之间的交互关联。这种关联论强调法本身不是一种客观实体，而是呈现为关系结构的主观性和客观性的合体。这样的法才能完成自身神圣的使命：使人现实地获得幸福和人格尊严，人的自由的全面实现才有可能。

第二节　三范畴关系的中心论点与理论背景

一　本书的中心论点与研究思路

本书的核心论点建基于人格的这个定义之上即人格是指以自我规定性的能力为基质的同一性表象。而人格这一定义的根基在于自由，也就是说自由从本源上讲是一种自我规定的能力。自由一般可以分为消极自由和积极自由，英美的经验式自由观和大陆的理性式自由观等。但这种划分是极为宏观和模糊的，相互之间有许多的交叉和重叠，更有许多的差异与误解。而最大的差异与误解莫过于经验式自由观和理性式自由观之间的相互误读。这两种自由观的差异根源于英美思想家和大陆思想家之间不同的思维模式与方法论。英美学者着眼于经验主义的方法论和具体思维，因而更注重消极自由。而大陆学者着眼于理性主义的方法论和抽象思维，因而更注重积极自由。一般来说，消极自由更注重"无……的"（free of）和"摆脱了……的"（free from）的束缚或强制的自由，这种自由更强调自发性以及免于外在干预的自由。而积极自由更注重"做……的自由"（freedon to），它强调一种建构性的自主性及能动的自由。以赛亚·伯林用消极自由和积极自由这两个概念斩断了观念史家记录的漏洞百出、变化多端的有关自由的两百多种定义这一团乱麻。我们首先来看看伯林对消极自由和积极自由的定义："Freedom 或 liberty（我愿意在同一个意义上使用这两个词）首要的政治含义，我（遵从许多先例）将称之为消极自由，它回答了这个问题：'主体（个人或群体）在什么范围内、不受干涉地被允许或必然被允许做他有能力做的事、成为他愿意成为的那个人？'第二种含义，我将称之为积极自由，它回答了这个问题：'是什么，或者是谁，成为了控制或干涉一个人决定做这件事而不是那件事或成为这种人而不是那种人的根源？'这两个问题是明显不同的，尽管对它们的回答可能会重叠。"① 当然后伯林自由观对这种划分提出了批判。但毋庸置疑这种划分对自由理论的发展产生了深远的影响。一般而言，消极自由更多体现为政治自由和法律自由，而积极自由更深刻地体现在本源的意志规定性中。这两种自由其实是自由的概念处于不同层次或阶段的表现形式，准确地说，它们都属于自由概念中的诸环节，体现了自由观的不同层次。英美经验派的自由思想更着重自由概念在现实中的外在表现，它体现为行为主体在交互关系中的外在关系模态。而大陆理性派的自由思想更关注本源性的自由概念与人这个特殊的存在者之间的本质关联，他们甚至认为自由概念直接就是人这一存在者的本质性的规定。但是任何处在交互关系中的行为模式都不能离开交往着的主体，离不开本源的那个存在者。也就是说主体间交互关系的一个首要前提是相互独立的自在自为的个体的存在。所以本书着重研究本源性的自由概念与人格的关系，以及在这种理论下阐述法的作为关联本体存在的哲学根基。

本体论上的法作为一种自由意志的存在，承担着高贵的历史使命：命令人成为真正的人，并尊重他人为人，即法哲学必须承担起使得人现实地拥有人的尊严和自由，享受"真实的人的法权"的使命。正如现代法哲学家考夫曼所说："后现代法哲学—如果确实有一个后现代的话—究竟要表述什么，它致力于寻求的是什么？后现代法哲学必须要体现为对法权的关怀，即对人类的关怀，更进一步说，对以所有形式存在的生命的关怀。"②

本书的理论背景主要立基于康德和黑格尔的理性自由观和法哲学。理性的逻辑即演绎推理将是本书的主要方法论。本书的任务就是

---

① Isaiah Berlin, "Two Concepts of Liberty", in Henry Hardy, eds., Liberty：Incorporating "*Four Essays on Liberty*", Oxford University Press2002, p. 169. 中译本参见 ［英］以赛亚·伯林《自由论（"自由四论"扩充版）》，胡传胜译，译林出版社 2003 年版，第 189 页。本书译文有改动。

② ［德］阿图尔·考夫曼：《后现代法哲学——告别演讲》，米健译，法律出版社 2000年版，第 54 页。

要厘清法、自由、人格三者之间内在逻辑关系。这种内在关系的基本逻辑就是：人格具有形式和内容、表象和本质等相互区别和统一的内在结构；这个内在结构使得人格具有跨现象界和理知世界的特点。人格的本质是什么呢？是自由。自由正是决定人格之成为人格的最本质的规定性。自由是什么？根据康德的理论，自由是自行开始一个序列的原因性。这个序列是相对于自然因果律的序列而言的。笔者认为自由是独立于强制而进行自我规定的资格和能力。所以对人这一主体而言，自由意味着自我规定的能力。正因为人格的这种内在结构，所以人既不是纯粹经验意义的人，也不是纯粹本体的人，而是"作为人格的人"①。跨两界的人既相对于自然界而存在，也相对于本体界而存在，既相对于他者和他物而存在，也相对于自我而存在即自在自为的存在。人格相对于本体界而存在实质上就是一种本质的、自在自为的存在。正是该本质特性使得法具有自由这一终极关怀的理念和实现人格尊严这一神圣的历史使命；又因为人格相对于自然界而存在，相对他者和他物而存在，作为一种现实关系的总和而存在，这一属性使得法具有现实存在的必要性。并且该必要性以命令的形式"向着"人格的现象界。正是在规范的现实世界中，通过对人的基本权利以及各项其他权利的保障使那抽象的本质、绝对的原理得以现实化。自由作为一个本质性的规定，还只是一个单纯的起点、一个空洞的开端、一个纯粹的意向、一个抽象而普遍的绝对。而法正是这个绝对的中介。正如黑格尔所说："因为这中介不是别的，只是运动着的自我等同性，换句话说，它是自身中的反思，自为存在着的自我环节，纯粹的否定性……正是这个反思，使真实的东西变成了结果，而同时却又扬弃了该结果与其形成过程之间的对立。"② 也就是说，法的实现过程就是

---

① ［德］阿图尔·考夫曼：《后现代法哲学——告别演讲》，米健译，法律出版社2000年版，第50页。

② Ge. Wilh. Hegel, *Phänomenologie des Geistes*, Herausgegeben von Johannes Hoffmeeister, 1952, Verlag von Felix Meiner in Hamburg, pp. 14 – 15. 译文参见了邓晓芒老师的《精神现象学》课堂句读，下同。

自由的现实性，就是人格的现实性。这一过程的同一性在黑格尔举的犯罪与惩罚的例子中我们可以清晰地看到："虽然罪行按它的内容来说在现实的惩罚中具有其自身中的反思或者其颠倒，这种惩罚就是法律与它在犯罪中的相对立的现实性的调解。最后现实的惩罚在自己身上具有如此颠倒的现实性，以至于它就是法律的这样的一种实现，借此法律作为惩罚而具有的活动扬弃了它自身，而由于这种活动，法律又成为静止的、有效的法律，个人反对法律的运动和法律反对个人的运动就平息了。"① 个人在法律的运动中坚持了自由意志的一贯性，获得了自己的尊严，而法律通过限制自由的这一中介活动实现了自由的目标，这种实现不仅仅是对于纯粹抽象的自由和人格来说，而且也是针对着具体的自由和具体的人格体来说的。因为正如同那句"自以为是主人的人，比起奴隶而更加的奴隶，或者换句话说：想成为主人的人，毋宁更加是奴隶"的名言一样，对于那为了自己的人格和自由而无视他人同样的自由和人格的存在者而言，他无视的毋宁说是自己的自由和人格。这种无视当然从现实的角度看是不可避免地，而恰恰是这种无可避免性使得法律具有了自身存在的必要性。换句话说，正是有了犯罪和违法行为的存在，才有法律存在的必要，而又正是在惩罚和纠正中，法律通过自己的有效性而扬弃了自身，个人也通过接受惩罚而使得那被扬弃了的本质"自我恢复在自我的损害中了"②。通过这样的一个运动过程，个人与法律达到了一种和解。正是在这种无数的个体与法律的交互关系中，法行使着自己的神圣使命。

二 研究的理论背景简述

自由似乎是一个永恒的话题，法也似乎是一个永恒的难题。因为

---

① Ge. Wilh. Hegel, *Phänomenologie des Geistes*, Herausgegeben von Johannes Hoffmeeister, 1952, Verlag von Felix Meiner in Hamburg, pp. 14 – 15. 译文参见了邓晓芒老师的《精神现象学》课堂句读，下同。

② Ibid., p. 107.

只要对人、人性进行反思就不可避免地要涉及它们。自由既是一个恒久的话题同时又是一个时髦的话题，恒久得人们觉得对它的研究似乎已经穷尽了；时髦得人们可以随时随地地使用它永不过时。它如此的重要，以至于不但是一个权利的话语，同时也是一个话语的权力，甚至变成了一个武器（既是自由主义者的武器也是反自由主义者的武器），但无论是哪一种武器，他们都离本源的自由或事情本身越来越远了。正如康德所认为的"对形而上学的追问是人的自然倾向一样"，对自由的追溯也是一个人无法摆脱的诱惑。自由是什么？古今中外的人们情不自禁地对自由概念一再定义。但正如同斯宾诺莎所说：一切规定都是否定。自由还在，只是追溯的人不同。所以作为一个博士论文选择这样一个难题也许是不明智的，但本书并不是想在汗牛充栋的自由理论上再添上一个无谓的定义或规定。本书主要是想从法哲学之本体论和认识论角度对法、人格与自由的内在逻辑结构进行深入的研究。

在中国目前的法治理论研究和实践操作中，出现了一个难以解决的悖论：中国法治理念的工具性需求与法治理念本身的目的价值产生了不可调和的矛盾，导致了理论无法指导实践，实践抛弃了理论。这绝不是因为实践根本不需要理论，而是因为实践需要理论的时候，理论不在场或者理论本身没有能力在场。理论的无能使得实践将之抛弃，理论成为了一个笑话，而没有理论的实践开始在经验的世界中盲目乱转。这就导致了一个恶性循环，理论和实践在各自的领域自说自话，理论遭到实践的抛弃，更遭到世人的冷漠；实践因为没有理论的指导陷入到纷繁复杂的经验世界中，盲目地运作，不断地试错，用庞大的成本与代价获取一点儿可怜的经验教训，而这经验教训因为得不到理论及时的反思，又被迅速地淹没在纷繁复杂的经验世界中。在当今中国，人们日益认识到，不仅要活，还要有尊严地活。那么有尊严地活着何以可能？这就有两个条件：一个是有尊严地活着的根据在哪里？另一个就是怎么有尊严地活着？人间最高贵的事情就是成为人，但人却不总是高贵的，唯有成为一个真正的人，具有人格尊严的人即以一个具有自我决定性即自我规定性之资格与能力的人才是高贵的。而法的命令是作为一个人，并尊重他人为人，其根据就在于人的自由。如果法失却了尊严和价值，而在法的规范下的人的尊严和价值必然随之沦落，势必丧失人作为人的自由精神。

罗素认为，人们在寻求建立更美好的社会时必然面对两大障碍：一种障碍来自自然；另一种障碍来自人类自身。这两大障碍使得人必须直面真理与自由。真理是什么？自由是什么？这两个问题的回答最终都要归结为一个问题：人的本质是什么？用康德的经典批判式追问即人之为人何以可能？"认识你自己"这个苏格拉底的思想信念一直伴随着人类文明的发展历程。是什么使得人之成为人？那个最内核的东西是什么？苏格拉底的回答是"德性"，理性使得人这个有限理性者自我认识、自我觉悟。理性意识到人是独立自主的存在，可以独立自主地行动。对德性或实践理性的知识就是意识到自己是自己的主人，并使得自己成为自己的主人。所以人格就是自我规定性的资格与能力。自我决定性表明人能够独立自主地选择其行动以及承担相应的责任。显然这需要一个前提：人拥有自由。当追问人的本质是什么的时候，实际上就是追问自由是什么。正如黑格尔所说："精神——人之成为人的本质—是自由的。"①

但自由在概念上的混乱得不知所云了，甚至已成为了主义，成为了某种意识形态，这种意识形态可以和保守主义、激进主义、资本主义、社会主义甚至乌托邦搅和在一起相提并论。但他们说的其实并都不是一回事。本文不打算在这种纷繁复杂的主义中探索自由。并且本文的理论背景是根基于康德和黑格尔的自由观及其法哲学。

康德的法哲学建基于他的理性哲学之上。同一个理性在现象界为自然立法，在本体界为人自身立法。人作为一个有限的理性存在

---

① ［德］黑格尔：《历史哲学》，王造时译，上海书店出版社1999年版，第19页。

者，既要服从自然法则，也要服从自律法则（即自由法则，也称道
德法则）。也就是说，在实践中，人作为现象和本体的统一体离不开
感性，但他应该让理性来统摄感性，使纯粹实践理性对于理论理性
（即知性）处于立法上的优先地位，而这种优先地位只限于"应当"
的层次，并不能从现象的角度理解为可以在感性世界中将其必然地
实现出来，当然它还是取决于自由任意的选择。那么康德的自律法
则或道德法则实际上就是要回答纯粹实践理性如何可能。康德主要
在《道德形而上学基础》、《实践理性批判》和晚年的《道德形而上
学》（包括法权论和德性论）阐述他的道德法则。道德法则即绝对
命令：要只按照你同时也能够意愿它成为一条普遍法则的那个准则
去行动。① 绝对命令的三个变形公式。第一，自然律：你要这样行动
使得你的行动的准则成为一条普遍的法则；第二，目的公式：你要
这样行动，永远都把你的人格中的人性以及每个他人的人格中的人
性同时用作目的，而决不只是用作手段；第三，自律公式：每个有
理性的存在者的意志都是普遍立法的意志这一理念。② 绝对命令也就
是道德法则的根基就是人拥有自由这一理性的事实。正是通过对道
德法则的追溯，发现了人的自由。同时反过来，自由又是道德法则
的根据。所以康德说，道德法则是自由的"认识理由"，自由则是
道德法则的"存在理由"。③

　　我国康德研究专家邓晓芒先生认为康德的自由观体现为先验自
由、实践自由以及自由权和自由感三个层次。先验自由处于认识论的
理性概念，实践自由处于实践论的理性事实，自由感和自由权处于经

――――――――――

　　① ［德］康德：《道德形而上学基础》，苗力田译，上海人民出版社 2005 年版，第 39
页。译文参见了杨云飞博士、邓晓芒先生译的中译本。只是该中译本没有出版，本文参见
的电子版来自邓晓芒先生的授权。以下凡引用该著作，其中译文均参考了苗力田中译本和
杨云飞博士与邓晓芒先生的中译文。

　　② 参见［德］康德《道德形而上学基础》，苗力田译，上海人民出版社 2005 年版，
第 40、48、51、53 页。

　　③ 参见［德］康德《实践理性批判》邓晓芒译，人民出版社 2003 年版。

验现象的主观内心的感受和客观现实的权利。这三个层次分别从可能性、必然性和现实性三范畴对自由进行了详细论述。先验自由对应着自由的可能性，实践的自由对应着自由的必然性，自由感和自由权对应着内部经验和外部经验两方面的自由的现实性。康德的整个理性哲学，论证了体现自由意志的"实践自由"是自由概念的本质、核心和最高本体。先验自由是为实践自由悬设的一个逻辑前提，自由感和自由权是实践自由在内外部经验现象中的实现。自由在理论理性中作为一种理念是消极的自由，被设想为一种跳出一切经验规律之外的原因性，而在实践理性中作为意志的规律即道德自律则具有积极的意义。但自由意志本身作为自由的必然性（自律），是抽掉了一切感性经验的纯粹逻辑上的"应当"。因此有很多人对此提出了异议。① 正如徐向东在博格的《康德、罗尔斯与全球正义》的译者导读中写道："这个异议所说的是，康德试图以纯粹实践理性的概念为出发点，用一种先验的方式'推演出'对一切理性行动者都具有普遍有效性的道德原则，因此，康德的道德理论就忽视了人类存在者所具有的本质特征，因此他的道德理论对于人类的道德生活来说是空洞的。"② 但实际情况可能是，康德只是通过强调最高的道德原则的纯粹性，因而作为一种理念来范导不纯粹的人类道德，并不是说人必须达到这种道德。相反，康德实际上认为这种道德法则作为彼岸世界的一个理念是人这种有限理性的存在者永远达不到的。但它毕竟成为了法哲学、政治哲学以及伦理学的一个基本概念。③

---

① 关于康德自由观的详细论述参见邓晓芒《康德自由概念的三个层次》，载《复旦学报（社会科学版）》2004 年第 2 期和《康德和黑格尔的自由观比较》，载《社会科学战线》2005 年第 3 期。

② ［美］涛慕思·博格：《康德、罗尔斯与全球正义》，刘莘、徐向东译，上海译文出版社 2010 年版，译者导读，第 3—4 页。

③ 详细论述参见［德］奥利弗利德·赫费（Otfried Hoffe）：《绝对命令作为规范的法哲学和国家哲学的基本概念》（"Der Kategorische Imperativ ale Grundbegriff einer normativen Rechts-und Staatsphilosophie"），载罗伯特·施特曼（Roert Spaemann）60 岁生日纪念文集《过分虚无》（*Nichts Sehr*），1987 年。

卢梭说：人生而自由，却无往不在枷锁中。人作为有理性的存在者，使得自由法则具有了可能性，但是因为人同时又是有限的理性存在者，还要受自然法则的约束，也正是在这个意义上，自由法则又具备了必要性。必要性并不等于必然性，自由法则的存在虽然具备了逻辑必要性，但并不具有现实必然性。也就是说，人的自由在实践理性上并不必然地得以实现，这就为法的存在奠定了基础。就本体意义上而言，法就是命令人成为人，并尊重他人为人。因为"如果这些准则不是由其本性已必然地与作为普遍立法的理性存在者的这一客观原则一致，那么根据这原则行动的必然性就叫作实践的强制，即义务（或责任）"。① 也就是说，康德认为，人作为有限的理性存在者，作为其本性是不可能必然地与"作为普遍立法的理性存在者"（即无限的理性存在者）的客观原则一致，即不可能必然地服从自由法则，而自由法则根据理性的本性又要发挥作用，那么这种起作用的方式只能是强制或命令。因此可以说，法在本体意义上就是一种实践理性的强制或命令。

康德认为法的理念是自由，他认为古代人把自然法理解为不可违抗的自然规律，近代人则把自然法理解为人自身的自然权利，即天赋人权、自由。康德将法权划分为建立在全然的先天原则之上的自然法权和来自于一个立法者的意志的实证法权。自由法权作为生而具有的唯一法权是一切法权权限的先天原则。② 他说："自由（对另一个人的强制任意的独立性），就它能够与另一个人根据一个普遍法则的自由并存而言，就是这种唯一的、源始的、每个人凭借自己的人性应当具有的法权。"③ 所以自由权是衡量所有具体法权的最终标准。对某

---

① ［德］康德：《道德形而上学基础》，苗力田译，上海人民出版社 2005 年版，第 54 页。

② 参见李秋零主编《康德著作全集》（第 6 卷），中国人民大学出版社 2007 年版，第 246—247 页。

③ 同上书，第 246 页。关于康德的 Will 和 Willür 的翻译，汉语学界一般将前者翻译成意志，后者有学者翻译成任意（如邓晓芒先生），有学者翻译成任性，英文一般将前者翻译成 will，后者翻译成 choice。笔者依据邓晓芒先生的翻译将后者统一为任意。下同。

一行为，如果仅仅是要求符合自由法则外在形式而不考虑行为的动机即行为的合法则性，那么该行为就是合法的；如果既要求行为的外在合法则性又要求法则本身是行动的规定根据，也就是说法则或义务本身作为行为的目的或动机，那么这种行为就是合道德性的。法权只是外在自由的应用，而道德是外在自由和内在自由的统一。所以，在康德看来，如果遵守法律仅仅是一种自然法则（区别于建立在自由上的自然法权），那么人遵守法律跟动物服从自然规律就没有本质的区别，这是自然法学派容易犯的最大毛病。因此如同在理性理论中康德完成了哥白尼式的革命，在实践理性的法律与道德的关系上，他也"完成了一个根本性的倒转：法则不是天赋的，也不是上帝颁布的，而是人的自由意志的无条件的命令。也就是康德实际上说我们不仅我们除了需要道德之外，还需要法，而是说，我们之所以需要法，是因为我们需要道德。"①

继康德的道德哲学之后，康德就需要在法哲学中回答："是什么东西促使人类个体要去寻求和建立一个保证外在自由的协调一致的约束系统？"② 也就是说，康德在法权哲学中回答了在人类社会中，公民宪政何以可能。康德分别从包括所有权、物权、人身权和契约等私人法权和包括国家法权、国际法权和世界公民法权的公共法权对该问题进行了分析。康德认为私人法权奠基于实践理性的法权公设："把我的任意的每一个对象都当作客观上可能的'我的'或'你的'来看待和对待。"③ 这就涉及"占有"的概念，康德认为对于一个外在对象的纯然法权意义上的占有是一个本体的概念。这一概念建立在以下法权公设之上："要这样对待他人，使得外在的（可使用的）东西

---

① 邓晓芒：《康德论道德与法的关系》，载《哲学研究》2009 年第 4 期。
② ［美］涛慕思·博格：《康德、罗尔斯与全球正义》，刘莘、徐向东译，上海译文出版社 2010 年版，译者导读，第 4 页。
③ ［德］康德：《康德著作全集》第 6 卷，李秋零主编，中国人民大学出版社 2007 年版，第 253 页。

也能够成为任何一个人的'他的'，这是一项义务。"① 而这些法权意义上的实践理性公设都是从"同一个理性的实践法则（绝对命令式）中推论出来的"。② 显然这个命令式就是康德那个著名的自由法则公式或定言命令：要只按照你同时也能够意愿它成为一条普遍法则的那个准则去行动。法权意义上的占有本质上是一个本体的概念，那么这个概念在经验对象上的运用何以可能呢？康德认为占有本质上是一个知性概念，该概念表明的含义是：某对象在我的控制之下③。换句话说，某个对象是"我的"或在我的控制之下，是因为"我那自己规定自己去任意使用的意志并不与外在自由的法则相抵触"。④ 这样一来，其他人就多了一项责任或义务：放弃对这个对象的使用。⑤ 到此为止，讨论的还是法权意义上的占有概念本身，那么这种占有在一个社会中实现出来又是何以可能呢？康德认为，"把某种外在的东西当作自己的来拥有，这唯有在一种法权状态中、在一种公共立法的强制权之下，亦即在公民状态中，才是可能的"。⑥ 道理很简单，因为当我对某物宣称为所有权之后，那么同时也就意味着"我在宣布每个他人都有责任放弃我的任意的对象"。⑦ 但是"我"的占有只是一个偶然的外在的单方意志，这种偶然的单方意志如何能够对每一个人做出强制性的法则呢？所以，就必须赋予每个人具有责任和权利的普遍意志。而"一个普遍的公共的伴有立法状态的社会就是一个公民社会"。⑧ 在公民社会中的法权状态就是一种宪政。与这种体现交换正义和分配正义的公民法权状态相对立的是自然状态。但人们为什么要

---

① ［德］康德：《康德著作全集》第 6 卷，李秋零主编，中国人民大学出版社 2007 年版，第 260 页。
② 同上。
③ 同上。
④ 同上书，第 261 页。
⑤ 同上。
⑥ 同上书，第 263 页。
⑦ 同上。
⑧ 同上。

从自然状态中走出来进入公民社会呢？这个问题对康德而言是显而易见的，在自然状态中，人如同动物一样完全受自然律的统治，毫无尊严和自由可言，这与人作为有理性的存在者是完全相悖的。人的本质决定了人必然从自然状态中走出从而进入到公民社会。不仅如此，康德提出了美好的愿望，认为人们应该从自然状态走向私人法权状态，其次走向公共法权状态，再走向世界法权状态，从而最终实现世界的永久和平。

黑格尔通过取消自在之物和现象之间的区分，而对康德的法哲学提出了深刻的批判。黑格尔对自由、道德与法的内在关系做了更深入的分析。黑格尔认为"法的理念是自由"。① 而"自由的东西就是意志，意志没有自由只是一句空话；同时自由只有作为意志，作为主体才是现实的"。② 黑格尔关于自由、道德与抽象法的内在逻辑结构是非常清晰的：法的理念是自由，而自由就是意志，并且自由只有作为意志才是现实的。所以法是自由意志的定在，也就是说自由意志通过他物的中介而现实的、外在的表现出来的东西就是法。与康德不同的是，黑格尔认为自由意志不仅仅有一个外在的客观性，还有内在的主观性，而这内在的主观性的自由意志就是道德。道德是对形式的抽象法的扬弃而得到的成果。他说，"道德是由扬弃了抽象形式的法发展而来的成果，道德是法的真理，居于较高阶段，道德是自由之体现的人的主观心理"③。这就是说道德是主观意志的法，而法是自由意志的定在。在法哲学原理中，第一编为抽象法，而第二编为道德，第三编为伦理。也就是说黑格尔认为法的体系包含这三个层次。所以不论是康德还是黑格尔都认为道德是法的更高阶段。所不同的是康德认为

① ［德］黑格尔：《法哲学原理》，范扬、张企泰译，商务印书馆1961年版，导论，第12页。

② 同上。

③ 参见贺麟在黑格尔《法哲学原理》中的评述，［德］黑格尔：《法哲学原理》，范扬、张企泰译，商务印书馆1961年版，评述，第12页。

道德和法作为两个相互区别着的独立存在，而黑格尔则认为道德是扬弃了抽象法的成果，道德是法的真理，但是道德又必须经过法这个自由意志的定在的中介才能达到更高层次的自由。当然黑格尔认为真正的、现实的自由是达到客观意志和主观意志之同一的伦理。但那内容充实的自由怎样才能获得现实性呢？黑格尔认为只有在交互关系中才能实现，这一点跟康德的自律和目的王国中的实践自由一脉相承。正如邓晓芒先生所说："康德的自律已经把一种内在的必然规律纳入到自由本身中了，但还与外在的必然规律（如自然因果律）处于对立之中；黑格尔则使外在的必然规律成为了内在的必然规律的手段，因而成为了自由的手段。两者的基本共同之处在于，自由从此不再是消极地不受束缚，而是积极地按照自己的法则去行动。"①

总而言之，对于黑格尔来说，作为自由王国的法的体系实际上是三个环节的辩证发展过程，它体现为客观意志的抽象法或形式法；体现为主观意志的道德；体现为主客观意志同一的伦理。对应着形式自由的抽象法本身包含着所有权、契约和不法或犯罪三个环节。只有通过扬弃了形式法，客观的法才能向主观的法即道德转化。这样，自由意志通过客观意志的法和主观意志的法得到了充分的现实性，黑格尔称之为伦理。

第三节　自由思想的历史变迁

一　研究自由的两种方法

对于自由的探索犹如走迷宫，历史上的思想家们不断地在这个迷宫中冒险。没有任何冒险比得上对自由的探索了，它扰动着思想家不断地去追逐它，一旦人们有点新思绪、新线索，自由便又狡黠地无穷后退，退隐在无底深渊中。"对自由性质的把握是那样不确定和混乱

---

①　邓晓芒：《康德和黑格尔的自由观比较》，载《社会科学战线》2005 年第 3 期。

不清，以致从来没有什么障碍是如此持久和难以克服。"① 自由犹如
思想的黑洞，散发着强大的能量不断地吸引着人类最优秀的智慧。即
使无数的思想家们尽了最大的努力，也一无所成，它仍像珠宝一样，
因其自身而闪耀，它本身就蕴含了全部的价值。"自由既是形而上学
这座庙宇里供奉的最高神，也是政治哲学理论座架上的冠冕。"② 而
自由对于个体的人和整个人类的社会史都是一个本质性起点和开端。
埃利希·弗罗姆说："当人类从与自然界同一的状态中觉醒过来，发
现他是一个与周遭大自然及人们分离的个体时，人类社会史于是开始
了。……在个人的生命史中，我们也发现这种同样的过程。一个婴儿
脱离母胎成为一个独立的生物个体。……只要个人尚未完全割断这个
把他与外界联接在一起的'脐带'，他便没有自由。"③ 显然，一个生
命体只有成为独立自主的个体，他才拥有自由，或者只有当他拥有了
自由，他才能成为一个独立自主的个体；同样，只有当人类独立于自
然界时，人类社会史才真正开始。而有意思的是，美国著名的社会学
家弗兰西斯·福山认为："自由民主制也许是'人类意识形态的发展
的终结'和'人类最后一种统治形式'，并因此构成'历史的终
结'。"当然这种终结并不是指一种现实的终结，而是指政治体制的
理念的终结，即自由成了人类必须追求的终极理念。④ 同样，黑格尔
将"终结"定位于一种自由的国家形态，马克思则将它定位于"一
切人的全面自由"。没有哪个概念像"自由"这个概念一样，遍历整
个人类历史。正如阿克顿所说："自由，从 2460 年以前在雅典播种以

① ［英］阿克顿：《自由史论》，胡传胜、陈刚、李滨、胡发贵等译，译林出版社
2001 年版，第 3 页。
② 应奇、刘训练编：《第三种自由》，东方出版社 2006 年版，第 1 页。
③ 参见［美］埃利希·弗罗姆：《逃避自由》，刘林海译，北方文艺出版社 1987
年版。
④ ［美］弗兰西斯·福山：《历史的终结及最后之人》，黄胜强、许铭原译，中国社会
科学出版社 2003 年版，第 3 页。

来，……直到在我们民族成熟收获。它是一个成熟文明的精美成果。"① 它也遍布人文社会科学包含政治、经济、法律、哲学等整个领域。自由成为了个体的人和人类社会的终极追求目的。自由对于人（不管是作为个体还是作为类）而言构成一个从起点到终点的圆圈，这个圆圈的过程是历史的逻辑的统一。完成了圆圈的自由概念就成了现实的东西。正如黑格尔所说："现实的东西就是自由自己的形成过程，就是这样一个圆圈，它预设了它的终点为其目的并以之为起点，而且只有通过这一实施过程并经过它的终点它才是现实的。"②

在探索自由的主体和自由之间形成了一部浩瀚的自由史。可以说，一部自由史就是自由概念这一实体的生命化过程，而该过程正是自由的生命实体与追求自由的主体之间的一个交互作用的过程，一个思维和存在相互转化和统一的同一过程。这一过程就是探索自由的主体"一系列重新解释、重新界定和重新陈述的过程"，而这一过程是"被称为'自由'现象所进行的连续不断地转化和这一现象不断概念化的同一性过程"。③ 从方法论上讲，对自由的探索可以分为两种方式：一种方式是对自由思想进行一种历史的梳理，如对自由思想的各种研究内容和结果作一种历史性的叙述，或对在该问题上的各派观点和主张进行一种兼容并蓄的陈述。在这种方法中，主要是考察不同自由思想之间的相互关系以及历史的逻辑的发展过程。另一种方式是对自由本身的概念进行探索。该方式主要是从某些特定的思想体系出发，追求自由概念的本质的、内在的规定性（即便"自由是不能被

---

① ［英］阿克顿：《自由史论》，胡传胜、陈刚、李滨、胡发贵等译，译林出版社2001年版，第3页。

② Ge. Wilh. Hegel, *Phänomenologie des Geistes*, Herausgegeben von Johannes Hoffmeister, 1952, Verlag von Felix Meiner in Hamburg, p13. 该页码用的是原版权页码（拉松版）。该译文参考了邓晓芒教授根据德文版翻译的新译文，该新译文尚未公开出版，是根据课堂讲演稿而得之。课堂录音网址：http://www.xiaomang.com/forumdisplay.php? fid = 99，以下只列举德文注释。

③ ［英］泽格蒙特·鲍曼：《自由》，杨光、蒋焕新译，吉林人民出版社2005年版，第34页。

规定的"这一观点本身也是对自由的一种规定），以及自由概念在同
一体系内与相关概念间的内在的逻辑结构。本书主要是采取第二种方
法。但显然这两种方法是不能够截然分开的。所以本书首先还是要对
自由思想做一个历史性的简要梳理。并且在这一梳理过程中，本书在
第二种方法的预设前提之下对相关思想脉络的陈述有所取舍。正因为
这两种方法是相互交融的，所以即便是对自由概念本身进行探索，也
会涉及不同思想体系的不同概念和同一思想体系中不同层次的自由
观。根据解释学原则，一千个解释主体，就有一千个自由。即便是同
一个解释主体依据不同的解释方法，也有各种不同层面的含义。本文认
为，自由从方法论的角度看，不外乎本质（本体）和现象（经验）两
个层面的自由观。本质层面上，自由主要是指意志自由，即人这一主体
对一切自然和非自然的强制或束缚的意志独立性。意志自由是以人的主
体性即自我意识为标志，以主体的自我规定性能力体现出来，它是一切
外在自由的逻辑前提，同时也是人格作为行为的责任主体之根据。一切
外在的行动自由都是内在自由的一种现象。所以一切外在自由都必然体
现为另一层面的自由即经验领域的实证自由。比如政治自由、经济自
由、法律自由等。本文着重于自由与人的本质之内在逻辑关系的研究。

二 自由思想的历史简述

首先对自由思想做一个简要的历史性梳理。早在古希腊，柏拉图
就把自由作为一种价值理念提出来，认为自由就是对善或真理的认
识。柏拉图是基于对当时古希腊文化的自由观念的反思而提出这一自
由概念的。在古希腊文化中，自由与民主紧密结合，自由体现在民主
的实践过程中。法国学者贡斯当在他那部著名的《古代人的自由和现
代人的自由》一书中，非常敏锐地将古代人和现代人的自由观进行了
一番对比。他简述了自由一词对现代人的含义："对他们每个人而言，
自由是只受法律制约、而不因某个人或若干个人的专断意志而受到某
种方式的逮捕、拘禁、处死或虐待的权利，它是每个人表达意见、选

择并从事某一职业、支配甚至滥用财产的权利、是不必经过许可、不必说明动机或理由而迁徙的权利。……最后它是每个人通过选举全部或部分官员，或通过当权者或多或少不得不留意到代议制、申诉、要求等方式，对政府的行政施加某些影响的权利。"① 紧接着，贡斯当表述了古代人的自由："古代人的自由在于以集体的方式直接行使完整主权的若干部分：诸如在广场协商战争和和平问题，与外国政府缔结联盟，投票表决法律并作出判决、审查执政官的财务、法案及管理、宣召执政官出席人民的机会，对他们进行批评、谴责或豁免。然而如果这就是古代人所谓的自由的话，那他们亦承认个人对社群权威的完全服从是和这种集体性自由相容的。你几乎看不到他们享受任何我们上面所说的现代人的自由。所有私人行动受到严格的监视。……社会的权威结构干预那些在我们看来最为有益的领域，阻碍个人的意志。"② 可以看出，古代人的自由是一种政治自由，而现代人的自由更多的是一种个人自由。所以对于古代人而言，"个人在公共事务中几乎永远是主权者，但在所有私人关系中却是奴隶。"③ 而对于现代人而言，"个人在其私人生活中是独立的，但即使在最自由的国家中，他也仅仅在表面上是主权者。"④ 在这里我们暂且不去讨论政治自由和个人自由的区别以及相关根源，只是将贡斯当对两种不同自由观的比较作为一个引子引出柏拉图关于自由思想提出的时代背景。古希腊的自由是一种政治自由，而这种政治自由通过民主的形式体现出来。所以这种自由从根本上说是一种个人对公共事务的选择权。"对于雅典公民而言，自由便是凭自己的意志爱好进行选择。"⑤ 柏拉图的自

① ［法］邦雅曼·贡斯当：《古代人的自由与现代人的自由》，阎克文、刘满译，上海世纪出版集团 2005 年版，第 34 页。
② ［法］同上。
③ 同上书，第 35 页。
④ 同上。
⑤ 谢文郁：《自由与生存——西方思想史上的自由观追踪》，上海人民出版社 2007 年版，第 9 页。

由观正是针对这种自由思想提出的反思。这种"凭自己意志"所作出的选择表面上好像是自由，实际上"由于这种选择对真正的善缺乏认识，他们的选择反而有害于自己"。① 不但如此，那导致民主政制瓦解和崩溃的原因也就是被民主政制确定为判断事物是否善的那个标准即自由。② 所以当古希腊文化将自由与民主联系在一起的时候，实际上只是古代人政治自由观在实践中的一种体现。而柏拉图认为这种没有达到对善的真理性认识的"自由"实际上将导致真正"不自由"。真正的自由是对善的一种追求，而"对善进行追求"的一个前提是对善的真理性认识。也就是说，柏拉图认为自由作为一种选择权有一个前提条件，那就是判断力。一个丧失了对什么是善之判断力的人即使拥有了选择权，也只会导致不自由。柏拉图对"民主"提出了批判，他认为民主制无视庄严的原则，以轻薄浮躁的态度践踏善的理想，民主制"看起来似乎是一种令人喜悦的统治形式，但实际上是一种无政府的混乱状态"③ 但柏拉图的目的并不是完全彻底的否认民主的价值，而是否认没有善之理念的民主。所以"雅典民主提供的自由根本不是真正的自由"。④ 在古代，民主与自由的关系，与其说"自由是民主的本质特征"⑤，倒不如说"自由的本质在于民主"。柏拉图反对这种自由观的，而提出完全相反的自由观。他将自由的本质建基于善的理念。凡是不符合至善理念的其他价值如民主和自由都失去了自身的价值。所以在柏拉图那里，自由并不是他最关注的概念，自由没有自己独立自为的价值，它必须依附于至善的理念。

尽管自由的思想在古希腊的文明中就有了萌芽，但其真正兴盛却

---

① 谢文郁：《自由与生存——西方思想史上的自由观追踪》，上海人民出版社 2007 年版，第 9 页。
② 柏拉图：《柏拉图全集》（第 2 卷），王晓朝译，人民出版社 2003 年版，第 570 页。
③ 同上书，第 564 页。
④ 谢文郁：《自由与生存——西方思想史上的自由观追踪》，上海人民出版社 2007 年版，第 29 页。
⑤ 同上。

是在近代的西欧。"其社会根源出自中世纪漫漫长夜后的文艺复兴在西欧掀起的反专制、争自由的滔天巨澜。"① 人们认为文艺复兴是中世纪的结束和近现代世界的开端，是一次"理性主义、个人主义以及世俗传统的自由主义运动"。② 关于近现代的自由主义的综述，不同的研究依据不同的视角作出不同的分类。以思想家的国别进行分类，比如，英国的贝拉米教授在其《自由主义与现代社会》一书中分别探讨了英国之定型的自由主义；法国之社会化的自由主义；意大利之转化的自由主义；德国之祛魅的自由主义；当代自由主义哲学之中立化的自由主义。③ 有根据自由的不同时代提出古典自由主义和现代主义。古典自由主义的代表人物有洛克、休谟、亚当·斯密、潘恩、密尔、托克维尔、孟德斯鸠、康德、黑格尔等人。④ 而当代的自由主义的代表人物有以赛亚·伯林、霍布豪斯、德沃金、哈耶克、诺奇克、罗尔斯，当然也有人将罗尔斯、诺奇克认为是新古典自由主义。本书主要是从人的本真人格性上探索自由概念，并且在此理论基础上探索本体论意义的法之命令和实践意义上的法之自由的现实化过程。故此，本书下一章主要论述以理性为核心概念的法理论的发展过程。

---

① 顾肃：《自由主义基本理念》，中央编译出版社2003年版，第13页。

② ［美］大卫·鲍兹：《古典自由主义》，陈青蓝译，同心出版社2009年版，第38页。

③ ［英］理查德·贝拉米：《自由主义与现代社会》，毛兴贵等译，江苏人民出版社2008年版，第1页。

④ 参见［美］大卫·鲍兹《古典自由主义》，陈青蓝译，同心出版社2009年版，第31—67页。

第二章
法哲学的理论预设：理性

理性是理解西方法哲学的关键词汇，也是法学理论中的重要概念。相比较而言，由于中国传统文化注重现世的道德修为和建功立业，强调学以致用，形成了重实际而轻玄想，崇现实而抑超越的知识传统，故在法的解释层面上，法与理性的关联不大。但西方传统文化注重超越性的精神思辨和批判意识，强调学以致知，即为学术而学术的精神，形成了超越现实生活、遨游于永无定论的形而上学问题的知识传统，故在法的解释层面上，法始终与理性相伴随。当然，这种关注超验世界的形而上学的哲学传统在西方近代经验主义崛起的时代受到了强烈的挑战，并在 20 世纪哲学的一片"拒斥形而上学"的呼声中遭到根本性质疑。然而，西方哲学的这些时段性、地域性特点并不能取代西方哲学的总体特征和基本倾向。① 尽管解构形而上学的例子在西方哲学史上曾多次出现（从希腊时代的世俗化怀疑论哲学一直到 20 世纪末期的后现代主义），但是从宏观和全局的角度来看，形而上学始终是西方哲学的不折脊梁和精神根基。② 西方哲学所独具的这种追求形而上学理想的超越性倾向和将知识本身作为终极目标的学术特

---

① 参见邓晓芒、赵林《西方哲学史》，高等教育出版社 2005 年版，第 2 页。
② 同上书，第 3 页。

点，既是同中国传统哲学大相径庭的语境，也是理解法的理性解释的重要前提。

第一节 法的理性解释之语境

"理性"乃是贯穿西方文化的一根观念主轴，尽管近现代和后现代西方哲学思潮中质疑、解构、怀疑理性及理性主义的声音不断，但如果不真正理解西方的理性文化，也就不能理解这些异议的声音。要掌握法的理性解释，就需要把"理性"作为历史的概念和跨学科的范畴，从起源和开端予以梳理，因为"开端的确定所依据的，是在持续的往昔中始终被重复的事情"。[①]

一 逻各斯和理性

"逻各斯"出自希腊语 λόyos（logos）的音译，它含义丰富，汉语里很难找到相对应的词。著名哲学史家格思里（W. K. C. Guthrie）在《希腊哲学史》第 1 卷中详尽地分析了公元前 5 世纪及之前这个词在哲学、文学、历史等文献中的用法，总结出十种含义：1. 任何讲出的或写出的东西。2. 所提到的和与价值有关的东西，如评价、声望。3. 灵魂内在的考虑，如思想、推理。4. 从所讲或所写发展为原因、理性或论证。5. 与"空话"、"借口"相反，"真正的逻各斯"是事物的真理。6. 尺度，分寸。7. 对应关系，比例。8. 一般原则或规律，这是比较晚出的用法。9. 理性的能力，如人与动物的区别在于人有逻各斯。10. 定义或公式，表达事物的本质。[②]

逻各斯一词的原意是"话语"，也由此带来了规律、命运、尺度、

---

① ［法］弗朗索瓦·夏特莱：《理性史——与埃米尔·诺埃尔的谈话》，冀可平、钱瀚译，北京大学出版社 2000 年版，第 6 页。
② 参见张廷国《"道"与"逻各斯"：中西哲学对话的可能性》，载《中国社会科学》2004 年第 1 期。

比例和必然性的意思。从古希腊的赫拉克利特第一次提出逻各斯的概念以来，西方理性精神就贯穿在西方哲学和西方文化、思想之中。在古希腊哲学家那里，理性无论是表现为逻各斯、理念，还是纯粹形式，都是整个世界的绝对实体。人们追求理性、崇尚理性，将理性视为万物的主宰。为什么在逻各斯意义上的理性含有规律、命运、尺度、比例和必然性的意思呢？这就需要考察逻各斯的产生的历史发展过程。

西方哲学史基本都是将米利都派的泰勒斯（Thales，前 624—前 546 年）作为古希腊的哲学的开端。泰勒斯之所以被誉为"哲学之父"，是因为他的一句话："水是万物的本原。"① 这句话之所以如此重要是因为：第一，他是第一次突破传统的神话宇宙论而用自然物质本身来说明万物本原。第二，他将万物的变化统一为一个事物实体，从个别事物上升到一般的事物，即提出了事物的本质问题。第三，他第一次用哲学的方式而非神话的方式表述了关于本原（即万物由以产生的源泉和万物运动变化的原因）的思想。泰勒斯认为水是万物的本原是因为他通过经验的观察，认为万物是以湿的东西为养料，水是潮湿本性的来源，没有水，万物将无法生存。而水之所以能够滋养万物，在泰勒斯看来，是因为它是最能够形成各种不同的事物的，可以经受住各种不同的变化，水是无形的。②

泰勒斯的学生阿纳克西曼德（Anaximander，前 610—前 546 年）进一步提出始基（即本原）这个概念。他对老师泰勒斯单是将水说成万物本原的不满意。在他看来，泰勒斯之所以要将水作为万物的本原，是因为水具有"无定形"的性质；但宇宙间无定形的不单是水（还有火、气、土等），所以本原应该是一切"无定形之物"，也就是说只有各种无定形之物所构成的原始混沌体才是万物的本原。亚里士

---

① 邓晓芒、赵林：《西方哲学史》，高等教育出版社 2005 年版，第 14 页。
② 参见邓晓芒：《古希腊罗马哲学讲演录》，世界图书出版社 2007 年版，第 16 页。

多德对此解释道："它作为本原，是不生不灭的。凡是产生出来的东西，都要达到一个终点，然而有终点就是有限的［有定形］。所以说，无限者［无定形者］没有本原，它本身就是别的东西的本原，包罗一切，支配一切。"①

毕达哥拉斯派关于世界本原的观点进一步朝着抽象思维和逻辑推理发展。该学派提出万物的本原是"数"。他们认为"无形性的东西"连自己都是无定形的，怎能给世界万物定形呢？所以万物的本原应该是万物共同的有定形的东西即"数"。在他们看来，"'数'是构成事物实体的基本元素。作为一切数之根本的'1'是第一本原，而'1'表现为点，由'1'派生出其他的数乃至万物的过程则被表述为：点（1）产生线（2），线（2）产生面（3），面（3）产生体（4），体（4）构成水、火、土、气等四种元素，这四种元素则以不同的方式相互结合和转化，从而产生出世界的万事万物。"② 他们发现一切事物都包含着数量的关系，数与万物的联系超过了任何一种元素与万物之间的联系，根据这种联系，数不仅可以用来解释具体事物，而且可以用来解释抽象事物（米利都的万物本原还是感性物质意义上的开端）。正因为万物都是由数构成的，所以数是决定事物性质的比例关系或抽象原则。

赫拉克利特（Heraclitus，前540—前480年）综合米利都派和毕达哥拉斯派提出了"火本原说"。赫拉克利特说："这个世界，对于其他一切存在物都是一样的……它过去、现在、未来永远是一团永恒的活火，在一定的分寸上燃烧，在一定分寸上熄灭。"③ 火本原说虽然也是用某一自然元素来解释万物的本原，但是他特别提出了这种转

---

① 北大外国哲学史研究室编：《西方哲学原著选读》上卷，商务印书馆1981年版，第17页。

② 邓晓芒、赵林：《西方哲学史》，高等教育出版社2005年版，第18页。

③ 北大外国哲学史研究室编：《西方哲学原著选读》上卷，商务印书馆1981年版，第17页。

化的方式是按照"一定分寸"进行的。火的燃烧本身是无定形的，但是它燃烧的方式却是有定形的（一定分寸，如"火苗"、"火舌"），这样就"表现为一个无定形和有定形相统一的过程，即无定形的火在燃烧中自我定形"，"火是变化无常的，始终处于不断转化的过程中，但其'分寸'、'次序'、'周期'、'必然性'等却是永恒不变的，是万物所遵循的普遍法则。这种永恒不变的普遍法则被赫拉克利特表述为逻各斯"。① 这样从"火本原说"中赫拉克利特明确提出了"逻各斯"这个概念。正如邓晓芒先生提出的："逻各斯"概念的提出是西方哲学史上一个里程碑式的创举。从此，规律、确定性、逻辑、理性成为西方文化的一个主轴。逻各斯在赫拉克利特这里不仅具有客观规律的含义，同时也具有主观理性的含义；并且在这里，逻各斯的客观含义（规律或秩序）与主观含义（理性或智慧）是统一的，所谓理性或智慧就在于对客观规律或秩序的认识和把握。

如果说上述哲学家的本原说还存在感性的色彩的话，巴门尼德（Parmenides of Elea，前515年——前5世纪中叶）最终抛弃了感性。在巴门尼德看来，存在是真理的对象，只有存在才是真实的，非存在是变化的、不真实的，只有存在才能作为世界的本原。巴门尼德的"存在"抽掉了一切感性特征和数量规定，要把握世界的本原只能由理性思辨和逻辑来把握，而不能由感性直观来把握。

在对哲学史上关于世界本源的观点的脉络发掘中，我们能清楚地看到逻各斯、理性是如何蕴含着普遍性、规律、命运、尺度、比例和必然性之深意的，是如何一点点地从感性走向理性、从具体走向一般、从偶然走向必然的。这就是西方理性思想的最初源头。当然，希腊哲学的顶峰还在于苏格拉底、柏拉图、亚里士多德最终奠定了古希腊哲学甚至整个西方哲学理性主义的传统，这将在本章后部分详述。

---

① 邓晓芒、赵林：《西方哲学史》，高等教育出版社2005年版，第20页。

二　理性、感性和理性主义、经验主义

正如康德（Immanuel Kant, 1724—1804 年）在《纯粹理性批判》导言中的第一句话所说的："我们的一切知识都是从经验开始，这是没有任何怀疑的，……所以按照时间，我们没有任何知识是先行于经验的，一切知识都是从经验开始的。"① 人类对于世界的认识首先是从感性认识、个别事物开始的，但人的本性是不满足于感性、个别的认识。随着人类认识能力的提高，人们会自然地由对事物个性的、偶然性的认识升华到对事物共性、普遍性的认识。对事物共性、普遍性的认识简单讲就是理性认识。感性认识向理性认识的发展是全人类所共有的。

关于理性与感性（非理性）的区别，不同的学者从不同的角度提出不同的观点：从斯多亚派到圣奥古斯丁都将理性视为"神性"，非理性则是"非神性"；唯理论将理性视为认识源泉，非理性即为经验性；18 世纪法国唯物主义者和空想社会主义者认为理性是合自然性、人性，非理性就是非自然性、非人性；德国思辨哲学将超越主体经验的思辨力视为理性，将经验视为非理性。但一般而言，理性表现为人类超越自我有限生命，追求必然性、普遍性及永恒性的能力。非理性体现着生命的自然欲望和冲动，表现为追求感性、具体、有限性的特性。非理性的欲望成为确立对象的最初动力，理性则使非理性的动机合于道德、文化和社会理性的价值。人类理性是对非理性克服的结果，而非理性的灵感、直觉、顿悟又是在具有一定知识理性智慧基础上才能发生。②

将理性与感性作严格的区分的是康德。康德认为，人的认识能力

---

① ［德］康德：《纯粹理性批判》，邓晓芒译，杨祖陶校，人民出版社 2004 年版，第 1 页。

② 参见冯玉珍《理性、非理性与理性主义、非理性主义》，载《哲学动态》1994 年第 2 期。

分为感性、知性和理性。他在《纯粹理性批判》中提出："通过我们被对象所刺激的方式来获得表象的这种能力（接受能力），就叫做感性。所以，借助于感性，对象被给予我们，且只有感性才给我们提供出直观；但这些直观通过知性被思维，而从知性产生概念。"① 也就是说，康德认为所谓"感性"指人的认识的"接受性"，即一种被动接受的认识能力，也就是"直观能力"。在感性直观的基础上，人的认识能力还必须往高处提升，才能形成真正的科学知识。所以和感性相比，知性和理性都属于"高级认识能力"。感性只是一种被动的接受能力，知性则是一种主动地产生概念并运用概念来进行思维的能力，所以知性的特点就在于自发性和能动性。理性是比知性更高一级的认识能力。知性一般是产生概念（范畴②）来进行判断的能力，理性则是进行推理的能力。判断总是一次性的，它离不开经验对象，所构成的是一个个单个的知识；理性比知性更高一层次，知性要应用于经验，而理性是超验的，知性产生概念或范畴，而理性是运用概念进行的推理，推理则不和经验对象直接打交道。它"只和知性已构成的知识打交道，因而是可以向上或向下连续推下去的，作为一条法则，则是要通过理念（理性概念）而获得完备性的整体知识"。③

理性主义、非理性主义是哲学上的两种理论形态，这种划分是近代哲学的产物，具有时代特征和政治倾向。如在近代，理性主义成为思想界批判宗教神学、反对封建专制制度的重要理论武器，理性主义与科学主义的结合，推动了近代资本主义生产力的高度发展。到了德

---

① ［德］康德：《纯粹理性批判》，邓晓芒译，杨祖陶校，人民出版社 2004 年版，第 25 页。

② 范畴这个词最早是由亚里士多德提出来的。他在《范畴篇》里提出"十范畴"，康德则提出十二范畴。范畴简单讲就是纯粹概念（区别于一般概念），纯粹概念是指具有普遍性和确定性的概念，可以适用于所有的东西。比如因果性，世界上任何东西都有因果性，那么因果性就是范畴。哲学的范畴之应用是最广泛的，当然在法学领域也应该有自己的范畴，比如我国法理学教科书将正义、权利与义务、自由、人权、秩序等概念归于法学基本范畴。

③ 参见邓晓芒、赵林《西方哲学史》，高等教育出版社 2005 年版，第 211—215 页。

国哲学家黑格尔那里，理性主义发展到顶峰，理性成为无所不至、无所不能的万物的创造物，人类历史的主宰。

具体而言，理性主义是指与经验主义不同的注重演绎、推理和理性直观的认识论派别。理性主义（rationalism）一词来自于拉丁语（ratio），"经验主义"（empiricism）一词来自希腊语（empeiria）。对近代理性主义和经验主义的"经典划分"是指笛卡尔、斯宾诺莎、莱布尼茨等大陆理性主义和洛克、贝克莱、休谟等英国经验主义者之间的对立和区分。他们争论的焦点就是：是经验论还是唯理论是真理？是感性知识还是理性知识是真理？他们之间的对立围绕知识的本性和如何获得知识的问题展开，主要涉及如下方面：1. 人类知识的根源是什么，是感觉经验还是先天的观念？2. 哪一种知识具有无疑的确定性和真理性，是经验的知识还是理性的知识？3. 通过哪种方法或途径能够有效地获得普遍必然的知识，是经验的归纳还是理性的演绎法？4. 人的认识能力是否是至上的，它是否囿于一定的范围和界限？[①] 理性主义者认为，普遍必然的知识起源于心中固有或与生俱来的天赋观念，它们是自明的、无误的，通过对它们的理性演绎，就可以形成普遍必然的知识体系；经验主义者认为，一切知识都来自经验，普遍必然的知识只有在经验的基础上才可能获得。正是因为这样，他们才反对理性主义的"天赋观念"论，认为人心只是一块"白板"，它的一切材料都是由经验而来，并无所谓的天赋观念。认识方法上，理性主义的"自明原则＋演绎"方法与自然科学中的数学公理方法有密切联系，经验主义的"经验＋归纳"方法与自然科学中的观察实验方法有密切联系。

三 西方哲学中的"理性"与中国传统哲学中的"理"与"性"

在西方哲学中，"理性"对于自然规律而言，被看作是万物的运

---

① 参见叶秀山等主编《西方哲学史》（第四卷），凤凰出版社 2004 年版，第 16—27 页。

动规律；对于人的实践能力而言，是一种符合逻辑的规范要求，即人类活动的基本规范。理性的精神就是，一切思想和行为都需要符合规范，需要按照某种确定的规则行事。简单地说，在西方哲学中，"理性"注重一种规则要求。

理解中国传统文化中的"理性"，要将"理"和"性"分别进行分析。中国的"理"通常是与"道"联系在一起的，俗称"道理"。"道"是中国传统文化中的一个核心概念。老子在《道德经》的第一章就提出："道可道，非常道。名可名，非常名。无名，天地之始；有名，万物之母。""常道"即恒道、永久的道，也就是天道、天理的意思，就是探索世界的本原、始基的问题。在这一点上，道家与古希腊哲学家探讨世界的本原的意图上是一致的，差异之处只在于本原或本体的内容不同。"道可道"中的第一个"道"是常道、恒道的"道"，第二个的"道"是言说的意思。也就是讲，可以言说的"道"不是"恒道"，即"恒道"是不可言说的。可以言说的是"名"，而这个可以言说的"名"是"非常名"。"常"就是恒久的意思，也就是说可以说出来的就不是永恒的。"道"是不可言说的，所以是"常道"，"名"是可以言说的，所以名就是"非常名"。"无名，天地之始；有名，万物之母。"① 就是说，天地的开始或始基是不可命名的，而万物是可以命名的。因为"道"是不可言说的，是最高境界，只能靠体悟。但是国家的治理要有标准，所以要命名，正所谓孔子所说的"为政必先正名。"② 正名了，一个国家就有了等级次序了，有了等级次序国家才好治理。孔子讲："名不正则言不顺；言不顺在事不成；事不成则礼乐不兴；礼乐不兴则刑罚不中；刑罚不中，则民无所措手足。"③ 有了名，刑罚就有了标准，人民才知道什么该做什么不该做，才有法可依了。所以，"名"虽然与"道"相比是次要的，但

---

① 《道德经》第一章。
② 《论语·子路》。
③ 同上。

是因为"道"不可言说，所以"命名"对于国家的治理来说就很重要了。那么命一些什么"名"呢？这个"名"的内容是什么呢？简单讲就是"名分"，这里就涉及伦理纲常。"理"最初的含义是按照石头的纹路把玉解开（"王"字边意指治玉即玉匠把璞按照玉石的纹路解开）。理即玉石中的纹理，纹理就蕴含着一定的条例和规律。①后来韩非子解释理就是道，意指规则、规范。到了宋明理学"理"上升为宇宙的本体、最高的宇宙规律，是与人心相通的，但是却体现为对个人欲望的一种压制，正所谓"存天理，灭人欲"。这里的天理与天道不一样，天理是可言说的固定的天道，由"天子"命名实施，即伦理纲常，就是道德规范和政治规范。

一般而言，在中国传统哲学中，"理"作为一种哲学本体和统治正当化根据，既可以被理解为"天理"，也可以作为个人日常行为而被理解为"理由"或"根据"，而"理由"又包含"原因"的含义。中国传统哲学的"性"主要是指"性情"、"秉性"或"性格"，或者是用作把形容词、动词加以名词化的助词。这样，"理"与"性"结合就具有"说理"的含义，即"讲道理"，设法解释某种行为（这里主要就是讲的个人行为）的理由和原因。实际上，从某种意义上讲，中国的"理"与"性"是一对矛盾的范畴。"性"正如孟子所说："食色，性也"，主要是指人的一种天然本性，而自然本性在中国传统的道德文化中是应该压制的。用什么压制呢？主要是用道德和政治规范即"理"，所谓"存天理，灭人欲"。但是如果"理"与"性"结合起来用，就是用"理"来教化（说理）"性"，达到"克己复礼"，那么"性"就是一种有道德的"性情"、"秉性"、"心性"了。

这样一来，"理性"主要不是寻求普通的、形式的、客观的规律或规则，而是满足于能够用同一文化共同体所接受的理由去解释具体的

---

① 参见邓晓芒《哲学史方法论十四讲》，重庆大学出版社2008年版，第94页。

行为。当然，中国传统哲学中的"理性"概念并不完全排斥普遍的原则或规范，有时甚至把某种普遍原则确立为理性的最高标准，把这种原则看作是先于并超越于具体的道德规范。然而，这种作为普遍原则的"理"作为一种形而上学的规定，是不容违背的、预定好的，是指导人们行为的基本原则。所以，"理"并不是真正意义上的理性概念。就是说，它不是出自人们内心的理性要求，而是强加于人的外在权威。更准确地说，是一种体现统治阶级意志的道德要求。因此，中国传统哲学中的"理性"基本上是一种道德规定，因为它要求的是对人们的行为给出理由。而这个道德规定或标准又是"天道"、"先王"定下来的，是不容许个体自由选择的。至于"天道"、"先王"为什么定下这个道德标准，那是不能言说的，因为"道可道，非常道"。所以，中国的"道"、"理""名"、"言"这些概念和相应的范畴都是有内在勾连的，呈现"太极"图形。

中国传统哲学理解的"理性"存在着一个无法克服的矛盾：如果判断一个人行为的合理性是根据其他的因素而不是他的行为理由，那么，我们又如何理解"合理"就是"有理由"、"有道理"呢？① 这个矛盾的出现并不是由于中国传统哲学错误地理解了理性概念，而是由于没有分清认识论意义上的理性（理论理性）和实践意义上的理性（实践理性），从而混淆了对合理性的判断标准，甚至取消了判断标准之"合理性"的怀疑。在西方哲学中，理性首先是一个认识论的概念，认识归根到底是一个"求真"的过程：对自然界认识的求真，对人类社会认识的"求真"，即关于人们的认识如何能够正确地反映实在的规范要求。"合理性"首先就有一个认识论上的求真，对个人行为的一个客观的认识判断而非完全的主观价值判断。但是，在中国哲学中，"合理性"概念更多的是表达一种价值判断：说某个人

---

① 参见江怡《论时间推理中的非理性悖论》，载《厦门大学学报（哲学社会科学版）》2005 年第 6 期。

的行为是合理的，就是说，这个人的行为是好的，是值得肯定的，是符合纲常伦理的。这样，理性的标准就变成了一个价值的标准；一个人的行为是否"有理"，就变成了看它是否符合这个人所处的社会或文化共同承认的价值规范。所以，团体或局部的价值标准自然成了判断一个人的行为是否合理的最终尺度。这样，理性就等同于已经预设好的道德价值判断。至于这个价值判断是怎样的或何以可能，这个价值判断的认识能不能真实地反映人类社会规律的要求，这是不能追问的。这种认识论意义上的理性在中国是缺乏的。把理性的标准看作是价值判断的问题，一方面反映了中国哲学一切以"人"为基点的认识论，这恰好抓住了人类认识活动的根本目的即人自身（但是这个"人自身"却又不是理性认识到的，而是毋庸置疑地预设好的），这就使认识活动具有更为明确的目的性和指向性。但另一方面又忽略了认识论的客观方面，其消极后果就是完全取消了人类认识活动的独立性和批判性。

第二节　法的理性解释之理据

法的理性解释中的"理性"具有独特的理论发展史，内容纷繁复杂。概括起来，大致有以下几个阶段：

一　理性的起源：作为古希腊自然宇宙观的"自然理性"

古希腊哲学开启了西方理性主义的传统。人类最初的文化是宗教和神话。古希腊哲学通过对自然事物的抽象概括，来解释已知或未知的世界，从而将自己从宗教和神话思想中解放出来。实际上，这也是人第一次从无法抗拒的自然力量的压迫和屈从中超拔出来，第一次把自己从自然的宿命中解放出来。正如上文所述，古希腊哲学经过泰勒斯、阿纳克西曼德、毕达哥拉斯、赫拉克利特、巴门尼德等人的开拓已经显示了理性发展的一个最初脉络。苏格拉底、柏拉图、亚里士多德把哲学推到了古希腊时代的高峰，并最终奠定了古希腊哲学甚至整个西方哲学理性主义的传统。苏格拉底（Socrates，前470—前399年）提出的著名口号是："认识你自己！"这实际上是要人把注意力从自然界转向自身，通过研究和审视人自身来研究自然。

柏拉图（Plato，前427—前347年）在苏格拉底的基础上，提出"理念论"。"理念"在柏拉图这里是指心灵或理智所"看"到的东西（理念的希腊词是idea或eidos，动词意指"看"，名词是指"看见的东西"或"显相"），是具有统一性和实在性的观念，即普遍的概念、共相。柏拉图将世界分为"可感世界"和"可知世界"。关于可感世界的知识是意见，意见分为对事物影像的认识即"想象"，和对事物的认识即"信念"，信念是"理念的影子"，想象是"影子的影子"。所以，想象更加缺乏确定性，它和真理"隔着三层"。① 关于可知世界的知识是真理即理智和理性，理智是关于数理对象的知识，理性是关于纯粹理念的知识。柏拉图的"理念论"强调主体与客体的分离，灵魂与肉体的对立。这也为中世纪的神学埋下了种子。

亚里士多德（Aristotle，前384—前322年）将理性主义推向了古希腊哲学的巅峰。亚里士多德将探索世界的本原问题归结为第一哲学，统一和综合了希腊经验性的自然哲学与理性思辨的逻各斯学说。他认为现实的世界是真实的，真实的现实世界仅仅是具体的、多变的、不确定的，而实体是不变的，是第一因。要把握真理就是要找到事物运用的原因，第一因不能通过感性，只能通过理性的概念、逻辑、范畴才能把握。

古希腊哲学的特点就是寻找世界的本原，而世界的本原是不能靠感性发现的，只有运用理性才能真正找到，因为理性才具有确定性、恒定性、必然性和客观性。所以，古希腊理性是一种自然理性或客观理性。

---

① 邓晓芒、赵林：《西方哲学史》，高等教育出版社2005年版，第52页。

二 理性遭遇神性：作为理性的异化和变体的"宗教理性"

到了中世纪，基督教哲学把柏拉图"理念论"中的二元分离思想推向了极端，它一味强调灵魂与肉体、彼岸与现世、精神与物质之间的对立，完全否定二者之间的统一，从而发展出一种彻底唾弃世俗生活的唯灵主义。中世纪的宗教哲学追问的核心问题是主观的精神世界、精神的本质，而不再是世界的本原。即便如此，宗教本身并没有完全否定理性，尤其是中世纪哲学中的经院哲学。中世纪早期的教父哲学是否定理性的，它强调超理性甚至是反理性的神秘信仰，即用信仰反对古典文化的理性。而经院哲学反对狂热的信仰，反对反理性的神秘主义，讲究烦琐的概念辨析和逻辑论证，试图通过逻辑的论证而不是单凭狂热的信仰来确定真理。比如阿伯拉尔提出"理性导致信仰"，经院哲学的集大成者托马斯·阿奎那（St. Thomas Aquinas，1225—1274 年）力图调和信仰和理性的矛盾。但总的来说，中世纪的哲学更强调的是信仰，他们极力强调神性而贬低人性，人的理性只能依附于神的理性。

三 理性的回归：作为文艺复兴和近代理性主义的"启蒙理性"

如果说古希腊哲学是一种客观世界的哲学，即自然哲学和本体论，其理性是自然宇宙论即客观理性，那么中世纪哲学主要是主观精神世界的哲学，即心灵哲学。在那里，人类对上帝的信仰代替了对宇宙理性的崇尚，宗教理性取代了宇宙理性。当宗教理性无限地抬高上帝时，人的个性和主体性便遭到外在力量的扼杀。

启蒙理性就是在这个时候出现的。它旨在把理性从神话中解放出来，使人摆脱恐惧、成为主人。在这次启蒙中，理性、科学、个性得到了充分发展，人类恢复了自己的尊严。这个时期的哲学主要是立足于独立化的主观精神去探讨主观世界和客观世界的关系。在此阶段，理性摆脱神学的束缚，逐渐形成了由笛卡尔（Rene Descartes，1596—

1650 年）所开创的理性派哲学和由弗兰西斯·培根（Francis Bacon，1561—1626 年）所开创的经验派哲学两种迥然相异的学派，直到康德积极地倡导理性为自然界立法，确定了理性的统治地位，建立了理性主义的科学大厦，理性主义发展到历史的高峰。

具体而言，西方哲学发展到了近代，随着认识论的兴起，人的主体地位得以确立，经验与理性的关系问题成为哲学研究与争论的重要问题和内容。理性主义和经验主义都致力消除现实世界和理念世界的鸿沟，只是两者站的立场不同。唯理派认为，现实世界是感性的、变化多端的、不确定的、偶然的，只有具有逻辑必然性的理性才能认识事物和世界的本质。而经验派注重从感性经验和感觉里获得知识，如洛克（John Locke，1632—1704 年）的"白板论"就认为人心本来就是一块白板，所有的知识都是外界在我们心中留下的印迹。他们认为根本不存在现象背后的本质这样的东西，那都是人的习惯性联想。

经验派和唯理派，谁是真理？感性知识和理性知识，谁更真实？两派的争论到休谟（David Hume，1711—1776 年）发展到极致，经验派占了上风。休谟提出了怀疑经验论，他对因果律的可靠性和必然性进行了解构。休谟的一个著名论证就是关于因果性的论证。如我们认为太阳晒热了石头，太阳是石头热的原因，石头热是太阳晒的结果，我们认为我们掌握了世界客观规律的因果律。但是休谟经过严格的分析认为，这种说法是不正确的。因为要把经验派贯彻到底，我们只看到太阳晒是一个事实，石头热是一个事实，你怎么知道太阳晒是石头热的原因、石头热是太阳晒的结果呢？我们看到的石头和太阳都是事实，我们没有看到原因和结果这样的概念。原因和结果、因果性都是些抽象概念，凭什么能说客观世界有一个原因和结果？而因果性在西方哲学史和科学史上是一个理论的台柱，从亚里士多德开始的形而上学之所以要建立第一哲学就是要探讨事物的原因，亚里士多德提出著名的四因说：形式因、目的因、质料因和动力因。这四种原因就是解释万事万物的根本大法。此后，西方的科学精神或理性精神就体现在为事物寻找它的原因，就是我们通常所说的：要知其然还要知其所以然。所以说，休谟所提出的难题实际上是将西方科学和理性精神的根基连根拔起。①

休谟的问题向欧洲整个哲学界，特别是向以理性为基点的科学知识提出了一个巨大挑战。为了回应休谟的这个难题，康德思索了十年。正如康德自己说："休谟第一次唤醒了我独断论的迷梦。"②十年之后，康德发表了著名的《纯粹理性批判》，提出了著名的"哥白尼式的革命"，即"人为自然界立法"命题，并震惊世界。之后，他又发表了《实践理性批判》和《判断力批判》，最终形成了他的批判论的三部曲。

康德哲学在综合理性主义和经验主义的基础上，力图找到沟通经验与理性的途径。康德哲学的基本出发点，是既要继承和发挥经验主义的经验内在性原则，又不放弃理性主义对知识的确定性和普遍性追求，理性主义的独断论是在经验之外去追求知识普遍必然的确定性。康德决定从经验中寻找某种确定性东西，即先验感性论。康德对休谟的回应产生了认识论上的"哥白尼式革命"即人为自然立法：人首先定了一套法去规范自然界，让其守法，最后建立起科学知识体系。所谓"哥白尼式的革命"，在认识论上不是观念符合对象，而是对象符合观念。所以，康德建立了一个理性的法庭。③《纯粹理性批判》的根本指导思想就是要通过对理性本身，即人类先天认识能力的批判考察，确定它有哪些先天就具有的普遍性和必然性的要素，以及这些要素的来源、功能、条件、范围和界限等，从而确定理性能认识什

① 参见邓晓芒《康德哲学讲演录》，广西师范大学出版社 2006 年版，第 4—5 页。
② ［德］康德：《未来形而上学导论》，庞景仁译，商务印书馆 1978 年版，第 9 页。
③ 关于《纯粹理性批判》是探索认识能力和认识本身的普遍必然性结构的观点，参见邓晓芒《康德哲学讲演录》，广西师范大学出版社 2007 年版，第 1 讲；邓晓芒、赵林《西方哲学史》，高等教育出版社 2005 年版，第 10—16 页。

么、不能认识什么。接着，康德发表了《实践理性批判》，将理性分为理论理性（认识论意义上的理性）和实践理性（实践意义上的理性）。《纯粹理性批判》主要是探讨人的认识能力，而《实践理性批判》是从人的纯粹理性现实具有的实践能力出发并以之为标准，批判和评价一般的（不纯粹的）理性在实践活动中的种种表现，从中确认纯粹理性的先天普遍规律，即道德法则。简单说来，实践理性批判主要是论证人的理性在实践中的现实性是如何可能的。

在康德之后，黑格尔哲学出现了。"近代理性主义哲学的传统，是运用形式逻辑乃至数学、几何学的方法，去构筑一个逻辑上前后一致的体系，黑格尔是这一传统的集大成者。"① 黑格尔（Georg Wilhelm Friedrich Hegel，1770—1831 年）将康德的德国唯心论和理性主义发展到了最高点。黑格尔构建了一个无所不包的哲学体系。他的《哲学全书》由三大体系构成：《逻辑学》、《自然哲学》、《精神哲学》。在整个哲学中具有核心地位的是他的逻辑学。他的逻辑学完全是一个超感官的世界，即"纯粹理念"的世界。他的"逻辑学"体系是绝对精神（即上帝）在创造世界之前的一个全面的筹划，因而表现了宇宙的本质和规律，万物都是按照这个范畴体系而运动发展的，它是黑格尔哲学的总纲。② 黑格尔也必须回答感性材料与纯粹概念推理得出的理性知识与真理性之间的关系。针对这个问题，黑格尔提出了"思维和存在同一性"的观念。他认为，一方面，事物的本质只有在思想中才能得到规定，事物的本质只能被思想把握。另一方面，人的主观意识在其发展中会上升到客观精神，这两者之间不存在不可逾越的鸿沟。他认为，感性和理性不存在两个领域的划分。二者的联系在于思想的超越性，这种超越性使感性经验能上升到纯粹思维（理性）。理性知识是感性经验知识上升，而这种上升是一种自我否

---

① 王春梅：《对经验与理性关系的一种解读》，载《法制与社会》2007 年第 4 期。
② 参见邓晓芒、赵林《西方哲学史》，高等教育出版社 2005 年版，第 244—245 页。

定。所以，黑格尔的能动辩证法是他哲学体系中的一个特色。西方理性主义有两个基本构成要素：一个是逻各斯（logos）即理性，一个是努斯（nous），这个词本意是"灵魂"，具有能动性和超越性的意思。这两大精神是西方理性精神的传统，到黑格尔这里发展到极致。逻各斯精神及理性精神注重逻辑和规范性（对此方面的强调就发展出西方的逻各斯中心主义），努斯精神注重个体的超越性和个体的自由（对此方面的强调就发展出西方的自由主义）。黑格尔认为，逻各斯和努斯都是理性，逻各斯即理性好理解，那么为什么努斯也为理性？这个是黑格尔的独创。努斯即超越性，超越性首先是超越感性的东西。超越感性就是靠努斯精神，即能动性、自发性、自由的精神，跳出感性的束缚。所以，黑格尔讲理性，一方面是逻各斯即作为一种规范的理性，理性一旦成了一种规范，那就是一种规律、一种必然命运了。但是，理性还有一种能力那就是超越，超越感性。这里似乎就有了一个矛盾：逻各斯要规范，努斯要超越，要打破规范。这恰好是黑格尔整个辩证法的精髓：正因为它们是对立的，所以它们是统一的。也就是说，真正的规范要靠超越建立起来，感性是无法建立起真正的规范的；超越或自由并不是任意的超越，自由也不是任意的自由，必须在规范的基础上进行超越，两者是辩证统一的。反过来，如果逻各斯离开了努斯，它就会偏向一种形式化，成为一种"铁的必然性"，一种限制性的东西，一种束缚人的东西。后现代反对逻各斯中心主义，就是因为它束缚人；另一方面，努斯如果抛弃了逻各斯这个形式，就会陷入一种神秘主义，一种相对主义、主观主义，那一切都是偶然的、完全主观的，甚至最后倒向虚无主义。① 而黑格尔认为理性辩证地包含着这两个精神（逻各斯和努斯）。在黑格尔看来，哲学史到此也就终结了。"黑格尔自认为他自己的哲学就是绝对精神在其中达到自我认识的哲学，因而在他的头脑里，主体和客体、思维和存在都最后统

---

① 参见邓晓芒《中西文化比较十一讲》，湖南教育出版社2007年版，第208—211页。

一起来了。在他这里，哲学史终结了，历史终结了，以后的历史只不过是对他所发现的真理的一种再次确认或推广，全部辩证的发展在这一点上达到了最终的结束和静止，那能动的生命活动就被窒息在这一封闭的体系之中了。"① 但实际上，正如歌德所言：理论是灰色的，生命之树长青。黑格尔哲学不过是费尔巴哈哲学和马克思主义哲学的先声。

四　理性的迷途：作为科学主义的"技术理性"

产业革命的兴起与发展，自然科学冲破中世纪的黑夜，以神奇的速度发展。在这个时期对哲学思想产生巨大冲击的一个是为宇宙观提供基础的天文学；一个是为方法论提供楷模的数学。哥白尼提出了日心说，接着是伽利略对神学宇宙观的摧毁。在方法论上牛顿提出崭新的数学—力学的世界图景。理性主义关于要求科学找出普遍正确的和必然的定律并必须根据这些定律研究的思想在这一时期的自然科学中达到了历史上的一次高峰，可是也正是在这个时期，也为技术理性、工具理性与目的理性、价值理性分离而单向性发展埋下了种子。

技术理性也称工具理性，是与价值理性、实质理性相对应的理性。它们都属于理性系统，分属于理性系统的不同层次、结构。最初明确用工具理性和价值理性二元范畴的人是马克斯·韦伯（Marx Weber，1864—1920 年）。工具理性是"通过对外界事物的情况和其他人的举止的期待，并利用这种期待作为'条件'或作为'手段'，以期实现自己合乎理性所争取和考虑的作为成果的目的"。②技术理性韦伯用的是德文 Zweckrationalität，其中"Zweck"是"目的"的意思，"rationalität"是"合理性"的意思。也就是说，技术理性主要

---

① 邓晓芒、赵林：《西方哲学史》，高等教育出版社 2005 年版，第 260 页。
② ［德］马克斯·韦伯：《经济和社会》（上卷），林荣远译，商务印书馆 1997 年版，第 56 页。

是理性存在者为了达到一定的目的和后果，而合理性地思考、选择各种可能的手段、方式、途径，以便用最小的代价而达到最大的成效。所以技术理性也是功利主义最推崇的思维方式。因此，工具理性不是看重所选行为本身的价值或目的，而是看重所选行为能够作为达到目的的最有效手段、方式、途径以及由此带来的效果。价值理性是"通过有意识地对一个特定的行为—伦理的、美学的、宗教的或作任何其他阐释的—无条件的固有价值的纯粹信仰，不管是否取得成就"。① 价值理性（Wevationalität），Wert 是"价值"的意思。也就是说，价值理性注重行为本身的"绝对价值"（即"绝对目的"）和正当性，而不在乎行为可能达到的其他目的（相对目的）。法兰克福学派创始人霍克海默（Max Horkheimer，1893—1973 年）指出，主观理性"关心手段和目的，关心为实现那些多少被认为是理所当然的，或显而易见的目的的手段和适用性，但它却很少关心目的本身是否合理的问题"。②

马尔库塞（Herbert Marcuse，1898—1979 年）认为，技术理性作为一种逻辑或思维方式，是一种理解世界的方式或处理理论知识的方式。技术理性主要有以下主要特征：第一，技术理性是在技术、理性、逻辑的基础上形成的；第二，技术理性是以自然科学的模式来衡量知识，尤其是以定量化和形式化作为知识标准；第三，技术理性把世界理解为工具，关心的是实用目的；第四，技术理性将事实和价值严格区分。因而技术理性是一种单向度或肯定性的思维方式。③

总的来说，工具理性更多地带有科学主义的"色彩"，更强调主体与客体的分离，更强调人对自然的认识、利用和征服，更强调形式

---

① ［德］马克斯·韦伯：《经济和社会》（上卷），林荣远译，商务印书馆 1997 年版，第 56 页。

② ［德］霍尔海默：《理性的失色》，纽约，1947 年，第 3 页。转引自韦文荣《对西方工具理性批判的反思》，载《经济与社会发展》2010 年第 2 期。

③ 詹杨扬：《对技术理性批判的哲学思考》，载《现代哲学》2001 年第 3 期。

逻辑、数理逻辑的运用，更强调理性因素里面的"逻各斯精神"，而价值理性更关注人文精神，更强调主体和客体的统一，更强调辩证逻辑的运用，更强调理性因素里面的"努斯"精神。理性是一个不断辩证发展的具有历史生命力的事物，本身具有复杂的系统层次和结构。价值理性和工具理性均为理性的不同层次，它们推动历史在理想与现实、物质与精神、目的与手段的矛盾张力中前行。工具理性是现代性的鲜明特征，同时又是产生危机的根源。西方现代性的结果是工具理性过分膨胀，价值理性相对暗淡而打破了价值和工具间的二元平衡。工具理性已使人对象化、客体化，人不再是主体，不再是目的而成为手段。韦伯一方面冷静地指出工具理性的合理性与其不可避免性；另一方面，由于他热情珍视自由、价值理性和人格尊严，所以他又焦急地反对工具理性带来的后果。① 可以说，工具理性的片面发展以及由此带来的人的异化和物化，是理性的一个迷途，而这个迷途本身又是理性自身的发展带来的。当然，这个迷途的回归还得靠理性自身的力量。这就是下文将要提到的"理性的辩证法命运"。

五 理性的解构：作为后哲学时代的"非理性"的理性

传统哲学和理性在黑格尔的庞大理论体系之后因现代哲学和非理性的兴起而走向解体。许多哲学家提出哲学应由研究外部自然界转向研究人本身的内心世界，由倡导理性转向否定理性，鼓吹神秘主义的直觉，导致非理性主义的兴起；另一些哲学家虽然主张哲学可以研究自然界，但是反对探索事物的基础、本质，而只是描述和整理感性事实，声称要把哲学变成实证科学，也就是所谓的实证主义哲学。② 后现代思潮以反对理性和解构理性而走向非理性主义和实证主义。

---

① 王琨：《工具理性和价值理性——理解韦伯的社会学思想》，载《甘肃社会科学》2005 第 1 期。

② 参见王春梅《对经验与理性关系的一种解读》，载《法制与社会》2007 年第 4 期。

理性似乎也无法逃脱辩证法的命运，理性从它诞生的那一天始，就没有停止矛盾运动。在古希腊时期，理性从感性和盲目中挣脱出来，发展出人类的一个轴心时代；到了中世纪，理性主义发展到极端，通过自我否定走向了自己的反面——绝对理性主义即宗教理性。这个绝对理性主义又要自我否定，历史进入了理性的回归——启蒙运动的发展。启蒙运动之后，18 世纪的法国哲学机械论又将理性变成技术理性主义，束缚了人的发展，出现了经验主义的对抗。休谟的怀疑经验论打断了理性主义的独断梦，并使康德重新树立起了理性主义的大旗，但到了黑格尔又走向了"绝对理念"（绝对精神），理性主义再一次被体系化、封闭式和绝对化。西方 20 世纪 50、60 年代兴起的后现代哲学高举"拒斥形而上学"的大旗，解构和否定理性，弘扬非理性主义，理性再一次走向了反自身和自否定。但是正如戴维森在《非理性的悖论》一文中指出："非理性是在理性范围之内的失败。"① 这似乎向我们表明，非理性并非存在于理性之外的东西，而是在理性范围之内的东西。但既然在理性之内，那么我们又如何会把它称之为"非理性"呢？戴维森把这个问题称为"非理性的悖论"，即非理性是一种错误的理性过程或状态。② 无论怎么说，即使我们不同意戴维森的观念，但是，若要理解西方的后现代主义思潮，就必须对整个西方文化的基石——理性——有深入的了解，因为西方的后现代主义思潮或非理性主义它本身是在整个西方文化中生长出来的，体内蕴含着理性的基因，流淌着理性的血液。所以，海德格尔（Martin Heidegger，1889—1976 年）一度要从东方文化中寻找拯救西方文化的危机，但是他失望而返。他发现要拯救西方文化，还必须回到西方文化本身去寻找拯救之路。

---

① D. Davidson, "The Paradox of Irrationality", In Richard Wollheim & James Hopkins (ed.), *Essays on the Philosophy of Freud*, Cambridge：Cambridge University Press, p. 289.

② 参见江怡《论时间推理中的非理性悖论》，载《厦门大学学报（哲学社会科学版）》2005 年第 6 期。

第三节 法的理性解释之视域

正如理性与西方文明同源一样，法诞生伊始就与理性相连。正如邓晓芒先生所言，西方文化的理性植根于那种试图超越经验性和实用性的现象世界，转而寻找万物的统一性根据或本原的哲学冲动；植根于城邦时代希腊人对法律、正义、命运、必然性等一系列普遍性范畴的尊崇之中。这种对普遍性范畴的尊崇使古希腊人习惯地认为，纷繁复杂的宇宙万象是受某种统一的根据所制约，具有一种本质的规定性。同理，自由散漫的城邦生活要受某种法律体系所制约，普遍的立法原则构成了城邦这个公民集团的本质规定性。① 理性也由此与法产生了千丝万缕的联系。

一 理性与自然法

西语"自然"（nature）源于拉丁字（natura），该拉丁字是对古希腊概念（physis）的翻译。而古希腊的自然（physis）就静态层面讲，是指事物之本质；就动态层面讲，是指事物之起源。在古希腊哲学看来，研究事物之自然就是研究其本质及起源。这种哲学追问包含两个层面：一个是静态层面，追问事物本身的内在结构；另一个是动态层面，追问事物的基础、根据、起源或原因。

从法哲学角度看，法学对自然的思考与哲学对自然的思考一样漫长。德国著名法学家考夫曼（Arthur Kaufmann，1923—2001 年）认为：法哲学史在大的路径上，与自然法学说史是一致的。② 甚至可以说自然法学不外是法律本体论。而关于自然法学的分类，一般有古典与现代自然法学、理念式与存在式自然法学、自然秩序模式与"意

---

① 参见邓晓芒、赵林《西方哲学史》，高等教育出版社 2005 年版，第 11 页。
② 参见［德］阿图尔·考夫曼《当代法哲学和法律理论导论》，郑永流译，法律出版社 2002 年版，第 53 页。

志"模式等。① 为了叙述的方便，我们遵循国内学术界通说，按照时间顺序，把自然法学分为早期自然法学、神学自然法学、古典自然法学和复兴自然法学，并按此顺序阐释理性与自然法的关系变迁史。

（一）"理性"与早期自然法学

在自然法萌芽时期，自然法被认为就是理性。在前苏格拉底时代，阿纳克西曼德（Anaximander，前610—前546年）区分了存在与秩序（这就是今人称之为"应然"与"实然"的源头），这种区分蕴含了"最早古老的法律思想"：因为根据时间秩序，万物为其罪恶彼此遭受了刑罚和惩处。② 而在苏格拉底看来，法就是理性："应当由法律实行其统治，这就是如说，唯有神祇和理性应当行使统治，让一个人来统治，这就在政治中混入了兽性的因素，因为人的欲望中就有那样的特性。因此法……可以被定义为'不受任何感性因素影响的理性'。"③ 苏格拉底的学生柏拉图并不信任实在法，他寄期望在理念中构筑一个自然法。

亚里士多德的自然法思想是他哲学体系中的一部分。他首次将理念与自然的概念联系起来，在他那里，我们首次发现了自然法和实证法的定义："城邦的法分为自然的与法律的（实证的）。自然的是这样一种法，它到处有着相同的有效性，不取决于对人来说是好还是坏。法律的则指，其内容原初是偶然的，但一旦由制定法律所确认，便有着确定的内容。"④ 他的自然法不是自然状态下的自然法，而是城邦状态的自然法：1. 城邦法律分为自然的法律和创设（实证）的法律。2. 法律是城邦之秩序，此秩序是城邦之本质（自然）的展现，

---

① 参见颜阙安《法与实践理性》，中国政法大学出版社2003年版，第218页。

② 参见［德］阿图尔·考夫曼《当代法哲学和法律理论导论》，郑永流译，法律出版社2002年版，第55页。

③ 参见［美］博登海默《法理学——法律哲学与法律方法》，邓正来译，中国政法大学出版社2004年版，第13页。

④ ［德］阿图尔·考夫曼：《当代法哲学和法律理论导论》，郑永流译，法律出版社2002年版，第62页。

亦即由其可能性的理念（形式①）或真实性发展。3. 法分为恶法与良法，不良的法律将导致城邦的腐化衰亡。4. 人类世界之自然（性质）受到变动法则之支配。5. 城邦的理念是自始就存在的，作为展现城邦性质之秩序的是自然法。这种自然法是符合城邦本质（自然）之秩序的。因此，亚里士多德说法律是城邦之秩序，而这种法则只有通过理性的运用才能加以认识和发现。城邦的具体存在虽然是经由人类的行动所形成，但其根本原则却不随人类的意志而改变。

而古希腊雅典的斯多亚学派认为，支配世界的原则就是理性，自然法就是理性法，在服从理性命令的过程中，人乃根据符合其自身本性的法则安排其生活，即理性作为一种遍及宇宙的普世力量，就是法律和正义的基础。

古罗马的西塞罗（Marcus Tullius Cicero，前106—前43年）接受了这种观念。在他看来，"真正的法律是与自然相吻合的正确之理性，它对所有的人普遍适用，稳定持久地存在，它通过命令召唤履行义务，经由戒律防止作恶……限制这种法律的影响，有悖于上帝之法，部分废除它也不允许，完全取消它也不可能。但我们既不通过元老

---

① 这里的形式是相对于亚里士多德的质料而言的。亚氏认为：理论哲学（真理）就是研究一般事物的原因，原因又分为四种：形式因、质料因、动力因和目的因。形式就是事物的本质，质料是事物基本的构成要素，目的因是指事物生成变化的目的，动力因是事物的起源。动力因和目的因又归于形式因，所以归根到底就是形式因和质料因。形式与质料的关系是辩证的，也就是说在事物的发展表现为质料对形式的追求，但又不是质料主动的追求，而是形式给质料赋形，使自己在质料中实现出来。因此，形式就是目的或本质，质料是被动的可能性，形式是主动的现实性；形式并不是僵化的，而是能动的活动。因此，形式作为事物的目的，看起来似乎后于质料（作为结果），实际上先于质料（作为动机）。如房子的设计蓝图是房子的形式因，房子是蓝图的质料，而砖瓦木料是房屋的质料因；房子是砖瓦木料的形式因，泥土又是砖瓦的质料因。如此类推。对人而言，手脚等是人的身体的质料因，而人的身体又是人这个实体的质料因；个人是城邦的质料因，而城邦是人的形式因。所以，他认为，人的本质是一种政治、城邦的动物，城邦是先于个人和家庭的，正如人的身体先于手脚。因为若身体毁坏了，就没有真正的手脚可言。他还说：人如果要成为完满自足的人，必须生活与城邦之中，不能生活与城邦之中或不需要生活与其中既已自足者，不是野兽便是神。参见邓晓芒、赵林《西方哲学史》，高等教育出版社2005年版，第63页。颜阙安《法与实践理性》，中国政法大学出版社2003年版，第223页。

院，也不能经由人民解除这种法律对我们的约束……法律是永恒不变的法律，将适用于一切民族和一切时代，同样将有一个超越一切的共同的导师和主宰：谁不服从这种法律，谁就是逃避自我，因为他违反了人的本性，为此要遭受最严厉的惩罚"。① 我们可以这么认为，古希腊、罗马时期的法哲学视万物和一切行为受世界法则、世界理性统制，理性、正义是自然法的内容和基础。

（二）"理性"与神学自然法学

到了中世纪，托马斯·阿奎那（St. Thomas Aquinas，1225—1274 年）将法律划分为永恒法、自然法、神法和人法。永恒法是指导宇宙中一切行动和活动的神之理性和智慧。自然法就是人用上帝赋予人的理性启示辨别善恶的法，因为理性能使人洞见永恒法的一些原则。神法就是上帝通过《圣经》启示给人类的。人法为"一种以公共利益为目的的合乎理性的法令，它是由负责治理社会的人制定和颁布的"，"为了使政府的命令具有法律的性质，这种命令就必须服从理性的某种要求，一种不正义的、非理性的而且与自然法相矛盾的法律，根本就不是法律。"② 这一时期的法学家们认为，理性的力量普遍适用于所有的人、所有的国家和所有的时代，而且在对人类社会进行理性分析的基础上能够构建起一个完整的令人满意的法律体系。

（三）"理性"与古典自然法学

启蒙时代的自然法理论被称为古典自然法学。尽管流行于17—18世纪这种自然法理论存在各种各样的形式，但无论何种形式，都是对早期自然法学观点的继承与发展。古典自然法学的创始人格老秀斯（Hugo Grotius，1583—1645 年）认为，成文法源于自然法，自然法源

---

① ［古罗马］西塞罗：《论共和国》，转引自［德］阿图尔·考夫曼：《当代法哲学和法律理论导论》，郑永流译，法律出版社 2002 年版，第 67 页。

② ［美］博登海默：《法理学——法律哲学与法律方法》，邓正来译，中国政法大学出版社 2004 年版，第 33 页。

于人的理性。在他看来，人天生就具有一种能使他们在社会中和平共处的社会生活能力，凡是符合这种社会冲动、符合作为一种理性的社会存在的人的本性，便是正确的和正义的，否则便是不正义的，所以他将自然法定义为"一种正当理性的命令，它指示：任何与合乎理性的本性相一致的行为就有一种道德上的必要性；反之，就是道德上罪恶的行为。"① 古典自然法学都继承了古代和中世纪自然法思想中所体现出来的法的理性原则，尤其斯多亚学派的自然法思想所强调的普遍理性原则。

古典自然法理论不完全是社会契约论，但社会契约论是古典自然法学的重要内容。在霍布斯（Thomas Hobbes，1588—1679 年）之前，自然状态理论是一种神学理论，自然本身就是本性或本质的含义，理性要么等同于自然或自然法，要么是通往认识自然的途径。这时的理性是一种超验的、抽象的、永恒的、普遍的正义法则。但是，霍布斯对法的论证提出了一个新的路径。霍布斯认为，在自然状态中，人与人的关系是狼对狼的关系。霍布斯的这种自然状态描述已经将视角从神转向了人。他认为，为了避免自我毁灭的恐惧和结果，上帝在赋予人"恶"秉性的同时，也赋予人以理性。自然法就是"理性所发现的戒条或一般法则。这种戒条或一般法则禁止人们去做损害自己的生命或剥夺保全自己生命的手段的事情，并禁止人们不去做自己认为最有利于生命保全的事情"。② 霍布斯的时代是新自然科学的世界观时代，这时的理性遭遇了经验论的崛起，本体意义上的理性转向了技术（工具）理性。这种机械论的宇宙观包括唯物论、因果关系、原子论等主要几个要素，心灵或思想只是物质作用的结果或表现，并无物质之外的目的因，宇宙是由一些基本单位（如原子）组成。霍布斯法

---

① ［美］博登海默：《法理学——法律哲学与法律方法》，邓正来译，中国政法大学出版社 2004 年版，第 65 页。

② ［英］霍布斯：《利维坦》，黎思复、黎廷弼译，商务印书馆 1986 年版，第 96—97 页。

哲学观念也受到这种宇宙观的影响，他舍弃目的论探求的方法，改以一种机械因果关系来研究自然法及国家成立的原因。而这种探讨又是以个体而非整体为出发点。这就从理性的演绎法转向了经验的归纳法。因此，霍布斯的自然法与古代自然法的最大差异就是对自然法原因之预设的不同。他认为人之本性并不是政治性或社会性的动物，人类其实是反社会性的一种动物，从而也否定的社会或国家作为"形式"的整体观，取而代之的是政治原子论（即一种个人主义）。国家的产生是避免人性恶带来的自我毁灭，是个人为了自保而出让自己的一部分自然权利所达成的契约，也就是说任何社会或国家的组成，以及主权者的权力皆来自个人，个人才是原初的完整独立的原子。霍布斯的自然权利论完全颠倒了人类关于国家与个人的关系，霍布斯因此被认为是近代个人主义的奠基者，同时也是现代自由主义的创立者。①这样，在社会契约论下，主权者的特色在于命令与意志，而不是像古代自然法理论那样是理性和智慧。法律也不是因为其合理或真实而有权威，而是因为主权者（这个主权者是个人自己同意的）的权威而成为法律。该思想体现到后来的实证法学家的思想中。此契约论的思想成为近现代自然法思想主要的理论渊源。如洛克、孟德斯鸠和卢梭的思想基本都是沿袭此论证方式。差异只在于他们关于自然状态和人性的界定不同。经过他们的探讨，形成了比较完善的社会契约论和三权分立的政治体制。这对近现代西方国家的政治、法律影响极为深远。

在古典自然法论向社会契约论的发展中，法与理性的关系发生了微妙的变化。在这里，人类状态出现了自然状态和社会状态的分化，并且分化了的自然状态需要向社会状态过渡。在这个过渡中，有几点值得注意：第一，"意志"取代了"理性"。"这一点与现代自然法理论是以透过意志的决定来缔结契约、组成社会、证立规范，是完全相

---

① 参见颜厥安《法与实践理性》，中国政法大学出版社 2003 年版，第 232—233 页。

反的想法……古典的自然法论是一种'理性——认识——秩序'的自然法论，而现代的自然法论则可以说是'意志——决定——契约'的自然法理论。"① 第二， "理性"转向了"权威"。在这个过渡中，"法律就成了达成目的（保证个人之自然权，安全等）的工具"， "理性便成为思考如何设计法律来达成特定目标的'工具理性'，这是一种理性概念的转化也可以说是窄化即从实质理性变成了工具理性"。② 工具理性主义的出现及其在法学领域的运用，为法实证主义的出现和兴起埋下了伏笔。第三，自然法出现了明显的区分。也如本节开始提到的那样，西方哲学对自然的静态和动态的把握，在法哲学这里逐渐演变成了对自然法的来源和自然法的本体的研究。前者如自然法学，始终必须预设一个源头，这个源头或是神，或是天赋的，或人民权利的转让，或是道德等；后者如法实证主义，认为对法的研究，就是研究法本身的内在结构，甚至建构出逻辑一致、结构完备的法学体系。第二次世界大战以后自然法的复兴其实也就是对法的源头的重新思考。

（四） "理性"与复兴自然法学

从 19 世纪中期到 20 世纪初，自然法理论在西方大多数文明国家一直处于低潮。虽然在 20 世纪中期的德国法学家施塔姆勒、意大利法学派德尔·韦基奥等人重新论证自然法学，但是直到拉德布鲁赫（Gustav Radbruch，1878—1949 年）从实证主义法学派向自然法学派的转向，才使得自然法学派走向了复兴之路。正如考夫曼教授所说：自然法 "在法实证主义看上去取得了最杰出的成果：19 世纪末一系列伟大的德国法典，如刑法典、民法典、商法典……时，就已经显出颓势。……而且必须考虑到，19 世纪末 20 世纪初的实证主义者们，是从这样一个之于他们是顺理成章的假定出发，即立法者不颁布'卑

---

① 参见颜厥安《法与实践理性》，中国政法大学出版社 2003 年版，第 228 页。
② 同上书，第 235 页。

鄙的'法律"。① 但是考验来临了，"卑鄙的"、"不道德的"、"罪恶的"法律被颁布了，"恶法不仅仅是课堂上的例子，而变成为现实，那种纯形式的法律概念已不听使唤了"。② 拉德布鲁赫说："康德哲学使我们认识到，我们不可能从'什么是'中得出，什么是富有价值的，什么是正确的，什么是应该是（怎样的）。也从未有什么东西因为'它是'或者'它曾经是'中——或者即使'它将来是'，就能说明'它是正确的'。从而我们也能得出对实证主义、历史主义和进化论的否定，它们分别是从现有事实、已有事实和将来中得出'必然'这一结论。"③ 拉德布鲁赫将实证主义的"法律就是法律"的信念，比作军人的"命令就是命令"的信念，这种信念已经使德国法学界无力抵抗具有暴政和犯罪内容的法律。他认为，从法律现象中可以归纳出法律概念，却不能证明这个概念。法律概念是一个必然的一般的概念，应该通过推导的方法来证明，并且法律概念是一个文化的概念，即一个涉及价值的现实的概念。因此，他说："法律是一个有意识服务于法律价值与法律理念的现实，因此，法律概念直接指向了法律理念。"④

富勒（LonL Fuller，1902—1978 年）不仅将批判的矛头对准了实证主义，而且还指向了法律现实主义。他把法理解为"是把人类置于规范统治之下的事业"，⑤ 并且坚持法与道德的不可分性，也就是应然世界与现实世界的联系。在此基础上，他提出了著名的法治八大原则，即法律的普遍性、法律公开性、法律的不溯及既往、法律的明确

---

① 如其理论本身的两大信条：一为法官不许造法；二为法官也不许在法律上沉默。在逻辑上必以第三种信条为前提，即制定的法律秩序是一个封闭的无漏洞之整体。还有另一个重要的事实：由于不公正的或不道德的法律，实证主义苍白无力。参见［德］阿图尔·考夫曼《当代法哲学和法律理论导论》，郑永流译，法律出版社 2002 年版，第 116 页。

② ［德］阿图尔·考夫曼：《当代法哲学和法律理论导论》，郑永流译，法律出版社 2002 年版，第 119 页。

③ ［德］拉德布鲁赫：《法哲学》，王朴译，法律出版社 2005 年版，第 7 页。

④ 同上书，第 31 页。

⑤ ［美］富勒：《法律的道德性》，郑戈译，商务印书馆 2005 年版，第 124—125 页。

性、法律中的不可矛盾性、法律要避免规定无法做到的事情、法律的稳定性、官方行为与法律规定的一致性。富勒还提出程序自然法（内在道德）与实体自然法（外在道德）的区分，并注重研究程序自然法，这种观点表现了自然法与法律实证主义的融合。罗尔斯（John Rawls, 1921—2002 年）用"原始状态"的"无知之幕"的假设来论证正义原则，而德沃金针对功利主义和实证主义，致力于恢复以个人权利为基础的自由主义传统。功利主义和实证主义认为权利是法律之子，但在德沃金（Ronald Myles. Dworkin, 1931— ）看来，自然权利才是更根本的权利。他提出了法律规范包括法律规则和法律原则，并且赋予"平等关怀与尊重的权利"为依据的原则以法律的约束力。总之，自然法复兴运动有着共同的思考模式，如自然法是超越于实证法之外的"法体系"或"法原则"；在一定的条件下，实证法会因违反自然法而丧失效力，而此时的实证法就不再具有法的资格，即提出"恶法非法"的观点；自然法的基础来自于某种客观的"秩序"。新自然法学派力图克服实证主义法学对古典自然法学的攻击，试图透过对客观法的分析，寻找"法"作为实证法的客观的标准，由此来区分真正的"法"和具有法之"表象"的规范（这种规范仅仅是权力的运作），只不过这种标准不再是抽象的"理性"而是道德。

二　理性与自由、权利

　　法的理性解释在 18 世纪末 19 世纪初在康德和黑格尔这两位德国古典哲学巨匠为代表的德国哲理法学派那里发展成完备的逻辑体系。

　　康德的法学思想主要体现在他的《法的形而上学原理》（即法哲学）和《道德形而上学基础》这两本书中。其中，《道德形而上学基础》是法哲学的理论基础，而《纯粹理性批判》又是《道德形而上学基础》的基础。在《道德形而上学基础》中，康德论证了道德法则（即绝对命令或定言命令）如何可能的问题。定言命令的内容："你要仅仅按照你同时也能够愿意它成为一条普遍法则的那个准则去行动"，"义务的普遍命令也可以这样来表述：你要这样行动，就像你行动的准则应当通过你的意志成为普遍的自然法则一样。"① 康德的道德法则有三个变形公式：自然律公式、目的公式、自由公式。最终归结为"定言命令也可以这样来表达：你要按照能把自身同时当作对于对象的普遍自然规律的那些准则去行动"。② 道德法则的这些公式都可以从理性的本质中推演出来。理性既然是普遍的、必然的，那么作为一个有理性的人的行动的主观准则要能够成为一贯的原则，就必须使得你的主观准则能像自然律即自然法则那样具有普遍性，这就是道德法则的自然律公式。

关于目的公式的论证，康德说："对所有理性存在者来说，将其行动任何时候都按照他们本身能够愿意其应当用作普遍法则的那样一些准则来评判，难道是一条必然法则吗？如果它是这样的一条法则，那么它必定已经（完全先天地）与一般理性存在者的意志这个概念结合在一起了。"而"意志被设想为一种根据某些法则的表象规定自身去行动的能力。而这样一种能力只能在理性存在者那里找到。现在，用来作为意志自我规定的客观基础的，就是目的（Zweck），而这目的如果单纯由理性给予，就必然对所有理性存在者同样有效"。③ 康德认为，作为主体的人的主观准则要成为必然的法则（像自然律那样具有普遍性和必然性），那这个"主体"一定与一般理性存在者的意志联系在一起，因为意志被设想为一种可以规定自身去行动的能力，而这种能力只有理性存在者才拥有。那么用来作为意志自我规定的客观基础就是目的，欲望的主观根据只能是动机。也就是说，康德认为在一种实践理性中，我们设定的不是发生之物的根据（自然法则的因果律，这是纯粹理性即知性世界的范围），而是即使从未发生却

①　［德］康德：《道德形而上学基础》，苗力田译，上海人民出版社 2005 年版，第20 页。

②　同上书，第 30 页。

③　同上书，第 23—24 页。

应当发生之物的法则，也就是客观的实践法则。而客观的实践法则，是就一个意志之被理性规定而言它与自身的关系，即理性自己独自规定行为。所以康德说："如果应当有一种最高的实践原则和就人类意志而言的一种定言命令，那么它必定是这样一种原则，这一原则从本身就是自在的目的、因而对每一个人来说必然都是目的的东西这个表象中，构成意志的一种客观原则，从而能够充当普遍的实践法则。这个原则的根据是：理性的本性是作为自在的目的本身而实存的。"① 也就是康德认为"人格（Personen）"就等同于理性存在者，而无理性的存在者叫作"事物（Sachen）"。事物只具有作为手段的相对价值，而人格中的人性已经显示出他们就是自在的目的本身，而决不能只被当作手段。故"实践命令将是如下所述：你要这样行动，把不论是你的人格中的人性，还是任何其他人的人格中的人性，任何时候都同时用作目的，而决不能只是用作手段"。② 这是如何演绎的呢？首先人性作为自在的目的本身并不是从经验中借鉴来的，是因为，第一，因为它的普遍性，也就是理性本身就具有普遍性的本质演绎出来的；第二，人性不是（主观地）被表现为某个人的主观目的，而是被表现为客观目的即理性存在者作为一个可能的善良意志的主体本身作为一个独立自主的目的，这一目的只能是所有可能的目的的主体本身，这个客观目的作为法则构成一切主观目的的最高限制性条件，这个客观目的来自于纯粹理性；第三，这样，从目的公式中就能合逻辑地推出自由公式。也就是说这样一种理性存在者的意志只有在自由的理念之下才能是它自己的意志，从而必须在实践方面被赋予一切理性存在者。因为意志和主观的准则中本身就蕴含着自由的概念，为什么你的意志要选择这样一种准则，是因为你有自由。而"你要这样行动，就像你行动的准则应当通过你的意志成为普遍的自然法则一样。"

① ［德］康德：《道德形而上学基础》，苗力田译，上海人民出版社 2005 年版，第30 页。

② 同上。

这又是如何可能的？也就是说，你为什么选择自己的准则时要把它当作普遍法则，是因为你有自由意志。这样自由公式就论证出来了。

那么按照康德的逻辑，应该进一步追问："自由的公式"何以可能？康德的回答是因为人有理性，人有理性就有了自律，自律就是自己给自己立法，在根本上实现自我规定性，那就是人作为客观目的的存在，而客观目的存在又推出了自由。这就"似乎"陷入了循环论证。但是，这个"循环论证"仅仅是"似乎"的，也就是说它并不是真的循环论证。这里就需要引入康德的纯粹理性批判中已经论证的观点，所以，《纯粹理性批判》是《道德形而上学》的基础。在《纯粹理性批判》中，康德已经区分了现象与自在之物，而理性分为理论理性和实践理性。理论理性论证了自然科学的形而上学（自然界）是如何可能，实践理性要论证道德法则（人的世界）是如何可能的。康德认为，我们能够认识的只能是现象界，对于自在之物的本体界我们是不可认识的，我们只能思维。所以康德说，我必须悬置知识，以便为信仰（比如上帝、道德领域等）留下地盘。

回到康德对循环论证的解答，他要解决这个所谓循环论证的问题，就必须首先提出来两种不同的立场，一个知性世界，一个是感性世界。从同一立场看，它确实是循环论证，但是如果从不同立场上看，那么它是有区别的。作为一种消极的自由，它是由理性推导出来，并停留在知性世界；而作为一种积极的自由，作为一种道德法则来说，它要影响或作用于感性世界。那么作为感性世界的根据，它就要提供绝对命令。而作为一种命令何以可能？道德法则的可能性可以从理性本身推出来，但是道德法则作为一个命令即现实性或实践性就必须有一个条件，那就是人是有限的，人同时属于感性世界和理知世界，也就是人同时跨知性和感性两个世界。人有理性，所以道德法则就是可能的；但人又是感性的，道德法则在人的生活和行动中，要得到实现，必须要通过命令的方式，采取义务的形式。即"这个意志能够通过其准则把自己同时看作普遍立法的。现在，如果这些准则不是由其本性已经必然地与作为普遍立法的理性存在者的这一客观原则一致，那么根据这原则行动的必然性就叫做实践的强制，即义务。义务并不适合于目的王国中的首脑，但它却适合于、并且完全在同等程度上适合于它的每个成员"。① 如果人是纯粹理性存在者如上帝的话，就不需要命令，不需要义务，所以就纯粹理性即上帝而言，理性天然地就具有实践性，这也就是为什么康德的第二批判不是"纯粹实践理性批判"而是"实践理性的批判"，因为纯粹实践理性不需要批判，它天然就具有实践性，但是人则需要采取命令的形式。所以，定言命令何以可能就在于人既有理性，同时又有感性。他只有通过命令的方式才能把理性本身的原则通过实践而实现出来。这样，康德就为法哲学做好了理论的前提，只有理解了《道德形而上学基础》，我们才能真正理解康德的权利法哲学。

我们再来看看权利的法哲学。康德指出："与自然法则不同，这些自由法则叫做道德的。就这些法则仅仅涉及纯然外在的行动及其合法则性而言，它们就叫做法学的；但是，如果它们也要求，它们（法则）本身应当是行动的规定根据，那么，它们就是伦理的。这样一来人们就说：与前者的一致叫做行动的合法性，与后者的一致叫做行动的道德性。……法则作为一般自由任意的纯粹实践理性法则，都毕竟必须同时是这任意的内在规定根据。"② 这表明，康德认为道德形而上学的内在伦理原则的外在行动和合法化就是实在法律的根据。对于自然法则，康德认为："对于赋予责任（verbindenden）的法则而言，一种外在的立法是可能的，一般而言这些法则就叫做外在的法则

---

① ［德］康德：《道德形而上学基础》，苗力田译，上海人民出版社 2005 年版，第30 页。

② 要理解康德的自然法，应该区分自然法的两个不同的含义：一个是指"自然法则"，一个是自然法权（又译自然权利）。自然法则就是自然规律，而规律中又有法则、法律的含义。自然法权既包含法律，又包含权利，通常译作自然法权。相比较而言，自然法则更强调客观的必然的规律，而自然法权更强调权利，强调自由。转引自邓晓芒《康德论道德与法的关系》，载《哲学研究》2009 年第 4 期。

(leges externae)。在这些法则中间，有一些法则，对它们的责任即便没有外在的立法也能被理性先天地认识，它们虽然是外在的法则，但却是自然的法则。"① 也就是说，康德秉持亚里士多德以来的实在法之上还有自然法的观念，又将自然法的理论归于权利的科学。

那么什么是权利呢？康德认为，首先，它只涉及一个人对另一个人的外在的和实践的关系；其次，它只表示他的自由和别人的行为的自由的关系；最后，权利的概念不考虑意志行动的内容，而仅仅考虑意志行动的形式，考虑到彼此意志行为的关系。② 而意志行为的选择之所以被考虑，是因为它们是自由的，并考虑人们之间的行为，按照一条普遍法则，能否与他人的自由相协调的问题。

什么是权利的普遍法则？康德说："任何行动如果它，或者按照其准则每一个人的任意的自由，都能够与任何一个普遍法则的自由共存，就是正当的。……所以，普遍的法权法则：'如此外在的行动，使你的任意的自由运用能够与每个人按照一条普遍法则的自由而共存。'"③ 这里的普遍法则其实就是上面我们已经讲到的定言命令即道德法则。可以看出，康德将法的原理归于权利，而将权利的原则又归于自由，而自由又是理性推导出来的。所以，康德的法的理念就是自由的理念，就是理性的理念。康德认为法权分为自然法权（即自然权利）和实证法权，自然法权是建立在先天原则之上，实证法权则来自于一个立法者的意志。自然法权是实证法权的根基，而自由权是衡量一切具体法权的标准。康德正是通过追溯自然法权内在的道德根基，把自然法权与自然法则区别开，同时，也正因如此，自然法权是把自然法则引向其道德内核的桥梁。他要把自然法权的唯一基点建立在人

① 邓晓芒：《康德论道德与法的关系》，载《哲学研究》2009 年第 4 期。
② 参见［德］康德《法的形而上学原理——权利的科学》，沈叔平译，商务印书馆2005 年版，第 40 页。
③ 李秋零主编：《康德著作全集》（第 6 卷），中国人民大学出版社 2007 年版，第238—239 页。译文参照英文版有改动。英文版参见 Immanuel Kant, *The Metaphysic of Morals*, Edited and translated by Mary Gregor, Cambridge University Press, 2000, p. 56.

的自由之上，以便从中引申出道德的内涵。而这种道德内涵就在于道德命令本质上立足于自由意志的自我立法，即道德自律。这就完成了一个根本性的倒转：法或法则不是天赋的，也不是上帝颁布的，而是人的自由意志的无条件的命令。对于西方而言，道德立足于法之上的传统结构被颠倒为法立足于道德之上的崭新结构。也就是说康德不只是说，我们除了需要道德以外，还需要法；而是说，我们之所以需要法，是因为我们需要道德。只有当我们在守法时不是为了其他功利的目的，而是把守法当作自己的义务，为义务而义务地守法，才真正具有了法的精神，也才使法本身具有了道德的含义。而这一切之所以可能是因为人有理性；这一切之所以具有现实性，是因为命令即通过法的命令；而命令之所以必要是因为人又有感性。简而言之，这一切的根源在于人性本质上是感性与理性的辩证统一，即人性是跨两界的。否则的话，我们守法就与动物遵守自然法则没有区别了。而且，更为重要的是，它是促使公民意识到自己的道德的一种训练。① 康德重视法治，他指出，最好的政体是人们根据法律行使权力，这样才能将人类引向政治上至善的境地，并通向永久和平。②

　　理解了康德，我们再来看看黑格尔的法哲学。从黑格尔中的一句话，我们能看到康德的影子："法的观念就是自由，即意志的自由。"他说："人间最高贵的事情就是成为人"，"但人却不总是高贵的，唯有成为一个真正的人才是高贵的"。怎样做一个真正的人呢？他说"法的命令是'作为一个人，并尊敬他人为人'"。③ 这样，黑格尔把法提高到人之成为真正之人的命令。唯有遵守这种命令，人才成为真正意义上的人。而法是什么呢？"任何一种包含着自由意志的存在，

---

① 邓晓芒：《康德论道德与法的关系》，载《哲学研究》2009 年第 4 期。
② 参见［德］康德《历史理性批判文集》，何兆武译，商务印书馆 1990 年版，第 16 页。
③ 参见［德］黑格尔《法哲学原理》，范扬、张启泰译，商务印书馆 1979 年版，第 45—46 页。

就叫做法。"① 这种法就是作为人的意志的自由。也就是说，黑格尔认为人只有拥有自己的自由意志才能是真正的人。那么黑格尔是如何论证的呢？其实黑格尔也是以"理性"作为他的法哲学的基点。他以理性为法学的出发点和归宿，认为法律不过是理性的一种外化物。必须以理性为"范型"，法的一切属性乃是理性所规定，法的一切概念均源出于理性。理性决定了黑格尔法律学说的思维空间和基本特征。而法的社会作用，只能是贯彻理性的意志，使理性的客观要求现实化。

黑格尔运用"理性"来论证法律的意义在于：第一，为法律要求的客观化寻找认识上的根据，借以证明实现自由、平等、法治等要求并非人的主观愿望，而是社会的必然。第二，在具有必然性意义上的理性基础上思考和谈论法律问题，把强权、民意、民族精神等统统置于附属的地位，突出法的客观性和规律性方面的内容。第三，把以往建立于感性直观和自然因果关系上的法学改为概念至上的精神决定论的法学。② 也就是说，黑格尔认为法律的发展是它自身的本质属性，而决定这种发展的动力就是具有无限能动性的理性；法律发展的宗旨是不断解决理性与现实的矛盾、应然与已然的矛盾。他指出，现存的应然法一旦失去其必然性，违反了理性就变成不合理的，虽然它仍然可能存在，但是它已经丧失了本质，终将像脱却了果实的空壳一样被淘汰。这里西方理性的两个含义：逻各斯和努斯，在黑格尔这里高度发展。也就是说"法"这个逻各斯（强调法的客观性和必然性）就是自由的观念，也就是努斯的能动性和超越性。因此在黑格尔那里，法律不过是理性的一种外化物，必须以理性为"范型"。法的一切属性乃是理性所规定的，法的一切概念均源于理性的观念。

---

① G. W. F. hegel, *Philosophy of Right*, by Cosimo, Inc. 1821, p. 33.
② 参见舒扬《简论黑格尔的理性法思想》，载《西北政法学院学报》1987 年第 4 期。

三　理性与实在法规则

无论是自然法学还是实证主义法学，都运用了认知理性的思维模式。理性主义除了是与经验主义对应的方法外，在近代以来，还以实证逻辑作为知识的标准，要求知识最终必须在经验事实或逻辑推理中获得合理重建。所以，是客观的实证或逻辑、而非个人，成为知识的标准，不能通过事实或逻辑获得重建的认识，就不是知识。所以从这个意义上讲，实证法学的方法论从根本上说同样是理性主义的方法论，只不过在具体运用中它同时吸收了经验主义所倡导的"经验＋归纳"的方法。

实证法学并不像自然法学那样比较统一，其内涵既极为丰富，又不完全清晰。综合哈特（H. L. A. Hart，1907—1992）曾列出的法实证主义的代表性命题和澳大利法学家萨默斯提出的实证主义的十大含义，我们认为，实证法学的主要观念是：1. 法是命令。2. 法与道德间并无必然联结，亦即法是什么，与法应该是什么，应分开处理，真正的法是实证法，各种形态的自然法则只是道德或正义理念，并不具备法律的性质。3. 对法概念的分析性研究是值得进行的，但它应与对法概念其他研究，如历史的研究、社会学研究、对法的评价等分开进行。4. 法律体系是一逻辑封闭的体系。法律裁判可以仅运用逻辑工具，无须参考社会目标、政策、道德准则等，直接由已预设的法律规则中演绎出来。5. 价值（道德）的问题是无法透过理性论证加以谈论决定的，即价值的不可知论。6. 实际上的法律与应当的法律区分开。7. 司法判决可以从事先存在的前提中逻辑地演绎出来。8. 现存实在法的概念适宜于分析研究。在这里，我们对法实证主义主要是作为与自然法相对应的宽泛意义上进行的界定，即是广义上的实证主义，包括社会法学派、分析法学派等流派。①

——————

① 参见吕世伦主编《现代西方法学流派》，中国政法大学出版社 2000 年版，第 145 页。

全面兴盛于 19 世纪的实证法学深受欧洲实证主义哲学的影响，但是如果说实证法学是实证主义哲学在法律研究过程中的应用恐怕也是不对的。无论是实证法学还是孔德之后的实证主义哲学，都受到来自自然科学经验研究成果的重大冲击。准确地说，英国的实证法学是其经验主义哲学传统的延续，而德国的实证法学是其观念论哲学传统与理性自然法论的反映。两者追求的重点当然都是法律的实证性，都认为实证法才是真正的法律。不过，英国的传统强调的是事实与经验，德语世界的历史法学派强调的是"历史实证性"。①

实证主义哲学的集大成者是法国哲学家孔德，但法实证主义的奠基者霍布斯、边沁的著述早于孔德，并未受到孔德的影响。边沁（Jeremy Bentham，1748—1832 年）在《政府片论》中说："至于自然法（我相信它将出现），如果它什么也不是，而仅仅是一个术语；如果出了某种行为的有害的倾向之外，再没有其他手段可以证明该行为是对自然法的一种触犯；如果除了某项法律的不适当之外，再没有其他手段去证明该项国家的法律是与自然法相冲突的，除非是某些人的毫无事实根据的非难（他们认为这可以被称为一种证明）；如果一种用来把那些可能与自然法相冲突的法律和那些仅仅是不适当，但并不和自然法相冲突的法律区别开来的检验标准，甚至连我们的作者，或者其他任何人也不曾作为虚构的经验标准提出过；总而言之，任何法律如果为一些人出于那种或那种原因而不喜欢，那么这种法律很少不会被他们认为和《圣经》的某些内容有矛盾；我看不出有什么补救的办法，除非这种学说的自然倾向是通过良心的力量迫使一个人站出来，用武力反对它偶然发现的不喜欢的法律，什么样的政府能够与这种安排并存……这就是功利的原则；如果它被准确地理解和坚定地应用，就会提供唯一线索引导人们通过这些狭窄的道路。"② 从上面一

---

① 参见颜阙安《法与实践理性》，中国政法大学出版社 2003 年版，第 247—249 页。
② ［英］边沁：《政府片论》，沈叔平译，商务印书馆 1995 年版，第 210—211 页。

句话可以看出，边沁认为自然法没有为实定法提供可以辨别的标准，自然法只能诉诸人的良心，甚至最后不可避免地就等同于神法即《圣经》。曾在西方历史中被视为最高价值标准的自然法，被贬得如此毫无价值，似乎有点不寻常。其实在这个时候的欧洲发生了一场轰轰烈烈的产业革命，就在边沁发表《政府片论》同时，亚当·斯密发表了他的名著《国富论》。反自然法哲学的倾向与追求科学技术以及由科学技术带来的财富增长的欲望相辅相成，人们企求的是最大多数人的最大幸福，而不是抽象的自然权利，功利主义已成为一种激进的社会思潮。

边沁的学生奥斯丁（John Austin，1790—1895 年）在这种思潮的影响下成为实证主义法学的奠基人。奥斯丁在其《法理学范围之确立》中，严格定义了法律，提出著名的"法律命令说"，划分了法理学研究的范围。在《法理学讲义》中，他详细地分析了法律的最一般概念、原则和主要的法律分类。凯尔森（Hans Kelsen，1881—1973 年）提出了纯粹法学，纯粹法学的核心是从结构上研究法律，而不是从心理或经济上论证法律的作用，也不是从政治或伦理上探讨法律的价值。从结构上研究法律，是指研究法律一般概念、原则和原理。纯粹法学的研究对象是法律规范，即一个国家具体的实在法或"法律的实然"。凯尔森说："这一科学的唯一目的在于认识法律而不在于形成法律。一门科学必须就其对象实际上是什么来加以叙述，而不是从某个特定的价值判断的观点来规定它应该如何或不应该如何。""法学若要成为一门科学，就不能服务于当权的政治权力，而纯粹法学就是这样一种努力，它是以实然和应然的区别为基础，探究实在法的规范科学。凯尔森既不赞成自然法理论作为法律推理前提的先验的正义原则，又反对奥斯丁以主权者的权力为法律的根据。"① 他虚构了一

---

① ［奥］凯尔森：《法与国家的一般理论》，沈宗灵译，中国大百科全书出版社 1996 年版，作者序。

个基本的法律规范或法律的基本规范，提出法律规范之间存在一个等级关系，在追求法律规范的效力过程中，每一个法律规范的效力都可以从上一级规范中获得，最后一直到基本规范。法律的基本规范是产生一切法律规范效力的根源，也是使法律规范成为一个完整体系的原因。至于基本规范的效力从何而来的问题，不同学科的学者会从不同角度来解答，政治学家可能会求助于多数选民的同意，社会学家可能会说是社会生活的构造或制度的原因；心理学界可能会将其归结为社会心理的支持或法律背后有关服从的行为倾向。但是，在他看来，这却不属于法律科学的问题。① 可以看出，凯尔森深受康德哲学的二元论的影响。二元论认为从实然中归纳不出应然，由应然命题亦得不出实然层面的陈述。因此，一个规范在应然层面有效性的根据无法来自于任何事实，而仅仅来自于另一个规范。

新分析法学派的哈特于 1962 年发表了《法律的概念》，该书被视为新分析法学派产生的标志。有人认为哈特的著作是法律实证主义研究的最高水平。② 哈特与凯尔森一样都受到新康德学派的影响，主张应然和实然的二元方法论。而哈特在方法上受到维特根斯坦的逻辑实证论影响甚深，他针对奥斯丁的"法律命令说"提出"法律规则说"，即第一性规则和第二性规则的结合，并且提出了著名的"最低限度内容的自然法"的观点。这被认为是第二次世界大战后分析法学对自然法学的妥协。当然，实证主义法学还有许多分支及其代表人物，如继哈特之后的拉兹、麦考密克和魏因贝格尔等分析主义法学家，还有社会法学派、制度法学派和现实法学派，其中以拉兹为代表的研究方向主要讨论规范及其体系、为什么能够知道我们的行动的问题，其中包括规范与行动的关系、规范与实践理性的关系、规范与实践推理逻辑等问题。

---

① 参见颜厥安《法与实践理性》，中国政法大学出版社 2003 年版，第 54 页。
② 参见［英］韦恩·莫里森《法理学——从古希腊到后现代》，李桂林等译，武汉大学出版社 2003 年版，第 351 页。

理性与实在法规则的关系，可以从以下几个方面予以说明：

首先，虽然实证法学与自然法学有巨大差异，但其共同点都是运用相同的逻辑规则。从本体论上讲，自然法学与实证法学虽对法存在的根据，即法的有效性有不同的认识，前者为预设的、不变的"人之本性"，后者为变动不居的"立法者意志"。但是，两者对法律的发现过程在理解上是一致的：法伦理原则→实证的法律规范→具体的法律判决。而就连规范主义的法律实证主义也认为，具体的法律判决，同样是不考虑经验而是纯演绎地、"严守逻辑"地出自凭借立法者命令的法律（法律材料）。① 从这里可以看出，实证法学同样运用了理性的原则，只是这个理性是认识论意义上的工具主义理性，尤其强调其中体系和逻辑的严密性；从方法论上讲，他们都是以应然评价实然、指导实然。不同在于，自然法的"应然"更多地属于超验的或先验的东西，而分析实证主义则以人实际能力达到的规则及其使用确立"应然"的标准，这种"应然"标准最远的论证也仅来自立法者的意志（包括人民的意志，但这个意志是通过民主的博弈确定下来的现实的法则）。所以，后者更多地立足于法律自身，前者则超出法律之外。

其次，自然法学赞成目的理性，实证法学赞成工具理性。在中世纪或以前，人们往往用超自然的因素来解释社会、政治法律制度，论证人与世界的统一性。而近代以来，发生了"世俗化"即人的转化。近代自然法从经验人的活动出发，探讨人性，建构作为逻辑推理前提的自然法命题，从而认为理性是现实的人的本质和能力，人凭借自己的知识能力，可以在人类自身生存的规则和必然性中发现、创造理性的法则。这实际上预设了实证法学，因为在近现代法律话语中，实证法学其实遵从了欧洲的理性传统，即将法律话语建立在

① ［德］阿图尔·考夫曼：《当代法哲学和法律理论导论》，郑永流译，法律出版社2002年版，第121页。

可靠的知识的基础上。但与自然法理论不同，实证主义认为，只有能够被经验所证明的东西或根据可靠的逻辑形式推导出来的东西，才能够作为科学的法学的对象。同时，与自然法论者对法律的怀疑和警惕相比，实证法学对法律几乎是完全信赖的。在他们那里，法律的合法性问题已经被转化成法律的确定性问题。他们所说的法律的合法性，或者是指法律是否来自一个合法的权力，或者是指法律体系内部规则之间的关系（如凯尔森的低位法则服从高位规则），或者是指司法判决是否合乎法律规则的规定。这些都是在法律体系内部进行地探讨和追溯，至于这个体系的本原是什么，他们不作回答，或直接回答这不是法学研究的领域，或认为是现实的立法者的意志（最远的实证法通常也在这里止步了）。也正是在这一点上，自然法学与实证法学在根源上分道扬镳。法律实证主义只把能够证实的实际存在的法律事实作为法律科学的研究对象。因而，他们一方面不排斥理性，认为正是因为个人具有判断自己行为的意义的理性能力，具有认识、利用法律的能力，所以法律才能发生效力；另一方面，他们并不认为人具有足够的理性能力去把握全部法律现实的内在精神的联系，完全排斥形成道德共识的可能性，更不赞成道德共识能够成为法律秩序的精神基础。也就是说，他们赞成法律是理性的，个人具有运用法律的理性能力，这个理性是工具理性；但是他们不赞成将法律理性归结为抽象的人的主观伦理意愿，所以他们的理性脱离了价值理性、目的理性。他们与自然法学派的共同之处就是都将法律作为一种知识，属于认识的对象；不同的地方是，一方只以实际存在的法律为法学的对象，另一方则将法律的应有状态也纳入法学研究。从实证法的角度看，基本规范只存在是否有效的问题，不存在效力从何而来的问题。[1]

最后，从辩证法的角度看，自然法学与实证法学是相比较而存在

---

[1]　葛洪义：《法与实践理性》，中国政法大学出版社 2002 年版，第 53 页。

的。就认识方法而言，自然法学运用的理性主义的"自明原则＋演绎"方法与自然科学中的数学公理方法有密切联系，实证法学运用的经验主义的"经验＋归纳"方法与自然科学中的观察实验方法有密切联系。而不管是自然法学还是实证主义法学的大多数法学家，都受到康德的现象界与本体界或思维和存在相互独立的二分法影响，在法学领域都主张实然和应然的区分。尽管价值反思和实然考察是各自独立的，但在认识论范围内二者又是同时并存的，这就是二元方法论的本质。① 自然法学认为应然原理、价值判断不能运用归纳方法建立在实然论断的基础上，而只是运用演绎方法建立在同类性质的其他原理上。而法实证主义更注重从实然中采取概念分析法、逻辑推演，在感性经验的基础上，运用分析、综合、归纳等方法对实然法进行系统研究。就认识对象而言，自然法是从理性这个母体里诞生的，天然地带着理性的秉性。自然法学与实证法学说到底是两种不同的思维模式，但它们思考的是同一个问题的两个侧面。那些在自然法学看来，实证法的问题也"让我们许多人心系辗转、感同身受的一些具体问题，如恶法亦法、市民不服从、抵抗权、明显不正义的资源或权力分配等，似乎经常也与法实证主义的概念有着密切的关联"。② 与戴维斯认为非理性是在理性范围之内的失败一样，我国台湾学者颜厥安在研究法实证主义时，并不是探讨法实证主义的思想史，倒是以自然法论为研究对象，他说："法实证主义是现代世界对自然法论危机的一种回应，

① ［德］拉德布鲁赫：《法哲学》，王朴译，法律出版社 2005 年版，第 8 页。
② 考夫曼认为这些问题还不够具体，它们仍然是更多实际发生之争议的理论表示方式：仅有的家园竟被作为核废料处置场是否可以反抗、异议人士对政治案件司法传唤之拒绝出庭的正当性、在重大采证与程序瑕疵下仍受死刑宣告者是否可行使抵抗权……在执政者反复宣扬其民主宪政成就的美丽辞藻下，我们的社会歧视仍不断地上演着对人性尊严于自由无情地践踏与压迫，制度设计与公权力的执行竟也赤裸裸地违反正义原则来进行对资源的掠夺与剥削。如果这些现象都直接或间接地与法实证主义相关，那对其研究恐怕永远也不嫌多。参见刘幸义《枉法裁判之理论与难题》，第 51 页以下。转引自［德］阿图尔·考夫曼《当代法哲学和法律理论导论》，郑永流译，法律出版社 2002 年版，第 215 页。

我们甚至可以说，法实证主义是自然法论之子。"①

　　总之，理性数千年的发展历程，经历了本体论、认识论、存在论、本质论、工具论等，并在法的内涵和法律规则的形式上，始终发挥着主导作用。

---

　　① 颜阙安：《法与实践理性》，中国政法大学出版社 2003 年版，第 216 页。

第三章
人格与自由的内在逻辑结构

第一节　自由—人格的逻辑前提

借用被黑格尔称为"伟大命题"的斯宾诺莎的名言"一切规定都是否定"① 中的含义，我们明白对一个概念进行定义是非常危险的事情，因为就定义本身的性质而言，任何概念都是一种独断的判断。但是定义本身的规定又是不可避免的，因为一切探讨都无法离开一定的前提预设。不存在没有任何理论预设的研究，否则只能陷入无穷后退地追索之中，虽然这种无穷后退地探索是人类探索真理的真正动力，但毕竟对于一个特定的研究而言是不可能实现的。本书试图对人格下一个严格的定义：人格是指以自我规定性的能力为基质的同一性表象。对于这个定义的证明本文将采取"还原法"的方法，即"定义分解 + 综合法"来详述其内涵。也就是首先通过分解人格总概念规定下的诸子概念，剖析其含义，分析其内容，以便展开人格总概念中的丰富内容。然后将分解过程再进行综合。这是通过一种解构的方式寻求人格的内在结构。通过这种建立在分析之上的"综合"去寻找决定该范畴的根源。运用这种方法我们将逻辑地分析出其根源就是自由。

---

① ［德］黑格尔：《哲学史讲演录》（第一卷），商务印书馆 1997 年版，第 165 页。

一　同一性表象——从心理学出发的法哲学界定

就人格这个概念而言，存在着中西方迥然不同的理解。商务印书馆最新出版的《现代汉语词典》2005年修订版中，人格一词的解释为："人的性格、能力等特征的总和；人的道德品质；人作为权利义务主体的资格。"我们可以看出中国文化中的人格包含有个性、人品、主体等含义。也就是说在日常生活中，人格概念比较含糊，通常与人品、个性等概念相混淆。作为现代意义上的"人格"概念，来自于拉丁文persona，如英文的personality，德文Personalität。而拉丁文parsona一词，"本意是'面具'（mask）即一种遮蔽性和表演性的伪装，转义为用这面具所表演出来的角色"。①

人格最初是作为一个心理学的概念提出来的。但迄今为止，人们对人格并没有一个被普遍接受的唯一定义。② 目前的心理学家将人格理论分为四类：第一类是特质理论，这类理论试图说明组成人格的特质以及人格特质与实际行为之间的关系；第二类是精神动力学理论，这类理论强调人格的内部作用过程，尤其是内部的冲突和矛盾斗争；第三类是行为主义理论，这类理论强调外部环境、条件与学习的作用；第四类是人本主义理论，这类理论更注重个体的感受和主观的体验，以及个人成长机制的作用。③ 不同的人格概念跟不同的心理学理论是密切关联的。当代的心理学理论主要观点见表1④。

---

① 邓晓芒：《人论三题》，重庆出版社2008年版，第112页。

② Mischel, W. and Shoda, Y, "Reconciling processing dynamics and personality dispositions", *Annual Review of Psychology*, 1998, 49, pp. 229—258.

③ ［美］戴维斯·库恩：《心理学导论——思维与行为的认识之路》（第9版），郑钢等译，中国轻工业出版社2004年版，第584页。

④ ［美］理查德·格里格、菲利普·津巴多：《心理学与生活》（第16版），王垒、王甦等译，人民邮电出版社2003年，第12页。

表1

观点	对人性的看法	决定行为的因素	研究的焦点	基本研究主题
生物学	被动的机械论的	遗传、生物化学过程	脑与神经系统过程	行为与心理过程的生物化学基础
心理动力学	本能驱动	遗传、早期经历	无意识驱力、冲突	把行为作为无意识动机的外显表达
行为主义	对刺激可反应、可改变的	环境、刺激条件	特定的外显反应	行为及其刺激的原因和结果
人本主义	能动的、潜能是无限的	潜在自我管理	人的体验和潜能	生活模式、价值、目标
认知	创造性能动刺激反应性	刺激条件心理过程	心理过程语言	通过行为的显示推断心理过程
进化	适应性的、以解决更新世期间的问题	为生存而适应环境	进化的心理适应性	按照进化出的适应性功能发展出的心理机制
文化	可被文化改变	文化规范	态度和行为的跨文化模式	人类体验的普遍方面和文化特殊性的方面

从表1可以看出，心理学理论的观点从完全自然科学的方法论逐渐转向人文科学的方法论，从将人作为一个物质的研究对象逐渐转向将人作为一个有独立意识的个体的研究对象，从将人格中的"可见部分"之"表面特质"逐渐转向核心和根本特质。这种理论的转变虽然没有根本揭示人格的本质性，但是却预示着对人格的研究必须深入到决定人格各种表象的本质规定性的研究。随着对人性观点多样化和对人性理论研究的深化，心理学家们对人格的定义较之早期的定义也发生了变化。比如有学者认为在周围环境中的事件、情境随时随地都影响着人们的行为方式，然而人们也总是将自身的某些东西带入到事件或情境中。这自身的某些东西具有独一无二的

特性。"这种代表着个人独一无二特性的'某些东西'就是人格。"①
心理学家库恩也认为"人格（personality）指个体独特的一贯性或相
对稳定的行为模式。人格是由每个人所具有的才智、态度、价值观、
愿望、感情和习惯以独特的方式结合的产物。"② 一般来说，心理学
家认为"人格是一个稳定的特性和倾向系列，它决定着人们心理行
为（思想、情感、行为）的共同性和差异性，并且具有时间上的持
续性"。③ 从心理学家对人格的定义中，我们能够发现一个共同的特
征，即人格表现出稳定性和一贯性的特征。所以心理学将不具有这
种同一性的人格称为病态的人格，比如将具有两个以上的"同一
性"的人格称为多重人格症。

康德接受了心理学对人格的这种规定，将这种稳定性的特征总括
为"号数上的同一性"，即"凡是在不同的时间中意识到它自己的号
数上的同一性的东西，就此而言它就是一个人格。"④ 当然康德的这
句话实际上不仅仅把人格单纯地理解为一种外在的经验性表象。因为
该人格定义中还包含着"自我意识到自己的同一性的东西"，也就是
说，人格的基质或逻辑前提还包含着"自我意识"。这种自我意识决
定了人格不仅仅包含有经验的人格性，还包含有先验的人格性。但
康德因为贯彻他的二分法，将经验的人格性称为人格，而将先验的人
格性称为人格性，从而通过两个不同的词——人格和人格性，将人格
这一概念分割在现象界和本体界两个领域。海德格尔将康德对人格的
理解分为三个层次：先验的人格性；心理学上的人格性（灵魂论的

---

① Pervin，L，A. and John，O. P.，*Handbook of Personality*，2ⁿᵈ，ed. New York：Guil-
ford，1999. 转引自［美］赫尔雷格尔等《组织行为学》（第9版），俞文钊、丁彪等译，华
东师范大学出版社2001年版，第65页。

② ［美］戴维斯·库恩：《心理学导论——思维与行为的认识之路》（第9版），郑钢
等译，中国轻工业出版社2004年版，第581页。

③ Maddi，S，R.，*Personality Theories：A Comparative Analysis*，5ᵗʰ ed. Homewood，Ⅲ：
Dorsey，1989，10.

④ ［德］康德：《三大批判合集》（上），邓晓芒译，人民出版社2009年版，第278页。

人格性）和道德的人格性。① 但是人格（Person）与人格性（Persönlichkeit）这两个概念在康德那里不是直接同等的。比如康德在不同的地方都有对人格与人格性的不同表述。在《道德形而上学》中，康德认为"人格是其行为能够归责的主体。因此，道德上的人格性不是别的，就是一个理性存在者在道德法则之下的自由（但是，心理学的人格性只是意识到其自身在其存在的不同状态中的同一性的那种能力）"。② 在《实践理性批判》的那个著名的自由范畴表中，康德也分别用了人格和人格性两个不同的概念。关系范畴中的三种关系分别为：第一，与人格性（Persönlichkeit）的关系；第二，与人格（Person）状态的关系；第三，人格对其他人格（Person）的状态的交互关系。第一和第二关系的表达跟第三种关系的表达有点差异。在第一和第二种关系的表述中，谓词"与"前面缺乏主语。而第三种关系中的表达则是完整的。邓晓芒先生认为，第一和第二种关系的完整表达式分别应该是：人格与人格性的关系；人格与人格状态的关系。③ 可以看出康德的人格和人格性是两个不同的概念。邓晓芒先生的解释是：人格跨两界（感官世界和理知世界），人格性则是专属于理知世界的，人格性相当于人格的"实体"，而人格反而类似于人格性的"偶性"，人格性是人格的本质，人格性是用来提升人格的。④ 因此人格与人格性是人格概念本身的一种内在结构，即人格性是人格的本质，人格在现象界表现出号数上的同一性。比如康德说："那把人类与只有知性才能思考的事物秩序联系起来的东西，这个事物秩序主宰着整个感官世界，与此同时还主宰着人在时间中的可经验性地规定的

---

① ［德］马丁·海德格尔：《现象学之基本问题》，丁耘译，上海译文出版社 2008 年版，第 164—173 页。

② ［德］康德：《康德著作全集》（第 6 卷），李秋零主编，中国人民大学出版社 2007 年版，第 231 页。

③ 邓晓芒：《康德〈实践理性批判〉中自由范畴表解读》，载《哲学研究》2009 年第 9 期。

④ 同上。

存有（Dasein）及一切目的的整体。这个东西不是别的，正是人格性，也就是摆脱了整个自然的机械作用的自由和独立。……因而人格作为属于感官世界的人格，就他同时又属于理知世界而言，则服从于他自己的人格性。"① 显然康德遵循他的现象和自在之物的两分法，将人格划定在感官世界即现象界的范围，而将人格性作为人格的本质划在理知世界的自在之物的范围。根据他一贯坚持自在之物不可知的观点，他是坚决反对心理学将同一性的人格作为一种"实体"的知识。他说："人格的同一性在我自己的意识中是不可避免地要遇到的。"② 但这并不表明"我"这一主体作为本体论意义上也具有号数上的同一性。这种号数上的同一性，即"在不同时间内对我自己的意识的同一性"，"只是我的各种思想及其关联的一个形式条件"。③ "因为，既然我们在灵魂中没有遇到任何持存的现象，而只有伴随和连结所有这些现象的'我'的表象，那么我们就任何时候都不能断定，这个'我'（一个单纯的思想）是否会像其他那些通过它而相互链接起来的思想那样流失。"这正如康德所坚持的那个核心思想"思维无内容是空的，直观无概念是盲的"。④ 因为"我"无法在经验中直观到一个同一性的灵魂（本体论意义上的主体），那么"我"永远无法断言有一个本体论意义上的人格的持存。这也就是他坚决反对心理学中将同一性的人格作为一种"实体"的知识的一个原因。这种同一性仅仅是一种形式条件，仅仅是一种"我"在逻辑上的一贯性。换句话说，这种形式条件只是我把我意识到的东西归入到同一个自我的逻辑条件。

所以即使谈到人格性即灵魂的持存性（作为它的实体性），也仅仅是一种持续的意识的可能性，如他谈道："但奇怪的是，灵魂的人

---

① ［德］康德：《三大批判合集》（下），邓晓芒译，人民出版社2009年版，第100页。
② ［德］康德：《三大批判合集》（上），邓晓芒译，人民出版社2009年版，第279页。
③ 同上。
④ 同上书，第48页。

格性及其条件，即灵魂的持存性、因而它的实体性，必须现在才首次得到证明。因为如果我们可以将它们预设下来的话，那么虽然从中还不会推论出在一个常驻的主体中意识的延续，但毕竟会推论出某种持续的意识的可能性，而这对于人格性来说就已经足够了，这种人格性并不因为它的作用会被中断一段时间就马上自己停止。但这种持存性在我们由同一性统觉中推论出我们自己的号数上的同一性之前，是不能凭借任何东西被给予我们的，而是从这种号数上的同一性中才首次推论出来的。"① 也就是说，康德认为即便是这种人格的同一性能得到某种证明，也仅仅是一种推论出的某种持续的意识的可能性，并且这种推论完全不能从经验性的同一性表象中得到证明，所以他特别强调："我们永远也不能相信它（作为实体的人格性的概念）是我们对自己的知识通过纯粹理性所作出的扩展，这个纯粹理性从同一自己的单纯概念中那主体的某种不间断的延续性来欺骗我们，因为，这个单词概念一直在围绕着自己转来转去，而没有使我们在针对综合知识的任何一个问题上前进一步。"② 也就是说从外部所能观察到的人格，如果表现出一种现象的持存性，那么从这个持存性中不可能得出作为实体的人格性的概念，否则"我们就只能对一切问题给出同义反复的回答，因为我以我的概念及其统一性置换了那些应归于作为客体的我自己的属性，并把人们本来想要知道的东西当作了前提"。③

　　从康德的这些叙述中，我们可以看出，康德是将人格和人格性作为两个概念严格区分出来的。人格属于现象界，并且在时间上表现为号数上的同一性，但是这种同一性的存在并不能推论出作为本体界的人格性概念的持存性。这是康德现象与本体的二分法一以贯之的体现。海德格尔认为"康德将心理学的人格性和先验的人格性（也就

---

① ［德］康德：《三大批判合集》（上），邓晓芒译，人民出版社 2009 年版，第 281 页
② 同上。
③ 同上。

是自我性一般之存在论概念）区别开来"。① 其实还不如说康德是将
人格与人格性区别开来。心理学上的人格仅仅是主体在经验中所呈现
出来的同一性的表象。这种同一性表象既可以是主体的"我"意识
到的，也可以是外部的观察者观察到的。心理学的人格不过是先验的
人格性的那个主体"以对其经验状态（亦即其表象作为现成的、不
断流变的事件）有所意识"。② 所以，"自我作为心理学的人格性则是
这样的自我，它从来只是客体，只是被遇见的现成者、自我—客体，
或者就像康德所直言的'这—自我—客体，这个经验的自我，是一个
物。'因而一切心理学都是关于现成者的实证科学"。③ 这一点海德格
尔确实看得非常清楚。对于心理学上的人格理论，康德认为它只不过
是人类将自己作为一个内感官的对象加以认知的。而对这种对象的认
知永远只能是经验式的实证研究。所以人格这一概念严格来说只能属
于现象界的，它也只能是一种表象。表象（Vorstellung）这个德文词
的意思是"摆在前面的"，表示"在……前面"的意思，stellen 就是
摆出来的意思。这个词在康德这里有很广的含义：一切出现在我们意
识面前的感性现象、经验、想象、感觉、知觉、范畴、理念，甚至意
识本身等都是表象。④ 本书的表象概念立基于康德的这个含义，但是
又有区别。本书的表象一词主要跟本体、本质一词相互对应的概念，
更多地相当于英文 appearance 一词所表达出的含义，是指内在意识的
外在表现，或指观念的现实化。

所以本书的人格这一概念既立基于康德的理论，但同时又是在二
分法这一方法论上有所突破。本书不认为现象和本质是属于两个完全
独立的世界，即一个是现象界一个是本体界。本书更偏向于黑格尔的

① ［德］马丁·海德格尔：《现象学之基本问题》，丁耘译，上海译文出版社 2008 年
版，第 170 页。
② 同上。
③ 同上。
④ 参见邓晓芒《〈纯粹理性批判〉（句读）上》，人民出版社 2010 年版，第 83 页。

辩证法这一方法论即存在与思维的同一，实体与主体的同一。所以人格这一概念本身包含有内容和形式两个方面的内容。一个形式方面，即同一性表象：人格被看作在时间或现象界中能够保持它的号数上的同一性。简单说一个人能够在时间上维持下来，并且表现出自我的一贯性。比如苏格拉底，作为肉体已经不存在了。但是苏格拉底这个人格还是作为一个表象而维持下来，它甚至并不因为肉体在感官世界中的消失而在人们的表象中消失。凡是一个具有表象能力的人只要想到苏格拉底，就必然呈现出这个特定人格所具有的某种程度上的同一性。虽然一千个观众有一千个哈姆雷特，但是哈姆雷特本身作为一个独立的存在者具有自身的同一性。人们大致上是遵循着这种同一性而认识哈姆雷特的。也就是说，总有一个可供认识者认识的同一性，至于这个同一性是如何在每个意识中被表象的，这不属于人格的同一性的问题，只涉及认识本身的复杂性以及认识主体的差异性。所以认识主体所能认识到的苏格拉底总是那个在时间中保持号数上的同一性的特定的苏格拉底。但凭借健全知性，我们不难发问：已经消失了苏格拉底怎么可能还具有人格？这个问题不难回答。因为人格这一概念并不仅仅由在时间上保持号数的同一性这个形式要素所决定。还有一个至少是同样重要的要素，那就是它的内容要素或它的对象要素：自我决定性的资格和能力。显然，已经不在感官世界中拥有肉体的苏格拉底已经失去了"人的自我决定性的资格和能力"这一要素（至于是否还在另外的世界中仍然拥有这一要素，我们不得而知）。这种资格与能力最本质的含义就是一种自由的生命力或一种有生命力的自由。每一个有生命力的个体的高贵之处就在于他的这一人格性（Persönlichkeit）。所以已经消失的苏格拉底只具有人格的形式要素，其实体要素已经不存在了。所以说已死亡的苏格拉底还具有人格，是指他还具有可供人们认知的人格形式。

因此，可以说心理学关于人格的研究，都是悬置了人格性即人格的本质规定而仅仅对人格做表象性研究。这种研究作为学科的专业分工当然是相当有必要的。并且该学科的相关成果为人格的全面研究提供了大量的质料因素和实证素材。因为对人格的全面研究必须结合表象和本质两方面。并且随着这种专业化研究的深入，心理学也突破了纯粹实证化的经验性研究，逐步趋向于对人格作本质性的研究。而这种突破正是在扬弃前期完全机械的、经验式研究的基础之上完成的。

因而有必要着重谈谈精神动力学的人格理论和人本主义的人格理论。因为这两种理论与本书的观点有极为密切的关系。其他人格理论将成为本书人格理论的一个质料要素。先来看看精神动力学的人格理论的两大代表人物弗洛伊德和荣格的观点。

弗洛伊德将人格视为一个动力系统，由本我、自我和超我三个心理结构组成。我们通过下表很直观地看出三者之间的关系。资料参见①表2②。

表2

	遵循的原则	组成要素	表象（内、外）	效果
本我	受本我控制的快乐原则。	先天的生物本能和欲望组成，本我产生能量，该能量来源于生存本能。	目的：自我满足（无意识）；手段：非理性、冲动性；行为：为所欲为即任意的自由。	个体没有形成独立的人格。世界处于混乱之中，人与人之间的关系类似与狼的关系。
自我	控制能量的现实原则。	自我是思考、计划、问题解决和决策的系统。	目的：将意向现实化；手段：控制本我；行为：在人格的意识部分控制之下发生作用的。	形成一个相对合理的功利系统。
超我	内化的道德原则。	由良心（道德的源泉）和自我理想（自我实现与超越的源泉）构成。	目的：德性；手段：控制本我和自我；行为：对思想和行动进行判断和监察。	通过平衡与本我、自我的冲突，而形成目的系统。

① ［美］赫尔雷格尔：《组织行为学》。
② 本表根据库恩的《心理学导论》的相关内容提炼而成。参见［美］戴维斯·库恩：《心理学导论——思维与行为的认识之路》（第9版），郑钢等译，中国轻工业出版社2004年版，第591页。

从表 2 中，我们能够看出，从弗洛伊德开始，心理学的研究从注重表象的研究转向了人格表象之原因的深层次研究。人格的结构更加复杂，不仅是一种表象上的同一性，而转向了表象同一性的内部结构。这种内部结构的研究为人格的逻辑理论提供了实证的、经验的证据。气质、个性等是人格的"质料"因素，这些质料因素是受自然遗传和后天的文化、环境等外部因素的影响。但是这些质料因素并不能真正成为决定人格的内在因素。如果将人格仅仅就像表 1 中理解为本能驱动，由遗传、早期经历等因素所决定的，或者将人的行为理解为只是对外在环境、条件等刺激的反应，那么人的行为以及由此形成的相对稳定的行为模式即同一性表象都成了被动的本能表现。这样人格就是由完全不可控制的外在因素所决定，那人格与其他东西比如说动物、植物等所有大自然的物有什么本质区别呢？一切都不过是大自然的产物，不过是由大自然决定的。这就无法解释人这一主体与其他存在物的本质区别。无论就逻辑层面还是就经验层面而言，一个完全由本能决定的个体与"人"这一存在物都是不相符合的。所以弗洛伊德和荣格都承认在人格这个面具之后隐藏着更深层的原因。荣格认为"自我"直接展示给外部世界的还不是其本来面目，而是表现给其他人看的一个人格面具（persona）即"公开的自我"。"公开的自我"或"人格面具"是人格中的可见部分即表面特质。它表现着人所选择的特定角色，而较深层的东西则隐藏在其后。对于这隐藏的东西的揭示产生了人本主义心理学的人格理论。人本主义理论抛弃了对人格解释中强调生物性本能和无意识驱动的观点，同时也反对机械的行为主义观点。人本主义认为人的本性是寻求将自身潜能发挥出来的途径，主张人不仅具有刺激性的本能反应，还具有进行自由选择的创造能力。简单说就是某个体之所以是"这一位"具有独一无二的特质的个体，很大程度上取决于你过去曾经做出的各种选择。人本主义的代表人马斯洛提出了"自我实现"学说，罗杰斯在关于人格结构的问题上，提出了他的核心概念即自我（self）①。虽然人本主义心理学已经转向了人格本质的更深层的研究，已经提出了"自我实现"和"自我"这些核心概念。但心理学并没有将人格的本质原因性投向自由这一概念。康德曾对此作出了精彩的预言："自由概念对于一切经验论者都是绊脚石，但对于批判的道德学家也是开启最崇高的实践原理的钥匙。"②

二　自我规定性的内涵

在探讨"自我规定性"这一组合概念之前，我们来看两种人类实践三段论：前一种即目的论是亚里士多德式三段论，③ 后一种即手段论是日本学者今道友信提出的现代实践三段论。④

表3

	目的论之实践的三段论	手段论之实践三段论
大前提：	想达到某种目的 A	我们有自明的力 P
小前提：	有手段 p、q、r、s、t，使目的 A 的实现成为可能，其中 p 最有效，可使 A 圆满完成	以 P 来实现目的 a、b、c、d、e，其中 a 是最美好的
结论：	因此做 p 行为	因此，取 a 作为目的

不管是亚里士多德所主张的"目的决定手段的实践观"——认为作为理性的存在者（人）的行为是有目的有思想的行为；还是日本学者今道友信提倡的现代社会的"手段选择目的实践观"，都说明实

---

① ［美］戴维斯·库恩：《心理学导论——思维与行为的认识之路》（第 9 版），郑钢等译，中国轻工业出版社 2004 年版，第 603—606 页。
② ［德］康德：《实践理性批判》，邓晓芒译，人民出版社 2003 年版，序言，第 7 页。
③ 参见［古希腊］亚里士多德《尼各马可伦理学》，廖申白译注，商务印书馆 2003 年版，第 58—71 页。
④ ［日］今道友信：《关于爱和美的哲学思考》，王永丽等译，生活·读书·新知三联书店 1997 年版，第 13 页。

践涉及目的与手段的关联问题。这两种方式的转换当然体现了手段与目的之间的一种复杂关系。但是无论是哪种实践观所决定的行为都是由个体自我选择、自我决定的。因为行为无非就是意向的现实化过程。如果每个人的意向与情境、事件等外在因素之间有复杂的交互关系，那么在复杂的交互关系中做出一种选择本身就意味个体的每一次自我决定，进而不断地形成自我规定。正是在这种决定性中，单纯的意向才具有现实性的可能，而这种决定性能力就是意志能力。什么是意志？正如康德所说，意志"即具有一种通过规则的表象来规定自己的原因性的能力"。① 所谓"按规则的表象规定自己的原因性"就是按照规则的表象而行动，或者说，规则的表象成为了我行动的原因性。具体而言即某种规则已经在内心出现或在意识中被决定、被选择了，然后我按照这个被自己所选择、所决定的规则来行动——这就是意志。意志能力首先体现为一种选择能力，该选择能力可以是按照目的选择手段的能力，也可以是按照手段选择目的的能力。康德甚至将这种选择能力作为生命概念的一个核心要素。"生命是一个存在者按照欲求能力的规律去行动的能力。欲求能力是存在者的这种能力，即通过其表象而成为该表象的对象的现实性之原因的能力。"② 这里的欲求能力实际上就是指意志。康德的欲求能力从层次上划分有两种：高级欲求能力和低级欲求能力。低级欲求能力是指由本能所决定的欲求能力，而高级的欲求能力就是指意志。这里的欲求能力即意志能力是一种实践能力，意志能力及其规定根据是实践理性的客体。"在这种运用中，理性所关心的是意志的规定根据，这种意志要么是一种产生出与表象相符合的对象的能力，要么毕竟是一种自己规定自己去造成这些对象（不论身体上的能力现在是否充分）、亦即规定自己的原因性的能力。"③ 也就是康德认为意志有两个层次意思，一层意思是

---

① ［德］康德：《实践理性批判》邓晓芒译，人民出版社 2003 年版，第 42 页。
② 同上书，序言，第 9 页。
③ 同上书，第 16 页。

指一种产生出与表象相符合的对象的能力。这种意志能力在实践中就是将一个目的实现出来，它表现在两个方面，第一产生出一种目的性表象，第二将这个目的性表象实现出来。另一层意思是指对造成对象的原因性的自我规定的能力。也就是自我是造成一个对象的原因性，不管这个对象是否能够实现。比如我们可以用上述表 3 中的目的论的实践三段论进行论述。大前提：想要达到某种目的。"目的"就体现为意志能力的第一层意思中的目的性表象。这种目的性表象也是意志能力的一种表现。目的性表象实际上体现了一种主体自我规定的能力。这种自我规定性能力此时仅仅作为一种可能性或一种意向的性状体现在意志能力中。而将这种可能性向现实性进行转化还需要同一个意志的更高层次的理性能力。这种理性"作为实践能力、即作为这样一种应当影响意志的能力而被赋予我们"。① 实践能力由于来自理性，又根据理性的自身一贯性或不矛盾律即 A = A 或 A ≠ 非 A 的逻辑，意志能力就需要一贯下来。所以一种意向性或可能性向现实性转化就需要理性对意志能力进行影响，即要求意志能力符合理性的一贯性原则。"大前提"是意志能力中的一种目的性表象能力。"结论"就是结合大前提（目的性表象能力）和小前提（判断力）做出的一种选择。因而"结论"体现了一种选择能力。而将这一选择的"结论"实现出来，就是康德所说的意志是一种产生出与表象相符合的对象的能力。实际上康德也做了一个让步，认为意志能力也"毕竟是一种自己规定自己去造成这些对象、亦即规定自己的原因性的能力。"也就是说目的性表象的能力即主体产生出一种意向性也可以称之为一种意志能力。

一般来说，康德认为意志能力有三种层次；第一种是一般的意志能力；第二层次就是不纯粹意志能力；第三层次就是纯粹意志能力。

---

① ［德］康德：《道德形而上学基础》，杨云飞、邓晓芒译，第 396 页。因为该译作没有公开发行，页码参见《康德著作全集》德文著作原页码。以下同。

当然，一般的意志能力本身包括纯粹的意志能力和不纯粹的意志能力。第一种意志能力是从一般的意义上而言的，这种意志能力包括任意性，单纯的意向性或目的性表象就可以称之为意志能力，即广义的欲求能力。什么是欲求能力？简言之就是产生出对象的表象的能力。"欲望能力（即欲求能力——笔者注）从概念上说，就规定它去行动的根据是根植于它自身、而不是根植于它的对象而言，称为按照意愿行动或不行动的能力。就它伴随对产生对象的行动能力的意识而言，究其在规定性根据、因而究其主体理性中的意愿本身而论，就是意志（Wille）。因此，意志是欲求能力，这种能力不是在与行动的关系中得到考察（如任意那样），而是被放在规定任意去行动的根据来考察，而意志自身则根本没有自身的规定根据，而是就它可以规定任意而论，它就是实践理性本身"①。这里很清楚地看出，欲求能力不直接等同于意志能力。那么欲求能力与意志能力的根本区别是什么呢？就在于意志能力的规定根据。如果意志能力的规定根据是欲求能力的一个客体（质料），而这个客体是由感性的爱好等刺激而决定的，那么这种欲求能力实际上就等同于一个动物性的任意即动物性的本能。如果意志能力的规定根据是主体根据理性而规定自己行动的原因性的这种欲求能力，那么这种欲求能力就等同于意志能力。也就是说欲求能力分低级和高级两种不同的层次。低级的欲求能力即任意（Willkür），而高级欲求能力即意志（Wille）"就理性一般地可以规定欲望能力而论，在意志之下，可以包括任意，也可以包括单纯的希望；纯粹理性所能规定的任意就叫做自由的任意。只能由爱好（感性冲动，stimulus［刺激］）所规定的任意就会成为动物性的任意。相反，人的任意虽然是受冲动刺激起来的，但却不是被它们规定的，……任意的自由是独立于感性冲动对它的规定的；这是自由的消

---

① ［德］康德：《道德形而上学导言》，曾小平、邓晓芒译，载《哲学译丛》1992 年第 5 期。

极概念。而自由的积极概念则是：纯粹理性使自己对自己成为实践的能力"。① 所以意志能力从根本上说是主体的一种自我规定的能力。

自我规定能力毋宁说就是"人"这一概念的最本质特征。黑格尔说："人之异于动物就因为他有思维。但是我们不能这样设想，人一方面是思维，另一方面是意志，他一个口袋装着思维，另一个口袋装着意志，因为这是一种不实在的想法，思维和意志的区别无非就是理论态度和实践态度的区别。它们不是两种官能，意志不过是特殊的思维方式，即把自己转变为定在的那种思维，作为达到定在的冲动的那种思维。"② 所以"自在地存在的意志即抽象的意志就是人。……人实质上不同于主体，因为主体只是人格的可能性，所有的生物一般说来都是主体。所以人是意识到这种主体性的主体"。③ 作为一种抽象意义上的意志，它的要素所包含的是："我能摆脱一切东西，放弃一切目的，从一切中抽象出来，惟有人才能抛弃一切。"④ 人首先要摆脱自然律对人的规定性（从某种意义上说就是一种奴役），而取得自我规定。自我规定性是人格结构中的一个先验决定性因素。该先验的决定性因素如同消极自由一样，还仅仅是一个纯粹的单纯的否定性，即否定一切非自我因素的决定性。自我规定性的这一先验逻辑结构就是作为抽象自由意义上的意志。正如黑格尔所说，意志跟自由的关系就如同自然界中的物质和重量的关系，即意志分析地包含着自由，正如物质分析地包含着重量一样。人的自我规定性就是通过内含着自由的意志来实现的。"意志规定自己，这种规定最初是一种内在的东西，因为我所希求的东西在我想象中出现，这种东西对我来说就是对象。动物按本能而行动，受内在东西的驱使，从而也是实践的。但动物不

---

① ［德］康德：《道德形而上学导言》，曾小平、邓晓芒译，载《哲学译丛》1992 年第 5 期。

② ［德］黑格尔：《法哲学原理》，范扬、张企泰译，商务印书馆 1961 年版，导论，第 12 页。

③ 同上书，第 46 页。

④ 同上书，导论，第 12 页。

具有意志，因为它并不使自己所渴望的东西出现在想象中。"① 就这一点说，自我规定性作为抽象自由意义上的意志，已经有了内容和区别，而不仅仅是一个纯然抽象的空洞的"点"。这与先验逻辑意义上的意志的区别就在于，首先它是一个普遍物，即抽象掉了感性意义上的自我的一切特殊性，比如性格、天赋、年龄、动机、爱好、欲望等由病理性刺激起来的一切自然特性。"意志包含着纯粹无规定性即纯粹自我的自身反思的要素。在意志的这一要素里，无论是通过本性、需要、欲望、冲动还是以任何别的方式被给予、被规定的每一个区别和内容，全都消溶了。"② 意志的纯粹抽象性就是普遍性，而这普遍性本身因独立于一切特殊性而与一切特殊性有了区别。其次，即便是这区别也不是抽象的单纯的否定物，这否定物中已经有了内容，就是那出现在表象中的我所希求的东西。这希求的东西就是自我在抽象自由意志的基地上建立起的内容，即目的。虽然这目的也许还仅仅是一个观念、意识或任何其他形式的表象，但毕竟使得抽象单纯的东西具备了内容。

因此，自我规定性决定了人是合目的性的实践（行为）主体。"在我是实践的或能动的时候，就是说，在我做一件事情的时候我就规定着我自己。而规定自己就等于设定差别。但是我所设定的这些差别，那时依然是我的，各种规定属于我的，而我所追求的目的也是属于我的。"③ 简言之，自我规定性就是人对自我的无限可能性的一种选择。正如德国哲学家舍勒所说"人就是一个能够向世界无限开放的

① ［德］黑格尔：《法哲学原理》，范扬、张企泰译，商务印书馆 1961 年版，导论，第 13 页。
② 译文参考了剑桥和牛津两个英文版本。G. W. F. Hegel：*Elements of the Philosophy of Right*，trans. by H. B. nisbet，Cambridge University Press. 剑桥政治思想史原著系列（影印本），中国政法大学出版社 2003 年版，第 5 节。G. W. F. Hegel，*Outlines of the Philosophy of Right*，Translated by T. M. knox，Oxford University Press，1952，§5. 下同。
③ ［德］黑格尔：《法哲学原理》，范扬、张企泰译，商务印书馆 1961 年版，导论，第 13 页。

X"。① 法就是要保障人的这一根本欲求，对人的选择的无限可能性进行最低限度地保障。就法的终极范导意义而言，法仅仅是一个消极物，对人的选择的无限可能性提供保障，此种保障只是起消极作用，也就是说，法本身并不积极地规定人如何自我选择，如何自我实现——并且法如果在这方面有积极作为，反而是不正当的，譬如一个人有选择成为一名音乐家或有选择爱邻人的可能，法律在本质上只是保障人实现这些可能性的自由，却不能规定人必须这样做。如果法律强迫人选择成为某类人（譬如成为音乐家），则此法就是专制之法，因为此种义务是一种不完全的义务——它并不当然属于法律的范畴，更应属于道德的范畴。就法的终极范导意义而言，法是一种消极之物。

人格内在含义中的这种无限可能性，在其实践上体现为一种选择性或一种自我规定性的能力，并将这种无限可能性的选择付诸行为，而行为不过是一个人的意志之表现，就此而言，意志一词的意义不是别的，只是指一个人对不同等情况加以选择的能力。就一个个体的"他在"即一切影响他做自由选择的限制性条件而言，一个潜在的最大威胁就是来自于他不能控制的力量。这种力量客观外在地体现在与他对立的权力上，比如国家、民族、集体、社会，甚至是文化，等等。它们是一些潜在的力量，是一个人无法逃避的宏大框架。比如说，文化性力量作为一个国家或民族的教化，是历史的长期进化过程，是无法在短时间内外在地塑成，假如它对个体的意志或权利具有先天的压迫性或奴役性，它必然体现在制度上。所以对它的消极效果进行规制和引导，就更加需要增强个体的力量。而将这种保障个体权利之精神作为制度的灵魂也便是最低限度的希望和作为了。因为制度性力量是每个个体所直接面对的甚至是与之进行的最日常的斗争了。所以说，个人的自我选择权、或个体的无限可能性与他在的限制或控

① ［德］舍勒：《舍勒全集》，王芃译，华夏出版社 2003 年版。

制进行着最日常的博弈。显然，个体的意志或个体的选择能力与强大的制度性力量的悬殊是不言而喻的。所以通过法来对这种力量进行衡平是极为重要的。这就是宪政精神在对权力的制约和对权利的保障最根本的逻辑理据。当然人性恶是宪政存在的预设前提，这同时也决定了法具有"命令"的特质。如果人性恶不存在，当然就无须任何命令。但是人性恶仅仅是法的逻辑起点，而人性趋善的必然要求才是法真正的内在精神和动力，也是法的理念和方向。换句话说，没有人性恶，法就没有存在的必要；而没有对人性善的追求，法也失却了方向，没有内在精神和理念，成为了可有可无的工具，因此，没有人性善，则法就没有存在的可能性—这是因为，人"本"无所谓善恶，人"本"可善可恶，即人的本质是无限可能性。而且，即便认为法仅仅是工具，如果不存在对人性善的追求，那么也不需要用法这个工具来对人性之恶进行防御和制衡。

第二节　本真性人格体现为自由法则

一　自我规定性与康德的实践法则

自我规定性中所包含的最初的、纯粹抽象的逻辑起点就是消极的抽象自由，即"自行开始一个因果系列的原因性"①。也就是说自我规定性的一个先决条件就是要摆脱自然律的决定性。自我规定性的第二层含义即积极自由的含义，是指积极地将自我的可能性向现实性进行转化。

首先我们看看自我规定性的第一层意义：摆脱自然律的决定性。为什么自然律以及由自然律规定的客体不能成为人们实践的诸原理的规定根据？康德在《实践理性批判》中作了详细的分析。并且康德的分析和论证是建立在"理性"这一概念之上的。康德认为人的认

---

① ［德］康德：《三大批判合集》（上），邓晓芒译，人民出版社2009年版，第327页。

识能力分为感性、知性和理性三种层次。他在《纯粹理性批判》中提出："通过我们被对象所刺激的方式来获得表象的这种能力（接受能力），就叫做感性。所以，借助于感性，对象被给予我们，且只有感性才给我们提供出直观；但这些直观通过知性被思维，而从知性产生概念。"① 知性和理性是高级认识能力。知性是产生概念（范畴）进行判断的能力。理性是根据知性产生出的概念进行推理的能力，因而是可以向上或向下连续推下去的，作为一条法则，则是要通过理念（理性概念）而获得完备性的整体知识。② 而理性推理一个前提条件就是必须符合形式逻辑的同一律，同一律即 A = A；不矛盾律或矛盾律（A ≠ 非 A）。矛盾律即不矛盾律和同一律是理性主义坚持的一条根本的逻辑法则。③ 所谓同一律就是自身一贯性，自己跟自己等同的一贯性。形式逻辑的自身一贯性自在地就具有放之四海而皆准的普遍性、必然性（客观性）。康德认为真正的理性法则就必须具有普遍性、必然性和客观性。这一理性的检验标准成为了康德衡量一个实践原理到底是法则还是准则的根本标准。

康德在其《实践理性批判》的第一卷第一章中就提出判断法则和准则的标准："如果这个条件只被主体看作对他的意志有效的，这些原理就是主观的，或者是一些准则；但如果那个条件被认识到是客观的、即作为每个有理性的存在者的意志都有效的，这些原理就是客观的，或者是一些实践的法则。"④ 普遍必然性是检验某一原理是否客观的一个最根本的标准，或者说，普遍必然性在康德看来就等同于客观性。自然规律当然是客观的，但根据自然律作用的原则的客观性是由客体的性状规定的，而"在实践知识中，即在只是涉及意志的规定

① ［德］康德：《纯粹理性批判》，邓晓芒译，杨祖陶校，人民出版社 2004 年版，第 25 页。

② 参见邓晓芒、赵林《西方哲学史》，高等教育出版社 2005 年版，第 211—215 页。

③ 陈修斋：《欧洲哲学史上的经验主义和理性主义》，人民出版社 2007 年版，第 280 页。

④ ［德］康德：《实践理性批判》，邓晓芒译，人民出版社 2003 年版，第 21 页。

根据的知识中，人们为自己所制定的那些原理还并不因此就是他不可避免地要服从的法则，因为理性在实践中与主体相关、即与欲求能力相关，而这规则又会以多种方式视欲求能力的特殊性状而定"。① 什么是实践的法则？就是理性完全规定了意志，而且意志的决定行为不可避免地或必然地要按照理性的法则行动。也就是康德所说的唯一的实践法则：定言命令。定言命令的必然性是实践的必然性，它"必须不依赖于那些病理学上的、因而是偶然附着于意志之上的条件"。② 实践理性的法则为什么不一定能获得实践理性的主体的遵守呢？因为理性在实践中与主体相关，也当然就与欲求能力的主观性状相关。这些主观性状比如痛苦、快乐、各种感受等是依赖于病理学的刺激，而偶然附着于意志之上。而实践法则"只需要以自己本身为前提，因为规则只有当它无须那些使有理性的存在者一个与另一个区别开来的偶然的主观条件而起作用时，才会是客观而普遍有效的"。③

　　紧接着康德提出了他的第一条定理（定理Ⅰ）："将欲求能力的一个客体（质料④）预设为意志的规定根据的一切实践原则，全部是经验性的，并且不能充当实践法则。"⑤ 也就是说如果意志的规定根据是欲求能力的质料（主体欲求有现实性的对象），一旦主体欲求的对象具有了现实性，那么对于主体来说就是愉快。那么将欲求能力的质料作为意志的规定根据必然就会将愉快的感受作为意志的规定根据，那么这条原则就是经验性的主观原则。但是某一对象是否是愉快的或不快的，这不能通过先天的认识到，因为愉快作为一种情感，是与每

① ［德］康德：《实践理性批判》，邓晓芒译，人民出版社2003年版，第22页。
② 同上书，第23页。
③ 同上书，第24页。
④ 关于质料和形式的定义，在纯粹理性批判中已经给出。他说："在现象中，我把那与感觉相应的东西称之为现象的质料，而把那种使得现象的杂多能在某种关系中得到整理的东西称之为现象的形式。"参见［德］康德《三大批判合集》（上），邓晓芒译，人民出版社2009年版，第23页。
⑤ ［德］康德：《实践理性批判》，邓晓芒译，人民出版社2003年版，第24页。

个主体的特殊性状以及同一主体的不同时间的性状相关的，而这些性
状只能靠经验来做判断。所以将意志的规定根据建立在快与不快的情
感上的实践原则，其性质必将是主观偶然的。这与实践法则所要求的
客观必然性是相互矛盾的。因此，将意志的规定根据建立在情感上的
实践原则是不可能成为实践法则的。

康德进一步指出定理Ⅱ："一切质料的实践原则本身全都具有同
一种类型，并隶属于自爱或自身幸福这一普遍原则之下。"① 为什么
一切质料的实践原则都是隶属于自身幸福或自爱这同一种类型的？那
首先得搞清楚什么是幸福。幸福就是"一个有理性的存在者对于不断
伴随着他的整个存在的那种生命快意的意识。"显然幸福的核心概念
就是生命快意。但生命快意要成为幸福，必须包含两种要素：一是一
贯性，即伴随着人的整个存在；二是自我意识，即主体对这种生命快
意的意识。将幸福作为自己的实践原则是因为人都具有自爱的特性，
自己喜欢自己，同时也喜欢给自己带来快乐的一切实存的事物和表
象。这样将幸福作为意志的规定根据，那么他将依赖于自己感官的感
受性，依赖于一个对象的实存。而不论是肉体的感受性还是一切实存
的事物和表象，这些都不是主体单凭自身就可以决定的，相反是被决
定的。当然是否被决定或是自我决定对于幸福的这一原则还走得太
远。康德也讲"如果意志的规定建立在他从任何一个原因那里都可以
期待的快意和不快意的情感之上，那么他通过哪一个表象方式被刺激
起来，这对于他完全是一样的。"② 但是即便如此，幸福原则也不能
成为实践的法则，不能对每个有理性的存在者的意志具有普遍必然的
有效性。因为，"虽然幸福的概念到处都成为诸客体与欲求能力的实
践关系的基础，但这个概念毕竟只是那些主观的规定根据的普遍称
谓，而并未作任何特殊的规定，而这种规定却正是在这一实践的任务

---

① ［德］康德：《实践理性批判》，邓晓芒译，人民出版社 2003 年版，第 24 页。
② 同上书，第 28 页。

中所惟一要关心的，……因为每个人要将他的幸福建立在什么之中，这取决于每个人自己特殊的愉快和不愉快的情感的变化的各不相同的需要，所以主观上必要的法则（作为自然规律）在客观上就是一个极具偶然的实践原则，它在不同的主体中可以而且必定是不同的，因而永远不能充当一条法则。因为在对幸福的欲望上并不取决于合法则形式，而只是取决于质料……欲求能力的规定根据是建立在愉快和不愉快的情感上的，这种情感永远也不能被看作是普遍地指向同一些对象的"。① 经验性的根据既不适于作外部立法也不适于作内部立法，因为"每个人都以自己的主体作为爱好的基础，另一个人却以另一个主体作为爱好的基础，而在每一个主体本身中具有影响的优先性的一会儿是这个爱好、一会儿是另一个爱好。要找出一条法则将这些爱好全部都统辖在这个条件下，即以所有各方面都协调一致来统辖它们，是绝对不可能的"。②

所以顺着这一逻辑很容易推断出定理Ⅲ："如果一个有理性的存在者应当把他的准则思考为实践的普遍法则，那么他就只能把这些准则思考为这样一些不是按照质料，而只是按照形式包含有意志的规定根据的原则。"③ 因为按照质料的准则都是幸福主义的实践原则。而幸福主义的实践原则因为幸福概念的规定性依赖于各种主观性状，因而不具备实践法则所要求的普遍必然性即客观性的检验标准，因而被抛弃掉了。而"一个实践原则的质料是意识的对象。这一个对象要么是意志的规定根据，要么不是"。④ 所以，意志的规定根据只剩下一个：一个普遍立法的单纯形式。那么这样一个单纯的立法形式作为规定根据的意志具有怎样的性状呢？这样的意志"就必须被思考为完全独立于现象的自然规律、也就是独立于因果性法则"。简而言之，这

---

① ［德］康德：《实践理性批判》，邓晓芒译，人民出版社 2003 年版，第 31 页。
② 同上书，第 36 页。
③ 同上书，第 33 页。
④ 同上。

种意志就是自由意志。因为这种意志的规定根据在于理性的单纯形式，而"由于法则的单纯形式只能由理性展示出来，因而绝不是感官对象，所以也不属于现象之列：于是它的表象作为意志的规定根据就不同于在依照因果性法则的自然界中各种事件的任何规定根据，因为在这些事件那里进行规定的根据本身必须是现象"。①

到此为止，康德在不断地追寻实践法则的过程中，认识到了自由。所以他在《实践理性批判》的序言中首先就说：道德法则是自由的认识理由，而自由是道德法则的存在理由。② 我们从康德的推论中看到，准则就是一种主观行为的规则，它可以包含超越个人的那些质料的立法形式而成为客观的法则；但是它也可以不包含这些立法的普遍的形式而是感性的，因而只是个人的一种准则。也就是说准则本身包含两个方面：超越质料的立法形式和纯粹感性的质料。但如果由立法的形式来决定它的感性，这就是实践的法则。实践的法则就是用立法的形式来决定主体怎么做，成为主体的兴趣、方向、爱好的规定根据。一切实践法则的质料必须服从法则。而自由意志只能超越实践法则的质料即准则的每个客体，而用实践法则本身的立法形式作为规定根据，即普遍客观的立法形式是构成自由意志的规定根据的唯一的东西。因为任何一个被实践法则的质料所规定的意志将不再是自由的，它仅仅只是被自然因果律所规定的。我们通常理解的自由，往往就是绝对地摆脱一切束缚的一个抽象单纯的否定，这个单纯的否定用一个词概括就是"为所欲为"。于是"为所欲为"就是自由的代名词。这显然只是从质料方面来理解，我想要的（即欲求能力的一切质料性的客体）我得到了（目的之实现）即自由。那么显然这个意志是将"欲求能力的一个客体（质料）预设为意志的规定根据"，而欲求能力的质料就是那"被欲求有现实性的对象"，所以意志就只能由

① ［德］康德：《实践理性批判》，邓晓芒译，人民出版社2003年版，第36页。
② 同上书，序言，第2页。

一个现实性的质料所规定，而一个由现实的质料作为规定根据的意志跟由自然律规定的动物的本能没有本质区别。显然一个动物是没有自由的，那么这种由现实性的质料作为规定根据的意志也必然不是自由。所以"为所欲为"这一号称最自由的称谓毋宁就是最不自由的。因而它如果能够逻辑一贯地运行下去，它将毫不犹豫地吞噬掉一切自由，包括对自身的取消将也是毫不犹豫的。自由意志本身是不能用因果律来加以解释的，不能被纳入到自然因果链条里面去。故自由意志本身没有任何别的或外在的规定根据，那唯一的规定根据只能而且必须来自它自身。或者换句话说，它一旦产生出来，它就把自己变成了自己的根据。那就仅仅从形式上面维持这个自由意志的逻辑一贯性。而这种逻辑一贯性是理性的必然要求，它合乎它由以产生的母体即理性的规律，那么该法则就是根据自由意志本身能够自身一贯而订立的这样一条纯粹实践理性自律的法则，自己跟自己相一致，自己约束自己，自己限定自己，自己规定自己。所以自由意志是纯粹实践理性自身的规律。这是康德所提出来的一种自由观。这一自由概念被尤其是经验派的伦理学家、道德学家斥之为形式主义、空洞，甚至是一种虚假的东西。当然我们可以不同意康德的自由概念，而退回到经验派的自由概念，即认为自由只是一个具体的质料，或就是快与不快的实现。那么即使这些质料以及感性的情感得到了实现，即得到了经验派所号称的自由，自由本身就立即成为了对同一个主体的束缚。因为质料涉及感性世界和经验对象，从感性或经验对象中找一条法则，那必然是自然界的规律或必然性，而这自然律的必然性显然是与自由相对立的。相反，康德提出来的自由意志、自律，就是要摆脱这种自然必然性的束缚。唯有一种自由意志可以摆脱这种束缚，就是超越一切质料之上的自我立法。超越并不就是单纯的否定，因为它不能完全脱离一切质料，它总是在质料中体现出来，但它本身又超越一切质料之上。真正的自由在历史中是一条线，而不仅仅是一个点。只有在一条线中，才能体现出真正的自由。任何一个自由的点，它总是要被另一个不同的点否定，最终被自由本身所否定，它总是成为了自由本身的一种异化物。自由的目的一旦实现，就立刻产生对自由的束缚，主体就觉得不自由了。这一点在后来的黑格尔辩证法中被充分彻底地阐释出来。黑格尔将理性理解为逻各斯和努斯，他认为整个人类历史就是自由意识的发展，就是一个从低级的自由到高级的自由的发展历程。

二 基于自由的人格本质与康德的道德法则

邓晓芒先生将康德的自由概念分为三个层次：先验的自由、实践的自由、自由感。① 这与海德格尔将康德的人格概念分为先验的人格性、心理学或灵魂的人格性、道德的人格性三个层次相映成趣。海德格尔认为在康德那里有两条路通向自由："康德第一条通向自由的道路是在自然的整体性的语境中处理自由，因此是作为理论哲学的一个概念，而第二条道路是作为实践哲学的一个概念来处理自由，把人类存在看作是一个负责的自主的行动着的实践的自然，即作为人格。"② 康德先验自由概念是从第三个二律背反中引出的。一个自然因果律的序列永远是未完成和不充分的，因而需要一个自由概念来解释一种自然因果律的源头。自由的概念是作为独立于自然因果律的自发性即自行开始一个因果序列而提出的。没有自由的概念，自然律本身就会是自相矛盾的。康德指出"既然自然律恰好在于：没有先天得到充分规定的原因就不会有任何东西发生，所以如果说一切因果性都只有按照因果律才是可能的，则这个命题在其无限制的普遍性中就是自相矛盾的，因此这种因果性不可能被看作是唯一的因果性"。③ 那么另外一种因果性就是要"假定原因的一种绝对的自发性，它使那个按照自然

---

① 邓晓芒：《康德哲学诸问题》，生活·读书·新知三联书店 2006 年版，第 191—198 页。

② ［德］海德格尔：《论人类自由的本质》，转引自孙冠臣《海德格尔的康德解释研究》，中国社会科学出版社 2008 年版，第 264 页。

③ ［德］康德：《三大批判合集》（上），邓晓芒译，人民出版社 2009 年版，第 328 页。

律进行的现象序列由自身开始，因而是先验的自由，没有它，甚至在自然的进程中现象在原因方面的延续序列也永远不会得到完成"。①也就是说先验的自由是作为一种假设而提出来的，当然这种假设并不是随意地偶然地设定的，而是通过理性的本性推论出来的。理性就是要追求最终的原因性。自然因果律无法解释世界作为一个整体的原因性。唯有自由概念才能解释这一终极原因。所以康德也认为自由的二律背反只是"在世界中"的二律背反。至于世界之外的自由概念，正题和反题都是可以承认的。所以他在对反题的注释中写道："即使在必要时为了开始世界变化而添加上了某种先验的自由能力，但这种能力毕竟至少必须只存在于世界之外。"②也就是说在自由的二律背反中，正题和反题的真正分歧实际上在于：世界之中有没有自由的问题。正题给出的推理是，既然在对于世界起源的可理解性上必须假设一个自由的概念，否则不仅自然因果律会陷入自相矛盾，而且充足理由律也会失去意义。所以"这样一来毕竟这种在时间中完全自发地开始一个序列的能力得到了一次证明（虽然不是得到了洞察），所以我们现在也就斗胆在世界进程中让各种不同序列按照原因性自发地开始，并赋予这些序列的诸实体以一种自由行动的能力。"③但是康德反复强调这种自行开始一个因果系列的原因性并不是从时间上来讲的，而是从原因性即逻辑上讲的。这种先验的自由概念仅仅是一种消极意义上的自由，它否定自然因果律是唯一的原因性，而提出一种自发性的原因性。这种自发性没有别的规定性和内容，只是作为一种纯粹的否定性即否定唯一的自然因果律而存在。所以这种先验的自由也就是一种"摆脱……的自由"，即摆脱自然因果律的规定，从而使得自我规定性拥有了一个逻辑前提。正是这同一个逻辑前提成为人格的

---

① ［德］康德：《三大批判合集》（上），邓晓芒译，人民出版社 2009 年版，第328 页。

② 同上书，第 331 页。

③ 同上书，第 330 页。

逻辑前提。这一先验自由的规定性和内容是虚位以待的，它们只有在实践的自由中被充实。并且先验自由也给经验性的实践行动提供了可归责性的真正根据。海德格尔认为康德的先验人格性，在于自我性之本质规定，但是自我的本质规定是基于先验自由的逻辑前提之上的。海德格尔认为康德将自我规定为"我思"意义上的能思物。① 而就能思物而言，自我是一个逻辑学意义上的主词（拉丁语：subjectum），也就是能思物的形式结构。"表象是自我的规定、谓词。"② 自我作为主词拥有谓词，就像每个物是拥有一个谓词（即规定性）的主词一样。作为形式逻辑上的自我（主词）是通过对谓词（表象）、规定的有即知而拥有着谓词的。通过这样一种方式，"自我是自身意识意义上的主词，……这个能思物（自我—笔者）……是谓词之主词，作为这个主词它就是对诸客体的主体（Subjekt）"。③ 所以在这个意义上，康德首次提出的"自我"的概念是真正的主体性概念。康德进一步指出这一自我结构在于自我意识。海德格尔指出："自我毋宁自知为其规定（也就是说其行为）的基础。……自我的一切规定和行为都是以自我为基础的。我行知觉、我下判断、我行事。"④ 这是海德格尔对康德的"我的一切表象都是我的表象"这句著名的判断作出的精彩注解。也就是说"自我"不单是被思维者、被表象者和被规定者，"自我"同时是这样一些表象、行为的规定者即自主性的主体，"我"是这一切表象的根据，是一切行为的自我规定者。"自我作为'我——思'是先验的人格性之形式结构。"⑤ 也就是说这个先验的人格性正如先验的自由是实践的自由或积极自由的逻辑前提一样，只是心理学的人格和道德的人格性的形式结构、一个消极的逻辑前提。但

① ［德］马丁·海德格尔：《现象学之基本问题》，丁耘译，上海译文出版社 2008 年版，第 166 页。
② 同上。
③ 同上书，第 167 页。
④ 同上。
⑤ 同上书，第 170 页。

是这个消极的逻辑前提虽然还是一个色彩单一、内容贫乏的形式结构，却是一个真正的起步、一个自为的意向、一个无限可能性的开端。实践的人格性和心理学的人格，正是根植于先验的人格性之中，或者毋宁说就是先验人格性现实化的机能。海德格尔对此解释道："纯粹自我，自身意识的、先验统觉的自我并非经验事实，毋宁说，在一切经验的行经验中，该自我（作为我行经验）意向已经被意识为一切行经验之可能性之存在论根据。"① 并且海德格尔将康德的先验人格性的自我的本质规定为主体性的自我，而将心理学的人格规定为客体性的自我。但主体性的自我作为一个逻辑前提的自我并不是纯粹逻辑的抽象项。海德格尔指责新康德主义完全误解了康德的这个具有本质重要性的概念。② 这个逻辑的自我是指那最基质性的东西，也就是将一切附着的偶性都抽象掉仍然能够保留着的实体。心理学的人格是这一作为独立的自我存在的先验人格性在自身中遭遇到的经验性的客体自我。但是这并不是说，有两种相互对立的"自我"或者说一个个体具有双重人格性。而是说先验人格性的自我是一个逻辑自我或一切自我之所以可能的先验逻辑结构，是一切心理学或经验性人格性自我的一个逻辑预设。真正把先验人格性的自我与经验性自我即主体性的自我和客体性的自我进行统一的是道德的人格性。海德格尔将道德的人格性称为本真的人格性，并指责康德没有将这三种人格性的统一即完整的存在者作出更深入的规定。③ 但实际上康德是从外在结构上对人格性进行分析性的逻辑演绎或可以称之为一种回溯型的解构。这种对人格结构进行分析性的解构是非常重要的，因为只有如此，我们才能从本源上细致地剖析人格的结构。并且康德这种外在结构的划分也是合逻辑的，并不是相互对立和相互矛盾的。这就是为什

---

① ［德］马丁·海德格尔：《现象学之基本问题》，丁耘译，上海译文出版社 2008 年版，第 171 页。
② 同上书，第 172 页。
③ 同上书，第 204 页。

么费希特和黑格尔能够在此基础上将康德的外在结构性的诸范畴流动起来，即从一个概念推演出另一个概念。

正是在实践的自由上，康德建立起道德法则，使得他的人格性概念能够成为道德的人格性、本真的人格性，使得那先验的自由和人格性的内容真正得到规定，得以实现。邓晓芒先生认为康德先验自由、实践自由与自由感和自由权，这三者各自从可能性、必然性和现实性三个方面对自由进行了描述。先验自由给自由留下了可能性，实践的自由是自由的必然性，自由感和自由权是自由在现实中向人呈现出来。① 笔者认为实践自由是一切自由的根本体现，唯有在实践中自由概念才具有真正的现实性和内容。康德的实践自由分为自由的任意和自由意志。康德在《实践理性批判》中对自由的任意作出详细的阐述。"在实践的理解中的自由就是任意性对于由感性冲动而来的强迫的独立性。因为一种任意就其（通过感性的动机而）被病理学地刺激起来而言，是感性的；如果它能够成为在病理学上被迫的，它就叫作动物性的（arbitrium brutum，动物性的任意）。人的任意虽然是一种 arbitrium sensitivum（感性的任意），但不是 brutum（动物性的），而是 liberum（自由的），因为感性并不使它的行动成为必然的，相反，人身上具有一种独立于感性冲动的强迫而自行规定自己的能力。"② 也就是说康德认为人的任意和动物性的任意既有相同之处，又有根本性的区别。相同之处就在于这两种任意都是通过感性的东西而被病理学地刺激起来的。所谓"病理学的被刺激起来"即被动物性的欲求能力刺激起来的。在康德对人的规定性的三要素我们很清楚地看到，人具有动物性的禀赋。根本性的区别就是人能独立于这种感性的任意，并用人自身的理性统摄这种任意，使得这种任意不成为人的本质性规定。而动物性的任意就是动物性的一切规定。

---

① 参见邓晓芒《康德哲学诸问题》，生活·读书·新知三联书店 2006 年版，第 228 页。

② ［德］康德：《三大批判合集》（上），邓晓芒译，人民出版社 2009 年版，第 378 页。

　　我们可以首先来看看康德对人的三要素之规定："1. 作为一种有生命的存在者，人具有动物性的禀赋；2. 作为一种生命同时又是理性的存在者，人具有人性的禀赋；3. 作为一种有理性同时又能够负责任的存在者，人具有人格性的禀赋。"① 但是动物性禀赋与人性禀赋又具有本质性的区别。那就是人的任意是自由的任意，而动物性的任意是被自然所规定、所决定因而被迫地任意。人的任意里面已经包含有自我规定性的逻辑前提，换句话说，人的任意中已含有自由的种子。用康德的话说就是"人身上具有一种独立于感性冲动的强迫而自行规定自己的能力"。虽然这种自我规定性的能力仍然是由感性冲动刺激起来的，但绝不是由感性冲动或动物性的欲求能力所规定的。也就是人的自由的任意的规定性在于它的自我规定性，即便是由感性冲动、感性欲求所刺激的，也是某个特殊的个体自己选择的，即"我自由地选择我的行为由感性冲动或欲求而刺激起来"。这种选择本身就是一种自由。只不过这种自由因为是被感性刺激起来的，因而不能逻辑一贯地得到实现，而只能是片面的偶然的自由。所以它还不是一种真正的自由，不是纯粹的自由。它只能是一般的实践理性，而不是纯粹的实践理性。

　　当然也会有人提出质疑，为什么人的任意就会有自由的根基，并能区别于动物性的被决定的任意。康德还是用他那一贯的反证法或归谬法对这种质疑作出回答："假如感性世界中的一切原因性都只是自然，那么每个事件都将是在时间中按照必然规律而为另一个事件所规定，因而，由于诸现象就其规定着任意而言必然会使任何行动作为其自然后果而成为必然的，所以在取消先验自由的同时就会把一切实践的自由也根除了。因为实践自由的前提在于，虽然某物并没有发生，但它本来应当发生，因而它的原因在现象中并没有如此确定，以至于

————————
　　① ［德］康德：《康德著作全集》（第6卷），李秋零主编，中国人民大学出版社2007年版，第24—25页。

在我们的任意中不包含有某种原因性，这种原因性独立于那些自然原因，甚至违抗自然的强制力和影响而产生某种在时间秩序中按照经验性规律被规定的东西，因而完全自行开始一个事件序列。"① 也就是说，康德认为：假设完全没有先验自由，那么实际上连实践的自由也取消了。因为实践自由的前提就是某物虽然在经验中没有发生，但是"本来应当发生"。这个"应当发生"的原因性就是自由，即"独立于那些自然原因，甚至违抗自然的强制力和影响的"而自行开始一个事件序列的原因。而实践的自由为什么不能被取消呢？这个回答康德在实践理性批判的序言中进行了说明："自由的概念，一旦其实在性通过实践理性的一条无可置疑的规律而被证明了，它现在就成了纯粹理性的、甚至思辨理性的体系的整个大厦的拱顶石……就是说，它们的可能性由于自由是现实的而得到了证明；因为这个理念通过道德法则而启示出来了。"② 并且康德在提出纯粹实践理性的基本法则之后马上又一再说明自由意志"作为一个积极的概念就会需要某种智性的直观，而这时我们在这里根本不能假设的，然而我们为了把这一法则准确无误地看作是被给予的，就必须十分注意这一点：它不是任何经验性的事实，而是纯粹理性的唯一事实，纯粹理性借此而宣布自己是原始地立法的。"③ 也就是说实践的自由是一个理性的事实④。这个理性的事实是通过道德法则而得到认知的。而道德法则既是通过理性的彻底性和一贯性推论出来的，也可以在最一般的人类知性中认识到。

上面谈的都是自由的任意。那么自由的任意为什么能够向自由意志转变呢？正像邓晓芒先生所说："自由任意正因为属于一般实践理性，其中也就潜在地包含着纯粹的实践理性（即意志自由或道德自

---

① ［德］康德：《三大批判合集》（上），邓晓芒译，人民出版社 2009 年版，第 378 页。
② ［德］康德：《实践理性批判》，邓晓芒译，人民出版社 2003 年版，序言，第 2 页。
③ 同上书，第 41 页。
④ "理性的事实"这一概念非常重要，康德将道德法则称之为"纯粹理性的唯一的事实"（das einzige Faktum der reinen Vernunft）。该表述的含义参见邓晓芒《从康德的 Faktum 到海德格尔的 Faktizität》，载《武汉大学学报（人文社科版）》2013 年第 2 期。

律）的种子了，只要这种任意把自己本身完全置于理性的规则之上，而不只是为了一个虽然更大、更间接但终究是感性的利益来运用理性，也就是不要用实践理性来为感性欲求服务，而是使一切感性都服从于纯粹实践理性自身的要求，这就使一般实践理性的规则提升到了'规律'，使人的意志排除感性的干扰而成为自由的意志。"① 从这一段的剖析中可以得出以下结论：第一，自由的任意是将实践理性作为手段来服务于感性目的，无论这一目的是基于眼前的利益和欲求还是超出直接的短暂的利益而追求更高层次、更长远的利益和欲求，这一目的终究都是感性的。一个将感性的目的作为终极追求的存在者就是由自然规律所规定的存在者，他最终不可能获得真正的自由。理性在这里成为动物性的一种功能，完全不能将人作为一个自主性的主体而与动物区别开来。这与康德在《实践理性批判》之诸原理中提出的定理Ⅱ是一个意思。也就是自由的任意是将意志的规定根据建立在一切质料之上的实践原则，这一实践原则追求的目标无论是斯多葛派德性论还是伊壁鸠鲁派幸福论都同属于一个原则，即隶属于自爱和自身幸福这一普遍原则之下。第二，自由意志是将纯粹理性的法则即自由意志将自由意志自身作为最终目的，而将一切意愿之质料统摄于自身之中。也就是说自由意志或道德法则是将意志建立在纯粹理性的规则形式之上，一切感性的质料都隶属于纯粹实践理性自身的要求，人的意志从而能够真正排除一切感性的规定性而达到真正的自我规定从而成为真正的自由意志。这就不难理解为什么康德在定理Ⅳ中阐述道："德性的唯一原则就在于对法则的一切质料（也就是对一个欲求的客体）有独立性，同时却又通过某个准则必须能胜任的单纯普遍立法形式来规定任意。但那种独立性是消极理解的自由，而纯粹的且本身实践的理性的这种自己立法则是积极理解的自由。"② 所以得出"道德

① 邓晓芒：《康德哲学诸问题》，生活·读书·新知三联书店2006年版，第194页。
② ［德］康德：《实践理性批判》，邓晓芒译，人民出版社2003年版，第44页。

法则不过是自由的自律或自由意志的自我规定性"的结论就是顺理成章了。自律就不可能是以意愿的质料作为自己的规定根据，毋宁说它本身就是一切准则的形式条件，也就是说一切准则要想成为法则必须具备自律这一形式条件。具备了自律的形式条件的准则实际上就等同于实践的法则，所以实践法则是形式与质料、主观与客观的统一。否则，如果自由意志不将自身作为最终目的，不将意志的规定性根据建立在准则的单纯立法形式之上，那么一切实践原则不过是他律。因而，一切自我规定性不复存在，也不再可能。一切行为被迫归属于自然规律的必然性之中。"如果那个只能作为与法则联结着的欲求之客体而存在的意愿质料，被放进实践法则中作为它的可能性条件，那么从中就形成任意的他律，也就是对于一个遵从某一冲动或爱好这种自然规律的依赖性，而意志就不是自己给自己提供法则，而只能提供合理地遵守病理学上的规律的规范"①；那么这样一个遵循着由自然规律所提供的规范的生命体当然也就与任何自然中的有机生物体没有本质性的区别了。理性在这里也只能沦为一种自然所恩赐的功能。康德也在《道德形而上学基础》中对理性是自然性质的功能的观点进行了否认。他认为一个有机体作为一个合乎生命目的构造起来的自然结构，那么其任何一个器官都是最合目的性的。因此，康德假设一个有理性的存在者或有意志的存在者的幸福就是自然的本来目的，那么自然就没有必要选择理性作为实现这一最合乎自然之目的——幸福的手段了。"这种被造物用来实施其意图的所有的行动，它的行为的全部规则，如果由本能来决定的话，对它来说会更为准确得多，而且那个目的借此要比每次都通过理性所能做到的能够更可靠得多地得到实现"②；也就是说作为促进和实现幸福的手段，本能比理性可靠得多，因为一方面显然"自然自己原本不仅会选定目的，也会选定手段，而

---

① ［德］康德：《实践理性批判》，邓晓芒译，人民出版社 2003 年版，第 44 页。

② Immanuel Kant, *Practical Philosophy*, translated and edited by Mary J. Gregor, Cambridge University, 1996, p. 395.

且以明智的审慎把这两者只托付给本能"。① 并且另一方面"幸福的概念是一个如此不确定的概念,以至于尽管每个人都想要得到幸福,但他从来不能确定地并且自身一致地说出,什么才是他真正希望的和愿意的"。② 幸福为什么是一个如此不确定的概念呢? 因为幸福概念的要素全部都是经验性的,即使最有洞察力但毕竟是有限的存在者不可能将幸福理念所要求的绝对整体和最大福分全部构想出来。比如一个想要财富的人,可能获得了享受财富的幸福,但是因此却招来更多的烦恼、妒忌、贪婪等等。一个人如果想要博学与聪明,虽然获得了拥有"慧眼"的幸福,但是却同时"看到"了对他隐藏着却必然会出现的灾难,因而带来的恰恰是痛苦而不是幸福。因此可以得出结论说,"理性的真正的使命,就必然不是产生一个实现其他意图的手段的意志,而是产生一种自在地本身就善良的意志,对这样一个意志来说,理性是绝对必要的,既然在别的地方自然在分配它的禀赋时到处都是合目的地进行工作的。所以这种意志虽然可以不是唯一的、完整的善,但它却必定是最高的善,并且是其他一切要求的条件,甚至是对幸福的所有要求的条件"。③

康德否定了实践理性的一切迄今为止的质料上的原理,而提出了他的建立在实践理性之形式上的作为意志自律的至上原理即纯粹实践理性法则"要这样行动,使得你的意志的准则任何时候都能同时被看作一个普遍立法的原则。"④ 这就是著名的定言命令或道德法则的公式。康德在《道德形而上学基础》一书中提出这一公式的三个变形公式。这四个公式(一个定言命令公式 + 三个变形公式)是被康德研究者研究得最多的领域。在这里,我们首先把定言命令或道德法则

---

① [德]康德:《道德形而上学基础》,杨云飞译,第 396 页。
② 同上书,第 418 页。
③ Immanuel Kant, *Practical Philosophy*, translated and edited by Mary J. Gregor, Cambridge University, 1996, p. 397.
④ [德]康德:《实践理性批判》,邓晓芒译,人民出版社 2003 年版,第 39 页。

的三个变形公式列举出来，然后一一进行分析。笔者将把那条唯一的实践法则公式设定为公式Ⅰ，将三条变形公式分别设定为公式A、公式B、公式C。①为了更清楚地表明那唯一的实践法则即总公式和三个变形公式的区别与联系，我们可以列一个表格进行比较（见表4）。

表4

	公式Ⅰ（定言命令）	公式A（自然公式）	公式B（目的公式）	公式C（自律公式）
表达方式	要这样行动，使得你的意志的准则任何时候都能同时被看作一个普遍立法的原则。	必须这样来选择准则，就好像它们应当如同普遍的自然规律那样有效。	这样行动，把不论是你的人格中的人性，还是任何其他人的人格中的人性，任何时候都同时用作目的，而绝不只是用作手段。	这样去行动，这个意志能够通过其准则把自己同时看作普遍立法的。
强调的重点	主观准则与客观法则的统一（意愿的质料与法则的形式相统一）。	行为的逻辑一贯性、不自相矛盾性。形式逻辑的同一律。	强调整体性和统摄性，形成一个由最高目的统摄的目的链条（就单个个体而言）或目的王国（就所有有理性的存在者整体而言）。	强调自律性、意志的自我立法。前两条法则的最根本规定性。人格的尊严价值何以可能之根本原因性。
检验准则成为法则之可能的要素	检验的终极标准（唯一的道德法则公式）。	立足于形式的普遍性，凡是法则均具备普遍性。	一种质料，即目的性。凡是法则均具备尊重每个主体的绝对目的即人格。	凡是法则均与一个目的王国的理念协调一致。

从表4中，我们能够比较清楚地了解到康德的定言命令及三个变形公式的表述方式和不同的侧重点。在第一个变形公式中，主要表明法则的客观性。第二条变形公式主要是讲人格作为终极目的的绝对价值，第三条公式主要是讲意志的自我立法。在前文中我们已经详细谈

———

① 参见 Immanuel Kant，*Practical Philosophy*，translated and edited by Mary J. Gregor，Cambridge University，1996，pp. 429 – 438。

论过康德的客观性含义即普遍必然性。一条实践原则之所以是准则就是因为它是主观的偶然的。如果一条主观的偶然的实践原则要想成为一条普遍的原则，那么这条原则将会自我取消。比如他举了四个有关义务的例子分别用来说明三条变成公式的内涵（见表5）。①

表5

例子	1：不要骗人	2：不要自杀	3：帮助他人	4：增进自己幸福
作为与不作为义务	消极义务：不违背诚信	消极义务：不自杀	积极义务：帮助他人	积极义务：增进自己的幸福
义务的性质	完全或必然义务：将撒谎和欺骗行为作为普遍法则，谎言将不可能存在。	完全或必然义务：将自杀作为普遍法则的社会将不会存在。	不完全（不必然）义务：一个冷漠的社会有可能，但无人愿意。	不完全（不必然）义务：一个懒人的社会有可能，但无人愿意。
义务的对象	他人	自己	他人	自己
违背公式A的后果	如果每个人将欺骗这一准则作为普遍法则，那么这一准则将会自动取消。	如果将自杀这一准则作为普遍法则，那么放弃生命这一准则将会自动取消，因为没有生命可以放弃了。	如果将不帮助他人作为普遍法则，将获得一个冷漠的社会。	如果将不发展自己作为普遍法则将是一个停滞不前的社会。
违背公式B的后果	把他人的人格仅仅当作手段	自己的人格将成为逃避难以承受之境遇的手段。	不包含对他人之爱的义务根据。	不包含对自己义务的根据。
违背公式C的后果	只能是功利的明智。	由自然律所决定，生命与事物没有本质区别。	行动与人格不相互冲突，但不能自在地相互协调一致。	意志被他律强迫而行动。
可能的目的王国的要求	不把他人的人格反当作手段。	不把自己的人格仅当作手段。	以促进他人的人格为目的。	以促进自己的人格为目的。

上述四个例子可以清楚地看出，一个行为的法则只有符合逻辑的同一律而不自相矛盾，才可能具备普遍性。但是这一普遍性的要求仅

---

① 参见 Immanuel Kant, *Practical Philosophy*, translated and edited by Mary J. Gregor, Cambridge University, 1996, pp. 421 – 438。

仅是形式逻辑上的要求，它只是检验实践法则的一个形式标准。至于从实质意义上说，它是否是道德的，这个标准还仅仅只具备消极的意义，不足以证明实践法则在实质意义上的道德性。所以康德在另外两个变形公式中进一步提出，道德法则的实质性标准。康德反复强调意志是按照对法则的表象而行动的，因而以意志为根据的实践法则是合目的性的行为。一个合目的性的行为显然本身就分析地包含了目的和手段的关系。比如康德指出："意志被设想为一种自己按照某些法则的表象规定自身去行动的能力，而这样一种能力只能在理性存在者那里找到。现在，用来作为意志自我规定的客观基础的，就是目的。而目的如果单纯由理性给予，就必然对所有理性存在者同样有效，相反，只包含行动的可能性根据的东西就叫做手段，这行动的结果就是目的。"① 目的有主观目的（质料）和客观目的（形式）之分。立足于特殊个体的动机之上的目的就是主观目的，立足于每一个理性存在者的动因之上的目的就是客观目的。主观的、质料的目的因为仅仅与主体的特殊欲求能力相关才被某个主体赋予价值，因而全都只是相对的目的。而所有这些相对目的都只是假言命令的根据。只有那个自在的本身就具有绝对价值的目的即自在的目的才能成为实践法则之意志根据，才能成为定言命令的根据。什么是具有绝对价值的自在的目的本身呢？那就是人格。正是在这种分析中，康德提出了他的定言命令的第二个变形公式即目的的公式。只有最高目的（即人格目的本身）才使得在目的链条上所有其他目的互为手段。因而，要使意志行为不变质为机械因果作用，而始终是目的性行为因而始终保持为意志行为，就必须有一个最高目的。这就是与一切物性不同的人格性本身。② 所以不仅不能把自己和他人的人格当作手段，而且还要以促进自己和他人的人格为最高目的。那么如何能够达到对人格的真正尊重呢？紧

---

① ［德］康德：《道德形而上学基础》，杨云飞、邓晓芒译，第 427 页。
② 邓晓芒：《康德哲学诸问题》，生活·读书·新知三联书店 2006 年版，第 83 页。

接着康德提出了他的第三条变形公式即自律公式。也就是说在这个可能的目的王国中，每个有理性的存在者都是自我立法者。换句话说就是，每个有理性的存在者的意志都是普遍立法的意志。到此为止，康德将实践法则那唯一的定言命令的之所以是真正的道德法则的最本质的根据揭示出来了。也同时将自由意志而非自由的任意的内涵真正揭示出来了。也就是说真正的自由是意志的自律，一切他律都不可能是真正的自由，或者说真正的自由是自我规定性的自由。自由的任意只是自我规定性的一个先验意向，这个先验意向还仅仅是一个抽象的否定（对一切他律的纯粹单纯的否定），因而是全无内容的抽象自由。因而要赋予纯无内容的抽象自由以丰富的内容，消极自由才能转变为一种积极的自由。而积极的自由取决于自我规定性的能力，换句话说，赋予自由以内容的规定性是那同一个规定性的积极作为。正是在具有了丰富内容的自由意志中，或者正是那条自律的公式使得每个主体自身成为了义务的最终承担者，并使得那行动着的主体具有了人格的尊严。正如邓晓芒先生评论的那样，康德的一个重大贡献就是把道德完全建立在自由意志的基础之上，只有自由的道德才是真正的道德，当然自由也可能导致不道德，但是自由本身的规律（自律）则必定是道德的。并且真正的自由就是那有规律的自由，那能始终保持自身一贯性的自由。① 这也就是那能够始终能保持自我规定性的同一个自由。

三 基于不同人格本质的诸伦理学

以康德的道德法则为标准，可将不同伦理学之间的联系和本质区别厘定清楚。我们首先还是将道德法则的伦理学和其他伦理学列一个表加以区分（见表6）。

---

① 参见邓晓芒《康德哲学诸问题》，生活·读书·新知三联书店 2006 年版，第 91 页。

表6

伦理学类型	目的	手段	（理论根据）
道德法则	道德	不违背道德法则	道德法则作为意志的规定根据
幸福主义	幸福	促进个人幸福	幸福成为意志的规定根据
功利主义	善（由幸福或快乐来定义）	增进幸福或快乐（幸福或快乐最大化）	（促进幸福的）手段成为意志的规定根据

我们首先来分析幸福主义伦理学。该伦理学的前提为：幸福本身就是善的，善是正当的标准，或者说善作为实践评判的根据。因此，幸福本身（愉快—善，痛苦—恶）成为实践评判的根据。也就是说，愉快即情感本身成为实践评判的根据。显然善的"概念就只能是关于这种东西的概念，它以其实存预示着愉快，并这样来规定主体将它产生出来的原因性，也就是规定着欲求能力"。但是"既然不可能先天地看出何种表象会带有愉快，何种表象却会带有不愉快，那么识别什么直接地是善或恶的关键就只在于经验了"。① 而这种经验只存在于主体的愉快或不快等各种情感（属于内感官的接受性）的形状中。显然善直接等同于与快乐的感觉直接结合着的东西，恶直接等同于引起痛苦的感觉的东西。如果我们抽掉中介，就可以看出，善直接等同于快乐，恶直接等同于痛苦。这样一来，要么直接取消了善恶概念，要么直接取消了快乐和痛苦的概念。这一点不需要什么更多的思辨理由，单从健全知性就可以明白，之所以有善、恶和快乐、痛苦这类不同属性的词语存在，它们的意义就不能简单地绝对地等同。简单地绝对等同就是绝对地简单地取消。

我们可以再来看看功利主义伦理学的情况。"因为愉快或不愉快就自身而言却仍然不能先天地和某个客体的任何表象直接结合起来，所

---

① ［德］康德：《实践理性批判》，邓晓芒译，人民出版社2003年版，第79页。

以，相信有必要把愉快的情感作为自己的实践评判的基础的哲学家，就会把作为达到快适的手段的东西称之为善的，而把作为不快或痛苦的原因的东西称之为恶的；因为对于手段和目的的关系的评判当然是属于理性的。"① 苏格拉底说每个人有了知识它就不会做违反道德的事情，没有人有意地去追求恶、坏，凡是有知识的人都会去追求善。愉快即情感本身因为不能跟任何客体的表象直接结合。因而不具有客观性，只具有个别主体及其感受性上的偶然性。所以不能作为实践评判的根据。既然幸福本身就是善的，那么只要手段能达成幸福的这一目的，则该手段就是善的。而手段和目的之间的关系只有理性能够看出来。所以能最大限度地促进幸福这一目的手段就是符合理性的善。根据前面的论述，我们知道幸福作为一种愉快的情感不具有客观性而丧失了作为实践评判的规定根据，而善的手段因为既具有了善的性质而又具有了实践评判所要求的客观性，因而它就成了实践评判的规定根据了。

最后我们看看什么是善良意志。康德说："一个意志的准则它永远按照这条法则，这意志就是绝对地、在一切方面都是善的，并且是一切善的东西的至上条件。"② 这就是说，一个意志的准则永远按照这条法则行动、永远在道德法则的这条轨道上面运行，那么这样一个意志就是善的意志。而且它是绝对的、在一切方面都是善的意志即它自在地就是善的。所谓意志就是一种欲求能力，这种欲求能力本身当然是无所谓善恶的。而意志作为一种能力要在现实中产生作用，要具有实践效力，就需要考虑意志的规定根据即意志的准则。所以这能力可以以善作为规定根据，也可以用恶作为规定根据，如果用善作为规定根据，那么就是善的意志，如果是以恶作为规定根据，那么就是恶的意志。而善的意志即善良意志，它就是永远使行动的准则按照理性的法则来规定绝对的善的意志。欲求能力是以欲求能力的对象作为规

---

① ［德］康德：《实践理性批判》，邓晓芒译，人民出版社 2003 年版，第 80 页。
② 同上书，第 85 页。

定根据还是以理性来作为其根据？这个是区别幸福主义（功利主义伦理学）和道德的根本区别。

现在我们可以看出，关于经验论的伦理学（包括幸福主义和功利主义的伦理学）和理性论的伦理学（德性论的伦理学）这两种理论在终极目的上的差异。欲求能力的终极实践目的或者说意志的规定根据如果是福，而幸福总是跟作为感官世界的有需求的存在者的感性的情感状态有关，或者说幸福总是一个具有个体差异性的感觉对象的经验概念。因为这一特性使得福不能具有客观普遍性，因而不能直接作为善的标准。"善"是一个善变的概念，不但每个人的善不一样，就是同一个人不同时刻不同状态下的善也极有可能是不同的。所以如果要坚持将福作为实践法则的终极目的，那么显然只能依靠实现幸福这一目的的手段来承担必须具有客观必然性之特性的检验善之标准的任务。善之所以需要具备客观必然性，是因为善本身是作为实践规范的根据或评判标准。接下来的推论就吊诡起来，手段是否是善的？就手段本身来说是无所谓善恶的，因为手段只不过是手段，它本身不是自在自为的，而是为他的。所以手段本身不具有自身价值的自我决定性。比如单就契约本身是无所谓善恶的，但是如果当事人相互订立一个公平有效的契约，那么对这个契约的遵守当然是合法的。但是否是道德的，那就不一定。遵守契约这一行为本身并不纯粹地就含有道德的要素，但是如果一个人是坚守一个契约的承诺而不为任何外界的感性经验对象所动摇，仅仅单纯地是为了遵守自己的行为准则，并且使得自己的行为准则具备合法则性。也就是说，单纯是为了遵守自己的承诺，而不是因为惧怕法律的惩罚被迫地遵守承诺，那么这个人遵守契约的行为就是道德的。如果这个人仅仅是为了其他的原因遵守契约，比如是惧怕法律的不利后果，或为了做一个理性的经济人，等等，那么这种行为只能是合法律的行为，并不具备道德的内含。当然为了遵守法律而遵守法律和因为惧怕法律的惩罚而遵守法律，虽然这两种行为从外部表现上是同一个表象，但是前者如果仅仅是为了遵守法律而遵守法律，即把遵守法律作为一项行为准则，那么这就具有了道德的内涵。而后者只不过是基于明智的考虑而遵守法律，则不具有道德的内涵。但是也不是说它因此是不道德，只能说是非道德的或者说是与道德无关的。为了他律而主动遵守法律的行为是一种非道德的行为即既不是道德的，也不是不道德的，而是非道德的。非道德的理论根据就在于理性存在者的实践准则符合纯粹实践法则，但不是为了纯粹实践法则，也就是说实践准则在外在表象上符合道德法则或者至少不与道德法则发生冲突，但动机上并不是为了道德法则。这里就涉及意志的动机结构。不难看出手段是否是善的命题将会陷入恶的循环论证：手段本身并不自在地绝对地就是善的，而只是相对的善，是相对于手段所要达到的目的。如果目的是福，那么这个手段就是善的，如果这个目的不是福，那么这个手段就不是善的。这就是说福是善的规定根据；但福因为自身的特性而不能直接充当善的规定根据，于是求助于达到福的手段。但手段本身是否是善的又要回过头来求助"福"，所以不得不陷入循环论证。要想跳出循环论证，我们需要回过头来审查一下这个论证的前提：欲求能力的终极实践目的或者不如说意志的规定根据是否应该是"福"这一概念。显然这一前提有问题。我们不能撇开道德而单纯地从"福"这一概念出发来规定欲求能力的终极目的。这就决定了我们不能从欲求能力的客体出发来确立实践理性的法则。但是需要提醒的是，达到幸福这一目的的手段，从理性的整个运动发展过程看，可以被称为善的。虽然幸福本身不能充当善的规定根据，这是从终极的目的即规定根据上来评判的。但如果仅仅从手段能够达到实现幸福这一目的来看，这手段或这一行为本身可以是善的。但必须明确的是这里的"善"仅仅是相对的善，这个"相对"不是相对于幸福，而是相对于善的理念本身，即相对于最高的善或绝对的善，甚至相对于"至善"（即德福一致）这一理念。相对的善之所以具备了善的性质仅仅是因为它被统摄到绝对的善之下，被统摄到至善的理念之下。

第四章

自由与法的内在逻辑结构

第一节 自由——法的理念

一 作为法之理念的自由

康德的《论永久和平》表达了他对人类历史和社会政治关系的一个基本哲学构想:"人类的社会政治生活的基础是法权,而法权的基础是道德。"① 康德将自然法权的唯一基点建立在人的自由之上,对道德和法的关系完成了一个根本性的颠倒:法是人的自由意志的无条件的命令。将道德立足于法之上的传统结构颠倒为法立足于道德之上的崭新结构。也就是说,我们并不是因为除了需要道德之外,还需要法;而是说,我们之所以需要法,是因为我们需要道德。② 本书在康德的基础上再补充一点,我们需要道德是因为人格性或人之自由的本质性规定。在康德这里,法和道德是相互区别和独立的两个完全不同的领域。法属于外在自由的领域,而道德属于内在自由的领域。简言之,法只要求个体的行为与他人在外在自由的领域中相互协调一致,而道德则不仅要求外在行为是符合外在自由的,而且其内在动机也是为了道德

---

① 邓晓芒:《赵明〈康德《论永久和平》的法哲学基础〉序》,华东师范大学出版社2006年版,序言。

② 参见邓晓芒《康德论道德与法的关系》,载《哲学研究》2009年第4期。

而道德的，因此必须符合内在自由的理念。

康德关于法与道德的二分法在黑格尔这里发生了改变。黑格尔认为法和道德并不是相互独立的两个不同领域。相反，法包含着道德，道德是法之现实性的一个环节。黑格尔认为凡是自由意志的定在都是法。而康德意义上的法只是法之精神运动的一个环节，这个环节黑格尔将其命名为"抽象法"。而作为"自由意志的定在"的法，包含了三个环节，即抽象法、道德、伦理。

黑格尔对自由、道德与法的内在关系做了更深入的分析。黑格尔认为"法的理念是自由"。① 而"自由的东西就是意志，意志没有自由只是一句空话；同时自由只有作为意志，作为主体才是现实的"。② 黑格尔关于自由、道德与抽象法的内在逻辑结构的分析是非常清晰的：法的理念是自由，而自由就是意志，并且只有作为意志才是现实的，所以法是自由意志的定在。也就是说自由意志通过中介而外在地表现出来的就是法，而自由意志不仅仅有一个外在的客观性，还有内在的主观性。内在的主观性的自由意志就是道德。道德是对抽象（形式）法的扬弃而得到的成果。他说，"道德是由扬弃了抽象形式的法发展而来的成果，道德是法的真理，居于较高阶段，道德是自由之体现的人的主观心理"。③ 这就是说道德是主观意志的法，而法是自由意志的定在。在法哲学原理中，第一编为抽象法，第二编为道德。并且黑格尔在抽象法向道德过渡中写道："在抽象法中，意志的定在是在外在的东西中，但在下一个阶段，意志的定在是在意志本身即某种内在的东西中。……在犯罪中被扬弃了的直接性通过刑罚，即通过否

---

① ［德］黑格尔：《法哲学原理》，范扬、张企泰译，商务印书馆 1961 年版，导论，第12 页。

② 同上。

③ 参见贺麟在黑格尔《法哲学原理》中的评述，［德］黑格尔：《法哲学原理》，范扬、张企泰译，商务印书馆 1961 年版，评述，第12 页。

定的否定，而导向肯定—导向道德。"① 所以不论是康德还是黑格尔
都认为道德是法（特指黑格尔所说的抽象法）的更高阶段。所不同
的是康德将道德和法作为两个相互区别着的独立存在，黑格尔则认为
道德是扬弃抽象法的成果，道德是法的真理。但道德又必须经过法这
个自由意志的定在的中介才能达到其真正的现实性。所以道德和法都
是内在精神的自我发展过程或阶段。

这就是本书为什么在对自由与人格的内在逻辑结构阐述之后再来
阐述自由与法之间的内在逻辑关系的原因。在自由与人格的关系中，
我们已经从自由与人格的内在逻辑结构中，引出了康德的纯粹实践理
性的道德法则。道德法则是自由意志的内在规律，而法权是自由意志
的外在规律。这是与我们通常理解的实证法完全不同的理念。通常认
为法就是调整人们行为的规范。但为什么法能调整人的行为，法如何
调整，法基于什么样的根据来调整人的行为。这些更根基的问题如果
不弄清楚，那么法就只是人们手中的一个任人摆弄的工具，甚至法只
不过是权力的奴婢，最终受摆弄的正是那本应该具备高贵价值的人
格。正是这高贵的人格尊严赋予法神圣的历史使命，而不是使法律成
为某种任意权力的手中玩物。这种任意的权力毋宁是最无知同时也是
最狂妄的。当然无知通常跟狂妄都是一个东西的两个方面。因为法即
便是自由意志的外在规律，它也是一种规律，一种规律它本身就有自
身的逻辑性和必然性，它有自我形成、自我发展的体系。凡是狂妄到
幻想把法当作手段任意玩弄的行为和意识不过是证明了自身的无知，
并基于那同样的规律自行承担起行使任意的自由所应该承担的责任而
吞下无知的恶果。

康德在论述自由与法的关系时有一句很经典的话："与自然法则
不同，这些自由法则叫做道德的，就这些法则仅仅涉及纯然外在的行

---

① 参见贺麟在黑格尔《法哲学原理》中的评述，［德］黑格尔：《法哲学原理》，范
扬、张企泰译，商务印书馆1961年版，评述，第109页。

动及其合法则性而言，它们叫做法学的；但是，如果它们也要求，它们（法则）本身应当是行动的规定根据，那么，它们就是伦理的。这样一来人们就说，与前者的一致叫做行动的合法则性，与后者的一致叫做行动的道德性。与前一些法则相关的自由只能是任意的外在应用的自由，而与后一些法则相关的自由则不仅是人性的外在应用的自由，而且也是其内在应用的自由，只要它是由理性法则规定的。"①如果说，在康德这里自由与法的关系还是一种相互区别的外在关系，那么在黑格尔这里，这种关系则是一种内在转化、相互规定的辩证关系。黑格尔说："法的基地一般说来是精神的东西，它的确定的地位和出发点是意志。意志是自由的，所以自由就构成法的实体和规定性，至于法的体系是实现了的自由的王国，是从精神自身产生出来的，作为第二天性的那精神的世界。"②"任何定在，只要是自由意志的定在，就叫做法。所以一般来说，法就是作为理念的自由。"③ 在紧接着的下一段中，黑格尔再次强调了法的神圣性就在于它是自我意识着的自由（绝对概念）的定在之故。

笔者认为法的真理在于自由，但这自由首先却是作为一个本质性的命令展示出来的。法的本质在于命令这一断言在最初还只是一个被掩盖在单纯性中的全体或仅仅还只是一个开端，一个起点。在这个起点和开端中，"意识想见而见不到的内容的展开和特殊化的过程，更遑论将诸差别加以确切规定，并安排出其间固定关系的那个形式的发展形成过程"。④ "没有这种发展形成过程，科学就缺乏普遍的可理解性。"⑤

---

① 参见邓晓芒《康德论道德与法的关系》，载《哲学研究》2009 年第 4 期。

② ［德］黑格尔：《法哲学原理》，范扬、张企泰译，商务印书馆 1961 年版，导论，第 10 页。

③ 同上书，第 37 页。

④ Ge. Wilh. Hegel, *Phänomenologie des Geistes*, Herausgegeben von Johannes Hoffmeister, 1952, Verlag von Felix Meiner in Hamburg, §10.

⑤ Ibid. .

同样的道理，将法的性质作为命令的断言，因为只是开端和起点，法的内容还未来得及展开和特殊化，诸差别尚未得到确切的规定。因此，命令的断言要么被嘲笑为强盗的逻辑，要么就仅仅只是少数个别人因表现内心信仰或高尚的道德情操而保有的一种内部秘传或个别民族或个别文化幸运地获得的非普适的原则；就仿佛"人"这一概念只是一些散漫的质料，只具有不可认识的千差万别的属性，而完全没有本质或共相的可能。这就让人非常惊讶了。即便是一个实体的属性也必须是针对着这一实体而言的，那没有了实体的属性该有怎样的依归或存在，难道只是些虚无缥缈的空气，即便是空气或"气"本身也必须依存于时空或世界之中。但是作为一个主体却只具有一些不可认识的千差万别之属性的散漫质料，那么主体又何谓主体呢？显然，"人"这一概念是必须综合地包含着人之本质或人之共相和依附于这些共相的质料即特殊的个体属性。而"人类"这一概念必然就分析地包含着人之共相和本质了，否则又何来"类"呢？所以"人"是一个特殊性和普遍性、个别性和全体性的辩证统一体即人是有限（感性的）理性的存在者。回到那个仅仅只是开端的断言。这开端在最初还仅仅只是一个共相，一个绝对的原则。但"结果之所以就是开端所是的东西，只因为开端就是目的"；① 而"理性乃是有目的性的行动"②。作为理性存在者之人是合目的性的实践主体。所以这一本质性断言虽然在这里仅仅是一个开端、一个抽象的共相、绝对的原则。但这一开端也是一个目的，是引起一切行动的力量。所以要想目的具有现实性，就是要"把开端真正肯定地实现出来，这同时反过来也同样是对它的否定行动"，③ 这样，法的命令这一开端必须外化出来，进而否定自己，成为法的各种属性的规则，而规则本身就是一些

---

① Ge. Wilh. Hegel, *Phänomenologie des Geistes*, Herausgegeben von Johannes Hoffmeister, 1952, Verlag von Felix Meiner in Hamburg, §13.

② Ibid. .

③ Ibid. , §15.

技术性和可操作性的具体规定。这些具体规定本身作为手段需要普遍的规定即目的来统摄。技术性、操作性的具体规则单纯的自在地本身不具有绝对的价值或目的——如授权性规则，保障权利规则，等等。"授权"、"保障"等概念好像是与"命令"这一个概念相互矛盾的。但这一矛盾着的概念只是本质的自我运动、自我外化、自我中介，也就是说，法作为本体论上的命令必须经过实在法的现实化过程，而授权法规或保障性法规都是这些现实化的方式。这就是自我规定性的第二个环节，正如黑格尔所讲："自我同时就从无差别无规定性过渡到区分、规定，并且是作为内容和对象而设定起来的规定性。——进一步说，这内容既可以被自然给予，也可以由精神的概念所产生。通过将它自身设定为确定内容的东西，自我便踏入一般的定在（德文 Dasein，英文 existence）。这就是自我有限性和具体化的绝对环节。"①

二 法的命令与自由的外化

法作为一种命令，必然要体现出它的效果，或外化出它的内容，那就是对权利的保障和权力的限制。那么这一切的宗旨或终极目的就是保障人的自由的全面实现。只是这个全面实现不是仅仅依靠外化出来的内容而成为可能，更是作为它的一个理念、灵魂、精神或一个终极的关怀范导着整个法的质料。保障人的自由的全面实现就是法的终极形式，而保障权利和限制权力是这个终极形式的内容。同样地保障权利和限制权力又是作为宪政的一个终极形式，而由该形式指导下的其他法律原则和法律规范又都是这一形式的质料或内容。不难发现依次的演绎就是各个部门法又必须有自己的形式和内容。所以从终极形式上看，也就是相对于道德法则来看，法就是一种命令，这种命令不

---

① G. W. F. Hegel, *Elements of the Philosophy of Right*, trans. by h. b. nisbet, Cambridge University Press. 剑桥政治思想史原著系列（影印本），中国政法大学出版社 2003 年版，第 6 节。G. W. F. Hegel, *Outlines of the Philosophy of Right*, translated by T. M. knox, Oxford New York ：oxford university press, 1952, §6.

是经验领域的命令，而且完全与君主式的命令截然相反，它是人作为人自己对自己的命令，或是根据理性的法则一贯下来的推论。也可以说这个推论就是自由意志的存在者根据自由意志本身的规定，自己为自己立法即自己给自己的命令。这个命令由此不是外在的命令、他者的命令，而是拥有独立人格的自由意志自己给自己的命令。本体论意义上的法其实就是理性存在者的自由意志的命令。所以法从终极目的上看，其实就是道德法则，也就是道德的命令。这个命令是从普遍与共相的意义上进行认识的。但人不但是一个有理性的存在者而且是一个有限的理性存在者。因而对于每一个个体而言，理性与非理性都是他的属性。没有任何存在者或存在（包含文化、国家、集体、团体、意识形态等实体），有权决定任何个体理性与非理性的比例。这个比例从量上讲具有多数性，从质上讲有无限性，从模态上讲，具有一种无限可能的性状，因此也就决定了每个人作为个体的独特性。从这个意义上讲，理性与非理性这两个相互依存的属性之间的比例关系就构成了有限理性存在者这一主体作为一个个体的性质或特性。这一比例关系从纯粹的决定性上看，只有个体自身才绝对合法地拥有这权利。任何经验性的外在条件都是在这一绝对条件之下的手段、限制、影响。任何想要强调这一经验性外在条件的重要性，以至于认为他者能绝对合法地拥有这一决定权的，都将是对人格的绝对的否定，对人的尊严的根据的僭越。

法学界的许多人害怕将法说成是命令，因为害怕法因此被嘲笑为强盗的逻辑（法则）。其实完全无此担忧之必要。因为首先，作为终极意义上即本体论上，法本身就是一种命令，一种人之所以为人的命令。其次，这种本体论意义上的命令，必然在现象界或经验世界中显现出来，比如法的义务，就是对潜在行为的一种命令，而法的惩罚，即便是民法中的责任承担，都是一种强制、一种命令。法本身所具有的强制性属性分析地就包含有命令的概念。"力"本身就是法的一个必要的属性。否则就不只是法的理念，就连法本身也成了虚无缥缈的幻想与沉思。首先，即使是作为法的精神、理念，它也具有一种力量，正如黑格尔所说："理念正如灵魂向导墨丘利神（Mercury；拉丁语 Mercurius，罗马神话中的众神的信使），真正是各民族和世界的领袖，……这种理念或理性，是真实、永恒、是绝对有力的存在。"① 而"精神的力量只能像它表现出来的那样强大，它的深度也只能像它在它自行展开中敢于扩展和敢于丧失其自身时所达到的那样深邃"。② 同样，法的命令——人之作为人，并尊重他人为人这一终极命令——作为精神的力量也必须要像它表现出来的那样强大，并敢于"在经验世界中扩展自己"（即外化出各种法律原则和规则），更重要的是要"敢于丧失其自身"（即各种具体的义务和强制性，甚至惩罚就其单纯性本身与对人的尊重的单纯性本身相互对立的，以及限制人的自由与保障人的自由之间等在形式逻辑上的种种矛盾等），而且也只能在其丧失自身中回归自身。其次，力的表现直接地体现在法律规则以及由此建立的各种法律制度上。正如康德所说的"无规则即无理性"一样，无制度保障即无自由、无正义。因为自由、正义如果仅仅只是一种美德，就会停留在"应该怎样"的教化和软约束层面上。不具有制度特有的"必须怎样"的刚性制裁力和强制约束力的品质，这种品质的优势体现在：法律不仅仅告诉人们什么样的行动在道德上是正当的，而常常也撇开人们道德意识而用违反规则的利害后果来强制其采取某种行动，达到遵守规则的效果。这样既能保证规则的公平适用也能威慑潜在的非正义投机者，惩罚践踏人的自由的自由滥用者，还能疏导因非正义行为产生的"正义愤恨（resentment）"，避免私人报复的存在（在法治社会中对非正义行为的报复权应该由国家以法律的名义垄断）。在制度的保

---

① 周雪峰：《社会主义法治理念的公平正义观》，载《武汉科技大学学报（社会科学版）》2010 年第 3 期。

② Ge. Wilh. Hegel, *Phänomenologie des Geistes*, Herausgegeben von Johannes Hoffmeister, 1952, Verlag von Felix Meiner in Hamburg, §8.

障下才能避免正义、自由、权利流失于道德理想主义的虚无幻想与哲学沉思之中。无论自由、公平正义的内在品质是多么完美，如果没有合理的正义制度和规范，那么公平正义的实现只是一个虚幻的泡影，故健全合理的正义制度（其中首要的是宪法和法律制度）是公平正义之实践的保障。① 这种保障可以成立的根据就在于法的力的属性。而这种力的属性来自于法的命令这一本质。

三　法与自由的内在矛盾

　　任何人类共同体都会形成特定的规范和价值观以便调整人们的行为。这套规则体系的约束力和有效性一方面取决于服从它的人们在内心认同它的程度，另一方面取决于人们畏惧违反它的不利后果。道德规范与法律规范作为这套规则体系的主体部分，具有许多共性与联结点。正如德国法学家魏德士的观点那样，任何政治国家都以最低限度的实质性共同价值信仰的存在为前提。因此在人类共同生活的基本价值观中，法律规范和道德规范拥有共同的基础。换言之，法律制度发挥作用的前提是，它必须达到被认为具有约束力的道德规范的最低限度。任何法律秩序都是以道德的价值秩序为基础的，被认为具有约束力的社会道德对法而言是必要的基础和条件。从某种意义上讲，道德不只是法的条件，也是法的目标。魏德士教授正是从这个意义上对法进行界定：法为当时占统治地位的道德服务。法是应当由国家制裁来实现作为道德基础的世界观。② 尤其在刑法这个特定领域，道德观和法律规范之间的联系特别紧密。不得杀人、不得盗窃、不得奸淫这些最基本的刑罚最初都是基本的宗教戒律。

　　法律为什么是最低的道德，为什么法律不能最大限度地将道德规

---

　　① 周雪峰：《社会主义法治理念的公平正义观》，载《武汉科技大学学报（社会科学版）》2010 年第 3 期。

　　② 参见［德］魏德士《法理学》，丁晓春、吴越译，法律出版社 2007 年第 2 版，第 180—181 页。

范化。因为道德的核心理念是自由。法律至少在形式上违背了自由的理念。而道德是自由的最合法形式。这就是自由的吊诡之处，一方面，为了自由，必须要有法律。相对于道德这一最合法的驯化方式而言，法律是最基本的驯化方式。如果法律没有体现最低限度的道德，那将是人类对捍卫自由的放弃。对最低限度之道德的放弃，实质上就是对自由的践踏，是人类对动物野性的放纵。人类为了自由，必须驯化自己，提升自己。但另一方面，因为法律就形式而言，是对自由的违背。任何真正体现自由的惩罚都必须是自我惩罚、自我否定、自我拯救。然而法律却是一种他者惩罚、他者否定，是一种强制拯救，或者说是一种规训。因此，这种惩罚和否定只能是最低限度的。任何更高限度的惩罚都是对自由的践踏。因为任何驯化都必须以自由为目的，以自由为根据。强迫一个人尊重他人的权利是保证人类自由的最低标准，但强迫一个人必须过幸福生活，则没有任何道德根基。因为一个人想要过什么样的生活，一定是属于可以自主决定的范畴。但一个人尊重他人权利的限制则属于公意范畴。这些公意范畴属于最低限度的道德。这些最低限度的道德从基础之处保证了人类自由的实现。"规训化意味着要预防我们的兽性作用，而不使其造成人类的损害，无论是对个人或是对社会中的人类来说皆然。所以，规训就是制服野性。"① 而就目前的文明而言，最普遍且最必要的规训方式当然是法律。

第二节　康德和黑格尔的自由观比较

一　先验自由与实践自由的关系

当代英语世界研究康德哲学的权威学者亨利·E. 阿利森曾在那本著名的《康德的自由理论》一开篇就说："我们可以毫不夸张地

————————

① Kant, *Über Pädagogik*, p. 706（A22），转引自［德］格尔诺特·伯梅《规训化·文明化·道德化——后康德的自我修养》，载《国立政治大学哲学学报》第 13 期。

说，从根本上看，康德的批判哲学是一种自由的哲学。但颇为遗憾的是，我们同样可以毫不夸张地说，康德的自由理论是他的哲学中最难以解释，不用说也是最难以为之辩护的一部分。"① 前文我们已经提到过，康德的研究者们一般根据不同的范畴而将康德的自由概念划分为三个方面：可能的自由、必然的自由和现实的自由，而可能的自由对应着先验的自由，必然的自由对应着实践的自由，现实的自由对应着自由感与自由权。在《实践理性批判》中，康德又将实践的自由基于纯粹实践理性的对象的不同而列出了"就善与恶的概念而言的自由范畴表"。②

我们先来看看先验自由和实践自由的各自的内涵及其相互区别与联系。正如前文已经多次讲到，先验的自由属于模态范畴中的可能性范畴。作为第三个二律背反的正题，它仅仅是一种推断或悬设，它不是来源于一种逻辑上的必然推论，也不是来源于经验实在的知识，它作为一种虚位以待的悬设只是经验世界中的一个范导性的理念。但这个理念却为实践的自由扫清了障碍，预留了地盘。先验自由的内涵包含着两个不可分割的方面："一方面，它意味着对经验世界（包括感性冲动）的独立性，即摆脱一切机械因果性的约束，这是消极意义上的自由；另一方面它意味着自行开始一个因果系列的原因性，这是积极意义上的自由。"③由此可见，消极自由和积极自由并不与先验的自由和实践的自由相互严格的对应，毋宁说先验的自由和实践的自由都有各自的消极自由和积极自由。

涉及消极自由和积极自由的问题，以赛亚·伯林的自由观不得不被提到，所以这里本应该将视角的焦点偏移一点，以便澄清一些关于

① ［美］亨利·E. 阿利森：《康德的自由理论》，陈虎平译，辽宁教育出版社2001年版，导言，第1页。
② 参见［德］康德《实践理性批判》，邓晓芒译，人民出版社2003年版，第90—91页。
③ 邓晓芒：《康德自由概念的三个层次》，载《复旦学报（社会科学版）》2004年第2期。

自由多种含义相互间的误解。但是因为消极自由与积极自由，内在自由与外在自由，以及后伯林时代提出的"第三种自由"都是极其重要的理论，需要在后文详细阐述，这里为了避免对主题的过度偏离而不得不将这些论题暂时放下。

回到康德的先验自由和实践自由的关系这个论题上来。对这个论题的讨论是非常有必要的。正如台湾学者彭文本所说："如何理解实践自由与先验自由的意义以及它们之间的关系？这两组问题贯穿整个康德早期到晚期的道德哲学的主轴与理论困难。"① 可以说先验自由包含着消极和积极两个方面的含义。就其是"摆脱……的束缚或免予……的自由（freedom from）"而具有自在的独立性而言，它仅仅是消极的含义，但是"摆脱束缚"的独立性本身并不具有独立的意义，也就是说这种意义的自由并不具有自为的性质，它必须是为他的。这个"为他"就是为了"做……的自由（freedom to）"这一目的。因此，就其是自行开始一个因果系列的原因性而言，它是积极的含义。也就是说摆脱束缚而获得独立性是为了什么呢？就是为了能够自行开始一个因果序列。但是即便是这种绝对自发性的积极自由对于实践的自由仍然是一种先验的抽象可能性。这种先验自由的抽象可能性需要实践自由的内容去充实与规定。先验自由具备两种可鉴别性特征：理性规定意志的自发性（自行开始一个因果序列）和独立性（独立于感性世界的一切经验或说独立于自然因果律、独立于出自病理学的必然等）。自发性是先验自由的肯定性鉴别特征，而独立性是先验自由的否定性鉴别特征。② 笔者也认为正是先验自由的自发性特征成为了实践自由的起点与开端。基于这种自发性特征，实践自由作为一种自由的客观规律型构了"应当"为标志的目的等级系统。阿

---

① 彭文本：《阿利森对康德自由理论的诠释》，载《台湾大学哲学论评》2010 年第 39 期。

② 参见［美］亨利·E. 阿利森《康德的自由理论》，陈虎平译，辽宁教育出版社 2001 年版，第 72 页。

利森将理性的调节性功能在理论领域和实践领域作了一个对比，他说："正如在理论领域中，理性恰当的调节性的功能是通过型构一个包含着受诸规律支配的种种现象的系统联系的理念秩序来指导人的探究一样，在实践领域内，理性的恰当功能也是通过型构一个目的的等级系统或是应当（ought-to-be）的等级系统来指导人的行为。"① 并且阿利森认为这种活动就是理性的自发性表达。这种自发性就是超越了行为者的各种欲望和爱好等感性质料所规定的界限。而这恰恰是实践自由的消极意义，台湾学者彭文本在对阿利森的自由理论的解读中提出："当意志能够独立于感性冲动的强制而行动，则这样的意志具有消极意义的实践自由。"② 并且他紧接着举例说，一个人肚子极饿并且没有任何方式获得食物，却仍然能够不受嗟来之食。这就是一种消极的实践自由。而肯定的实践自由就其是纯粹实践理性而言就是那自由的客观规律即自律或定言命令。康德在指出先验自由和实践自由的关系时曾说："值得特别注意的是，以这个自由的先验理念为根据的是自由的实践概念，前者在后者中构成了历来环绕着自由的可能性问题的那些困难的真正契机。"③ 而且，"如果取消先验自由的同时就会把一切实践的自由也根除了"。因为"假设感性世界中的一切原因性都只是自然，那么每个事件将在时间中按照必然规律而为另一个事件所规定，因而，由于诸现象就其规定着任意而言必然会使任何行动作为其自然后果而成为必然的"。④ 可以看出，康德这里的证明方法同样是归谬法。但是我们必须明白康德这种归谬法在这里有一个非相容性和非决定性之观念的前提。康德在这一段的前文已经明确提出："我们只能就发生的事情设想两种不同的原因性，一种是按照自然的，

---

① 参见 ［美］ 亨利·E. 阿利森《康德的自由理论》，陈虎平译，辽宁教育出版社 2001 年版，第 49 页。
② 彭文本：《阿利森对康德自由理论的诠释》，载《台湾大学哲学论评》2010 年第 39 期，第 156 页。
③ ［德］康德：《三大批判合集》（上），邓晓芒译，人民出版社 2009 年版，第 378 页。
④ 同上。

一种是出自自由的。"① 所以康德对取消了先验自由概念就取消了实践自由的概念的论证是一种不相容的选言判断论证方式，即要么 p，要么 q。如果取消 p，则陷入谬误，为什么会陷入谬误？因为诸现象使得任何行动成为必然（自然决定论）。而自然决定论是康德不予承认的。故不能取消 p，也就是说 p 的存在是可能的。但是先验自由的悬设成为实践自由的根据，这一观点遭到很多康德研究者们的质疑甚至反对。② 但阿利森为此辩护道："康德主张，实践在'概念上'而不是在本体上依赖于先验的自由。易言之，康德在此只是主张，为了将自身构想为理性的（亦即实践上自由的）行为者，我们有必要诉诸先验自由的理念，而不是说，为了在实践的意义上成为自由的，我们必须在先验的意义上真的是自由的。"③ 下面我们来看看康德对于实践自由的分析。

康德根据欲求能力的不同层次的划分将实践自由分为两个层次：自由的任意和自由意志。康德在第一批判的先验辩证论讲："在实践的理解中的自由就是任意性对于感性冲动而来的强迫的独立性。因为一种任意就其通过感性的动机被病理学地刺激起来而言，是感性的；如果它能够成为病理学上被迫地，它就叫作动物性的任意（arbitrium brutum）。人的任意虽然是一种感性的任意（arbitrium sensitivum），但不是 brutum（动物性的），而是 liberum（自由的），因为感性并不使它的行动成为必然的，相反，人身上具有一种独立于感性冲动的强迫而自行规定自己的能力。"④ 这一段我们可以看出，就任意概念本身而言包含着两种不同类型的含义：自由的任意和自然（必然）的任意。自然的任意是一种出自于病理学之必

---

① ［德］康德：《三大批判合集》（上），邓晓芒译，人民出版社 2009 年版，第 378 页。
② 参见 ［美］亨利·E. 阿利森《康德的自由理论》，陈虎平译，辽宁教育出版社 2001 年版，第 1—2 章。
③ 同上书，第 76 页。
④ ［德］康德：《三大批判合集》（上），邓晓芒译，人民出版社 2009 年版，第 378 页。

然的任意，自由的任意是一种为病理学刺激的任意。由病理学决定的任意是动物性的，无丝毫自由可言，它完全符合自然因果律，而虽由病理学刺激但却不是由其决定的任意是自由的。正如阿利森所言，自由的任意包含着"各种有限的意志。……人的意志固然是一种感性的意志［任意］（arbitrium sensitivum），但也仍然是一种自由的意志［任意］（arbitrium liberum）"。① 自由的任意虽然由病理学刺激而表现出来，但是却不是由病理学所决定的。它的独立性根据还是在于纯粹实践理性即自由意志。病理学只是动机，而纯粹实践理性却是其动因。所以自由任意能够独立于感性冲动的强迫（强制）而自己规定自己。虽然它本身还不是纯粹实践理性，但是包含有实践理性并属于一般实践理性的范围。自由的任意也有自身的行动规则，只是这种行动规则是一种"技术上实践的规则"② 或"明智的（klüglich）规则"。③ 它本身尚未完全摆脱感性的欲求，而道德上的实践理性即自由意志完全超越了感性的欲求，它最终表达为自律。"自由的任意只是片段地使用理性，使理性为自己某个较长远的欲求或利益服务，所以它所获得的自由只是片断的。……因而最终仍然是不自由的；反之，自由意志则要求不受感性的干扰而逻辑上一贯地使用理性，是理性本身具有了超越一切感性欲求之上的尊严，

① ［美］亨利·E. 阿利森：《康德的自由理论》，陈虎平译，辽宁教育出版社2001年版，第72页。

② ［德］康德：《判断力批判》，邓晓芒译，人民出版社2002年版，第6页。

③ 苗力田将klüglich译为"机智的"，这里采用邓晓芒教授的译法，译成"明智的"。英译者艾博特将klüglich译为prudence。康德认为明智主要有两种意思：世故的明智和个人的明智。前者是指一个人影响他人、以利用其为自己的意图服务的熟巧。后者是指结合所有这些意图为他自己的长远利益服务的洞见（Einsicht）。后者是真正的意义上的明智，甚至前一种明智的价值也要归结于它，而且如果某人在前一种意义上，但不在第二种意义上是明智的，对他我们能够说的毋宁说是：他是聪明的、狡猾的，但总的来说还不是明智的。中文译本参见［德］康德《道德形而上学原理（基础）》，苗力田译，上海世纪出版集团2005年版，第34页。学界一般将"Grundlegung zur Metaphysik der Sitten"（英文：Fundamental Principles of The Metaphysic of Morals）译为"道德形而上学基础"。英译本参见 Immanuel Kant, *Fundamental Principles of The Metaphysic of Morals*, translated. by Thomas Kingsmill Abbott, University of New South Wales, 1785。

所以它所获得的自由才是真正一贯的、永恒的。"① 所以从严格意义上讲，康德认为只有自由意志才是真正的自由。但是这种超感性的道德原则也应当在感性世界中实现出来，并且有一个逻辑上的发展过程，即"通过一系列自由任意的范畴而逐渐纯粹化和显露出来的，它最终表达为道德法则或义务的形式"。② 这种逻辑上的发展过程将在下一章详述。

二 黑格尔的自由观对康德自由观的继承与超越

康德的三个层次的自由分别对应着自由的可能性、必然性和现实性。康德虽然对自由的概念的全部领域进行了系统的探查，但是"这番探查还只是对自由领域边界的一次巡视，尚未来得及对这边界之内的领土及其变迁进行深入的地质学和考古学的研究"。③ 而真正深入到自由领域内部进行考古学式研究的则是黑格尔。黑格尔通过打破康德的自在之物和现象之间不可跨越的界限，进而使得康德三个不同层次的自由融为一体，相互转化，"成为了同一个自由概念本身发展的各个不同阶段；并且这三个阶段不但体现了自由概念本身的逻辑层次，而且展示为人类自由精神发展的历史过程"。④ 所以如果说康德的自由观是本体论的自由观，黑格尔的自由观则是历史主义的自由观。

与康德认为先验自由是自由的可能性不同的是，黑格尔认为自由的可能性不在于抽象的理念，而是在于人的冲动与激情的自由任意。但是这种任意的自由又与康德的自由的任意不同，它不具有经验的"实在性"。恰恰相反，它对应着一种自由的可能性，只

---

① 邓晓芒：《康德自由概念的三个层次》，载《复旦学报》（社会科学版）2004 年第 2 期。
② 同上。
③ 邓晓芒：《康德和黑格尔的自由观比较》，载《社会科学战线》2005 年第 3 期。
④ 同上。

是这里的可能性已经不是逻辑上的一个先验的起点，而是一种现实自由的"潜在性"，或者说是一种自在的自由。但是这种自在的自由还不是自为的自由，不具有现实性的内容，作为一种现实自由的潜在性，它毋宁还是一种形式的自由。这种形式的自由还受到包容一切外在条件之内容的束缚。这种外在条件既包括自身和他人在内的主体性条件，也包括一切物质世界的客观性条件。这就产生了以内在的抽象意向为内容和以外部实现方式为手段之间的矛盾。但也正是矛盾之间的相互转化，使得主观形式的自由意向能通过实现手段外化出去，从而产生出自由的内容，达到自由的现实性。所以说，任意的自由与现实的自由即"具体的积极自由"和"现实的和内容充实的自由"相比较而言，它还是一种"抽象的消极自由"和"没有内容的单纯可能的自由"。①

这种抽象的消极自由必须上升到必然的自由。必然性的真理是自由，必然性本身当然还不是自由，但是自由是以必然性为其前提的，而必然性也必然要转化成自由，认为必然性和自由是相互排斥的观点，在黑格尔看来是极其片面的。所以黑格尔认为："有道德的人意识到自己的行为的内容是必然的东西，是自在地有效的东西，因而很少感到自己的自由受到损害，以致自己的自由反而只有通过这种意识，才变为现实的和内容充实的自由，而不同于那种作为依然没有内容的和单纯可能的自由的任意。一个受到惩罚的罪犯可能认为加给他的处罚是一种对他的自由的限制；这处罚实际上并不是一种使他屈服的异己的力量，而仅仅是他本身的行为的显现，当他承认这一点时，他就表现为一个自由的人。"②

但那内容充实的自由怎样才能获得现实性呢？黑格尔认为只有在交互关系中才能实现，这一点跟康德的自律和目的王国中的实践自由

---

① 邓晓芒：《康德和黑格尔的自由观比较》，载《社会科学战线》2005年第3期。
② ［德］黑格尔：《逻辑学》，梁志学译，人民出版社2009年版，第288—289页。

一脉相承。正如邓晓芒先生所说:"考虑到黑格尔从自我意识的自身关系中引出自由意识,我们仍然可以看出康德自律学说对他的影响。……只不过,康德的自律是自由的一种自身关系,黑格尔则使这种自身关系发展为与他人自由的关系的统一。康德的自律已经把一种内在的必然规律纳入到自由本身中了,但还与外在的必然规律(如自然因果律)处于对立之中;黑格尔则使外在的必然规律成为了内在的必然规律的手段,因而成为了自由的手段。两者的基本共同处在于,自由从此不再是消极地不受束缚,而是积极地按照自己的法则去行动,自由和必然、和规律不再是水火不容,而是处于辩证关系中,只有当自由和必然处于辩证关系中,它才第一次显露出自己的本质,并作为自由被人们意识到了,否则它与动物式的任意和纯粹的偶然性之间看不出有什么本质的区别。"① 但是这种必然的自由只是达到了真正的现实自由的一个方面,即从偶然性超越到普遍性,这种普遍必然性如果不向积极自由的另一个方面即现实的特殊性转化,它将会反过来压迫和奴役甚至取消个体的能动性。从而使得那从抽象中外化出来的自由重新沦为消极之中。真正的积极自由是包含了一切现实性的力量,比如法律,国家,市民社会,等等。真正的自由是一种合目的性的客观现实行动,在这个合目的性的现实行动过程中,任意的自由和必然的自由都成了自由本身的一个现实环节,它体现了一种历史理性。②

关于黑格尔的自由观的论述,丁三东博士在他的《论黑格尔的自由谱系——对黑格尔法哲学原理的一种解释》博士论文中,给黑格尔的自由谱系列了一张表③:

---

① 邓晓芒:《康德和黑格尔的自由观比较》,载《社会科学战线》2005 年第 3 期。

② 参见邓晓芒《康德和黑格尔的自由观比较》,载《社会科学战线》2005 年第 3 期。

③ 丁三东:《论黑格尔的自由谱系——对黑格尔法哲学原理的一种解释》,博士学位论文,武汉大学,2005 年,第 19 页。

表7

客观的自由	有内容但未获得合理性的形式	特殊性
主观的自由	有合理性形式但无内容	普遍性
现实的自由	内容获得合理性的形式	个体性

关于黑格尔的自由观将在第六章黑格尔的法哲学中详述。因为正如黑格尔所说的:"法的基地一般说来是精神的东西,它的确定的地位和出发点是意志。意志是自由的,所以自由就构成了法的实体和规定性。至于法的体系是实现了的自由的王国,是从精神自身产生出来的、作为第二天性的那精神的世界。"① 所以只有在法的体系中论述,我们才能发现黑格尔那真正的、现实的自由。法是自由意志的定在即实现。对于黑格尔来说,作为自由王国的法体系实际上是三个环节的辩证发展过程,即体现为客观意志的抽象法或形式法,体现为主观意志的道德,体现为主客观意志同一的伦理。对应着形式自由的抽象法本身包含着所有权、契约和不法或犯罪三个环节。只有通过扬弃了形式法,客观的法才能向主观的法即道德转化。这样,自由意志通过客观意志的法和主观意志的法得到了充分的现实性,黑格尔称之为伦理。

第三节　法是自由的现实化

关于法作为自由的现实化,有康德意义上的外在现实化,即通过法治社会的公民法权实现每个理性人外在自由;也有黑格尔意义上的历史过程的现实化,即整个法体系的展开过程就是整个自由王国的实现过程。本节只是将法作为自由现实化的总原则和框架提出来,至于在这一原则和框架下,法如何体现了自由的实现将放在第六章法的超验性与现实性的辩证关系中详细论证。

---

① ［德］黑格尔:《法哲学原理》,范扬、张企泰译,商务印书馆1961年版,第10页。

一 外在自由——康德的权利或正义法则的总原则

1. 自由权——唯一的生而具有的法权

康德根据自由是外在自由和内在自由，将整个实践哲学分为法权论（外在自由）和德性论（内在自由）。鉴于德性论我们在前面已经做了详细的分析，本章着重分析康德的法权哲学，而康德的法权哲学也可称为权利或正义法则。康德根据不同标准对法权进行了划分。第一种划分，"作为系统的学说，法权划分为自然法权和实证法权，前者建立在全然的先天原则之上，后者则来自于一个立法者的意志"。① 第二种划分，"作为使他人承担义务的（道德的）能力，亦即作为对他人的一个法律根据（titulum）的法权，其最高划分就是划分为生而具有的法权和获得的法权"。② 而根据康德的说法，自由权是人唯一的生而具有的法权。这种法权是基于每个人自己的生而具有的人性（本质），根据前面我们已经论证过的，人格的本质在于自由，所以根据每个人生而具有的本性而获得的源始的唯一法权就是自由权。自由权是自然法权的原则。而实证法权就是将这种自由权"根据其不同的关系而被专门化了"③。比如，甲与乙之间签订一份契约，相当于两者根据自己的自由意志而做出承诺：为了彼此的利益而限制自己的一部分外在自由。双方因此承诺而被赋予了完全的义务，相应地要承担完全的责任。康德将此称之为"严格的法权"④。因此，承诺的双方当事人就有了交互强制的可能性。当一方不遵守契约，就侵犯了对方当事人的自由，因为"他受到了包含在此契约中的对于其自由的限制，但却没有享受到那种（至少在他看来）可被用来证成此种限制

———————

① 李秋零主编：《康德著作全集》（第 6 卷），中国人民大学出版社 2007 年版，第 246 页。
② 同上。
③ 同上书，第 247 页。
④ 同上书，第 240 页。

的利益。契约限制了契约订立者的自由，减少了他们进行选择的机会"。① 这还都是在私人法权中的冲突。当私人法权的冲突不能解决的时候，就需要公共法权的介入。康德所讲的法权状态就是一种公民法权或公共法权状态即"公共的、伴有权力的立法之下的状态"②，也就是通常意义上的法治状态。在这种法权状态下，国家要保障每个个体之间外在自由的一致性。按照康德的说法："一个国家（civitas）就是一群人在法权法则之下的联合。"③ 所以国家的功能就是"裁定公民之间各种相互冲突和对立的权利主张——也就是说，用一种正当的社会决定程序来取代暴力"。④ 所以上述利益受到损害的契约当事人就拥有了要求国家强制违约者遵守契约的权利，这种权利的正当性是基于他的自由权。而对于那违背契约的当事人来说，他的订立契约和违背契约都是其自由任意的选择，所以行动本身以及该行动的结果（包括被对方当事人或法律强制履约或其他不利后果）都可以归责于他。也就是说，他的内含着自由本质的人格正是其行为能够归责的主体。

2. 法权的至上原理

康德在法权论中明确提出法权的至上原理："如此外在的行动，使你的任意的自由运用能够与每个人按照一条普遍法则的自由而共存。"⑤ 假设某一外在行动 A，普遍法则 C，每个人的外在自由 F，那么根据这条至上原理，如果 F 与 C 外在的一致，那么 A 的行为要与 F

---

① ［美］杰弗里·墨菲（Jeffrie G. Murphy）：《康德：权利哲学》，吴彦译，中国法制出版社 2010 年版，第 48 页。

② 李秋零主编：《康德著作全集》（第 6 卷），中国人民大学出版社 2007 年版，第 264 页。

③ 同上书，第 323 页。

④ ［美］杰弗里·墨菲（Jeffrie G. Murphy）：《康德：权利哲学》，吴彦译，中国法制出版社 2010 年版，第 48 页。

⑤ 李秋零主编：《康德著作全集》（第 6 卷），中国人民大学出版社 2007 年版，第 239 页。译文参照英文版有改动。英文版参见 Immanuel Kant，*The Metaphysic of Morals*，Edited and translated. byMary Gregor，Cambridge University Press，2000，p. 56.

共存才能符合法权义务。这就等于说，"任何一个行动就是正当的，如果它能与每个人按照普遍法则的自由共存，或者按照它的准则，每个自由任意（的行动）能与每个人按照普遍法则的自由共存。"① 根据这一条，A 的行为就是正当的。根据矛盾律，A 要么与 F 共存，要么不能共存即 - A。也就是一个不能与 F 共存的行动就是 - A，A 是正当的，那么 - A 就是不正当的。因为 - A 与 F 不能共存，而 F 是与 C 外在一致的自由，所以 - A 就是对自由的一种阻碍或强制。又因为自由就是对强制的独立性，所以强制反过来就是对自由的阻碍。所以如果某一个行动的自由运用是 - A，那么对这一行动的再强制（ - A）就是正当的，也就是 - （ - A） = A。所以根据这一点，康德得出，任何法权都必须与强制的权限相结合。② 也就是说法律本身与一种实施强制的权限相结合。换句话说，如果 A 行为是正当的，那么任何干涉该行为的行为就是 - A 即不正当（包括违法或犯罪），那么 A 行为的主体因此就拥有了对 - A 主体同等对待的权利即对其进行强制的权利。但是因为这种权利的同等对待程度难以由个体客观地判断，因此根据同等对待程度的不同，要么将这种强制的权利交给公共权力掌握（比如在刑法中），要么允许双方或有异议方将强制的权利移交给第三方（比如在民法中）。

二 自由王国——黑格尔的法体系

正如前文已经提到过的，黑格尔认为抽象法、道德和伦理属于法体系中不同的发展阶段。他认为，法是自由意志的定在。自由王国之实现就是法之体系的历史展开。法的每一个发展的高级阶段都是前一个更低级阶段的具体化、丰富化和真实化，也就是人的自由不断地向

① 同上书，第 238 页。译文参照英文版有改动。英文版参见 Immanuel Kant，*The Meta-physic of Morals*，Edited and translated. byMary Gregor，Cambridge University Press，2000，p. 56
② 参见 Immanuel Kant，*The Metaphysic of Morals*，Edited and translated. by Mary Gregor，Cambridge University Press，2000，pp. 56 - 57.

现实性飞跃。要理解黑格尔将法的体系理解为自由王国的现实化过程，那么就必须理解黑格尔关于法的理解。黑格尔认为法哲学是一门以法的理念，即法的概念及其现实化为对象的科学，所以法学有自身所固有的内在发展规律。① 黑格尔认为这种内在发展规律体现为自然法和实在法被看作一个整体中不可分割、相互依赖的环节，并且这个环节是"与构成一个民族和一个时代特性的其他一切特点相联系的。只有在这一联系中，整个立法和它的各种特别规定才获得它们的真正意义和它们的正当理由"。②

通常意义上的法是指包含着以下几个方面内容的实在法（positiv）："（一）当它在某个国家采取有效性的形式；这种法律权威是采取实在形式的法律知识即实在法学的指导原则。（二）从内容上说，这种法通过下面三个方面而获得了实在的要素：（1）一个民族的国民性，它的历史发展阶段，和受自然必然性影响的整个复杂关联；（2）一个必然涉及将普遍概念适用于具有特殊的、外在给予其诸性状的各种对象和情况的法律体系。该适用已不再是思辨的思维和概念的发展，而是（处于普遍性之下的特殊性的）知性的包容；（3）实际判决所需要的各种最后规定。"③ 综合三个方面的内容，实际上黑格尔所讲的实在法就是我们通常说的制定法，它包含一个国家有效的法律体系与法律制度。但是它的有效性应该包含形式和内容方面的有效性。形式的有效性在于它的形式的普遍性，而内容的有效性在于它的规定的真实性。具体而言，内容的有效性必须包含三个方面：1.

---

① ［德］黑格尔：《法哲学原理》，范扬、张企泰译，商务印书馆 1961 年版，导论第 3 页。

② 同上书，导论第 5 页。

③ 译文参照下列中英文版本有改动。中文参见 ［德］黑格尔《法哲学原理》，范扬、张企泰译，商务印书馆 1961 年版，导论第 4 页。G. W. F. Hegel, *Elements of the Philosophy of Right*, trans. by H. B. nisbet, Cambridge University Press. 剑桥政治思想史原著系列（影印本），中国政法大学出版社 2003 年版，第 28 页。G. W. F. Hegel, *Outlines of the Philosophy of Right*, Translated by t. m. knox, Oxford New York：oxford university press，1952，§6. pp. 19—20。

必须符合一个民族的历史和时代精神；2. 具有可适用性；3. 为司法所需要的各种规定性。

一个人因此就没有权利将自己诸如性格、情感、动机、倾向、冲动、任意等特殊性状与具有普遍形式的实在法相对立。也就是实在法具有自身的有效性和权威。即便如此，黑格尔仍然认为这种实在法虽然按照当时情况有其意义和正当性，因而具备一般的历史价值，但是也正因为如此，它只是暂时性的、相对的、外在的。也就是说，它们只是具备法的真实性的各个环节。比如他举例说，罗马私法中的父权和婚姻身份等制度。黑格尔说："某种法的规定从各种情况和现行法律制度看来虽然显得完全有根有据而且彼此符合，但仍然可能是绝对不法和不合理的。"① 黑格尔认为什么样的法才是真理性的、绝对本质性的法呢？那就是自由意志的实现，那属于精神领域的更具体、更丰富、更高的法。所以在讨论过实在法的暂时性和相对性之后，他宣称："法的基地一般说来是精神的东西，它的确定的地位和出发点是意志。意志是自由的所以自由就构成法的实体和规定性。法的体系是实现了的自由王国。"②

总的来说，黑格尔通过将自由分为客观的自由、主观的自由和主客观同一的自由三个不同的环节，从而将法的体系相应地分为三个不同的环节：抽象法、道德、伦理。

首先，体现形式自由的抽象法有这样三个特点③：第一，作为一种本体论意义上的命令：成为一个人，并尊重他人为人；第二，人格还只是自在存在的意志，也就是说还是被规定了的和有限的；第三，法是自由以直接的方式给予自己的直接定在，即，所有权——单个人的自由，契约——个体之间自在存在的同一性，不法和犯罪——作为自在自为存在的自身异化。

---

① ［德］黑格尔：《法哲学原理》，范扬、张企泰译，商务印书馆 1961 年版，第 5 页。
② 同上书，第 10 页。
③ 同上书，第 45—49 页。

其次，体现为扬弃了抽象法或形式法的内容的道德领域。它是对直接的定在的自然意志的扬弃，道德是主观意志的法，是自由在人主观中的实现。在抽象法领域，自由意志还是借助自然事物比如财产以实现自身，而人的行为应该具备自我规定性，因此，一个人只应该对他能自我决定的行为负责，因此道德责任指向意识着的意图或故意，这与"康德的人格与责任体的统一性"的观点一脉相承。一个主体的行为应该是指向他内在的主观目的的，因此必须考虑手段和目的之间，以及它们与其所造成的后果之间的关系。因此，就必须考虑到行为对他人和自己的福利。在该领域中，黑格尔阐述意图和福利的辩证关系（意图主要是讲行为的主观动机，福利主要是讲行为的客观后果）。黑格尔认为道德的第三个阶段为善和良知。在这个阶段，道德成为了自在的目的。黑格尔批评康德那为了义务而义务的道德是形式主义的善，它割裂了主观动机和客观行为的辩证关系。针对康德彼岸世界的应然之善，黑格尔直接提出："善就是被实现了的自由，世界的绝对最终目的。"① 对善恶辩证关系的论述之后，黑格尔使得法的体系从道德向伦理过渡。

最后，伦理是客观意志和主观意志两个环节的同一。伦理是自由的具体实现。他说："被思考的善的理念在那个自身中反思着的意志和外部世界中获得了实现，以至于作为实体的自由不仅作为主观意志而且也作为现实性和必然性而实存；这就是在它的绝对普遍的实存中的理念，也就是伦理。"② 而伦理同样也体现为几个实体性的三个环节：作为自然精神的家庭，作为对直接伦理精神的否定的市民社会，作为独立的特殊意志和普遍客观意志的同一的国家。

黑格尔高度赞扬了国家这一实体，譬如他说："国家是伦理理念的现实——是作为显示出来的、自知的实体性意志的伦理精神"，"国

---

① ［德］黑格尔：《法哲学原理》，范扬、张企泰译，商务印书馆1961年版，第132页。
② 同上书，第41页。

家是绝对自在自为的理性东西，因为它是实体性意志的现实，它在被提升到普遍性的特殊自我意识中具有这种现实性"。国家甚至是最终目的，"成为国家成员是单个人的最高义务"。① 黑格尔将国家概念绝对化，因而成为了保守主义和反自由主义的代表人物，甚至被人指责为极权主义者。这当然存在着对黑格尔莫大的误解。

---

① 同上书，第253页。

第五章

法与人格的内在逻辑结构

第一节　法之正当性根基——作为终极目的和绝对价值之人格

关于人格定义、人格本质，以及人格与自由、自由法则之间的关系，前面章节已经进行了详细论证。本章主要是法与人格的逻辑结构来论证。一方面，人格是法的最高目的和绝对价值，因此，本体的法命令人尊重一切人之人格尊严。另一方面，实在法保障一切人格利益。抽象的人格概念现实化的第一步就要体现为实在法，即法律人格与人格权。

首先，看第一方面的内容。对康德实践哲学最大的误解恐怕就是认为康德的道德和法学理论是与"目的论"相对立的纯粹"义务论"。其实康德在《道德形而上学基础》中明确提出了定言命令的第二变形公式即"目的公式"。①康德的"目的"一概念有多种含义，但主要分为相对目的（一般意义而言的目标）和绝对目的（也称客观目的、自在的目的）。作为目标的相对目的是指："（理性存在者的）

---

① 目的公式的表述"你要这样行动，把不论是你的人格中的人性，还是任何其他人的人格中的人性，任何时候都同时用作目的，而决不只是用作手段。"Kants Gesammelte Schriften，Band Ⅵ，S. 429，转引自邓晓芒《康德〈实践理性批判〉中自由范畴表解读》，载《哲学研究》2009 年第 9 期。

意愿对象，理性存在者决心通过它的表象用行动创造这个对象。"①也就是说某一行动所意愿的对象或结果。"绝对目的"被定义为：意志的自我决定依据。② 这客观目的即自在的目的就是某种存在者"自在的本身就具有绝对价值"（G，427），该存在者与一切事物（Sachen"仅仅具有作为手段的相对价值"（G，428））区别开来。显然，该存在者就是被康德称为具有人格的理性存在者。所以康德所讲的具有绝对价值的客观目的就是指人格。故人格就是一切目的最高目的，同时也是自身的目的。换句话说，人格本身不再仅仅作为其他一切事物与一切人格的手段，人格本身就是衡量一切包括衡量自身的标准。所以不论是作为本体论意义上的法还是作为实在法，都必须以人格这一绝对价值作为终极目的。

没有人格这一终极价值作为正当性的根基，不但法将丧失正义性，就连绝对命令也将会丧失道德意义。比如，如果人们皆愿意将"我能杀死任何侵犯我的财产的人"作为自己的准则，显然这一准则因为不违背可普遍化而可能成为一条普遍法则。但这一普遍法则显然是违背道德的。我们知道康德定言命令即"你要仅仅按照你同时也能够愿意它成为一条普遍法则的那个准则去行动"（G，421）。根据我们前面的分析，如果去掉人格这一客观目的，那么这条绝对命令意味着只要行为的准则具有可普遍化的特征，则该行为就符合定言命令的要求。但这种定言命令并不符合康德的意思。失去目的性的检验标准，准则要成为普遍法则只需具备可普遍化的特征，如果"可普遍化"理解成"可接受性"——这种理解是合理的或者说是可以接受的，那么将导致荒谬的结论。比如博格教授举了"过学者的生活"和"为了事业不要孩子"的例子，根据这种定言命令（即准则的可接受性）

---

① Immanuel Kant：Metaphysikder Sitten 6：381. 转引自［美］涛慕思·博格《康德、罗尔斯与全球正义》，刘莘、徐向东译，上海译文出版社 2010 年版，第 95 页。

② Kants Gesammelte Schriften，Band Ⅵ，S. 427，中译文参见《道德形而上学基础》，苗力田译，上海世纪出版集团 2005 年版，第 27 页。

的检验方式，康德将是不道德的。因为当绝大多数人想过学者的生活
并且不想要孩子，那么不过学者生活与不生孩子就变成是道德的，所
以康德就"太倒霉了，因为他似乎采纳了那两个准则"。①

我们还可以从法学领域来看看，如果没有人格作为正当性根据，
绝对目的将会发生什么。比如上述我们讲到的那个例子"我能杀死任
何侵犯我的财产的人"因为符合可普遍化条件因而成为了一条法律规
范，那么实际上这条法律规范就变成了"为了自己的财产，所有人都
有杀某些人的自由"。而这条法律规范立刻就变成了：财产权是获得
剥夺他人生命的自由（即某种程度上的杀人自由）正当性理由。这
显然违背最基本的人道和法理。

综上，我们探讨了人格作为客观目的和绝对价值的必然性。下面
我们具体来看看，人格、法、道德之间的内在逻辑演绎在康德的自由
范畴表中是如何体现的。②

康德的自由范畴表涵盖了康德自由概念的各个层次。康德在列出自
由范畴表之前解释道："只是我们应该注意到，这些范畴所涉及的只是
一般的实践理性，因而在它们的秩序中是从在道德上尚未确定并且还
以感性为条件的范畴，而逐步进向那些不以感性为条件而完全只由道
德法则来规定的范畴。"③ 这里有一个问题，自由范畴表前面为什么有
一个定语"就善和恶的概念而言的"？其实善和恶的概念就是实践理性
的唯一的对象。实践理性批判的第二章——纯粹实践理性的对象概念的
第一句话就是："我所说的实践理性的对象概念，是指作为自由所导致
的可能结果的一个客体的表象。"④ 并且在第二段的第一句话郑重地提
出："所以，实践理性的唯一客体就是那些善和恶的客体。因为我们通

① 参见［美］涛慕思·博格《康德、罗尔斯与全球正义》，刘莘、徐向东译，上海译
文出版社 2010 年版，第 10—12 页。
② 此部分已作为一篇期刊论文发表，参见作者拙文《康德〈自由范畴表〉之再解
读——兼与邓晓芒先生商榷》，载《德国哲学》2012 年第 10 期。
③ ［德］康德：《实践理性批判》，邓晓芒译，人民出版社 2003 年版，第 90 页。
④ 同上书，第 78 页。

过前者来理解欲求能力的必然对象，通过后者来理解厌恶能力的必然对象，但两者都依据着理性的一条原则。"① 简单来说，就善和恶的概念来说，即就自由在实践上的可能结果而言。所谓自由在实践上的可能结果也就是"自由这一'因果性范畴'的诸'样态'"。② 也就是说，这个自由范畴表是统摄各种欲求行动的道德法则的一个实践体系。正如邓晓芒先生所说："它们（自由范畴表）不依赖于直观，而单凭'与自由的至上原则的关系（即与道德法则的关系）就构成了一个实践知识体系。'……这些范畴都排列成一个不断趋向纯粹实践理性的自由意志范畴的等级阶梯，从而能够把人从一般日常的自由概念引向最高的道德意义上的自由意志概念。"③

有必要将这个表完全列出来。这个表的全称叫做"就善与恶的概念而言的自由范畴表"④ 为了看上去更方便，笔者列一个表格。

表 8

就善与恶的概念而言的自由范畴表			
1. 量	2. 质	3. 关系	4. 模态
主观的、按照准则的（个体的执意）	践行的实践规则（praeceptivae 拉丁文：命令）	与人格性的关系	允许的事与不允许的事
客观的、按照原则的（规范）	制止的实践规则（prohibitivae，拉丁文：禁止）	与人格状态的关系	义务和违背义务的事
既是先天客观的又是主观的自由原则（法则）	例外的实践规则（exceptivae，拉丁文：例外）	人格对其他人格的状态的交互关系	完全的义务和不完全的义务

这个极其重要的表，康德并没有对之详细地阐述。康德说"我在

---

① ［德］康德：《实践理性批判》，邓晓芒译，人民出版社 2003 年版，第 79 页。
② 邓晓芒：《康德〈实践理性批判〉中的自由范畴表解读》，载《哲学研究》2009 年第 9 期。
③ 同上。
④ ［德］康德：《实践理性批判》，邓晓芒译，人民出版社 2003 年版，第 90—91 页。

这里不再对目前这个表附加任何另外的解释，因为它自身是足够明白的。"① 遗憾的是，这张表无论是对于一般的读者还是对于康德的研究者们来说，都不是足够明白的。②不过康德在这里还是举了一个例子来说明"量"一栏中范畴的内涵。他说："所以例如说我们从上表和它的第一栏中马上就知道了，我们在实践的权衡中必须从何处开始：从每个人建立在他的爱好之上的准则开始，从有理性的存在者就他们在某些爱好上相一致而言对他们的类都有效的规范开始，最后是从不管他们的爱好而对一切人都有效的法则开始，等等。以这种方式，我们就概览了全部我们必须做的事情的计划，甚至概览了实践哲学必须回答的每个问题以及同时必须遵守的次序。"③ 从这一段可以看出，康德对其没有做过多的诠释的原因是康德认为它"足够明白"，而不是因为该表不重要。恰恰相反，它非常重要，因为它"概览了实践哲学必须回答的每个问题"。邓晓芒先生在《康德〈实践理性批判〉中的自由范畴表解读》（以下简称邓文）中对该表作了详细的阐述。本书主要参考了他的解读，并且在他的解读的基础上结合康德后期的道德形而上学尤其是法权论部分，进行了扩展，并且在某些问题上有不同的观点。④

第二节 "量"诸范畴的逻辑演绎——主观意志与客观法则

"量"的自由范畴是整个自由范畴表的起点。"个体的执意"是

---

① ［德］康德：《实践理性批判》，邓晓芒译，人民出版社2003年版，第91页。

② 我国康德专家邓晓芒先生在对这个表进行解读的文章中就谈到对内外的研究者对此表少有人研究而感到十分奇怪，认为它基本上被研究康德道德哲学的学者们忽视了。他提到了英语世界最负盛名的康德专家阿利森和加拿大学者华特生等人均对此表只字未提。并且他认为原因可能是因为"这个表由于意思不清而被一些研究者视为畏途"。参见邓晓芒《康德〈实践理性批判〉中的自由范畴表解读》（以下称称邓文），载《哲学研究》2009年第9期。

③ ［德］康德：《实践理性批判》，邓晓芒译，人民出版社2003年版，第91页。

④ 邓晓芒先生已对该文作出了回应。参见邓晓芒《对康德"自由范畴表"的再推敲——答周雪峰博士》，载《德国哲学》2012年第10期。

主观的、按照准则的自由，也就是英美经验派讲得最多的那种自由：为所欲为的任意自由。这是最原始最低级的自由，这种自由是"在道德上尚未确定并且还以感性为条件的范畴"。① "主观的按照准则的个体的执意"这一范畴对于个体本身来说当然是自由，我想要干什么就干什么，这当然是自由。但是这种自由并不一定具备道德的含义，说它并不一定，是因为它可能具备也可能不具备道德含义，也就是对于道德含义来说，它是一个假言命令。这个假言命令有三种前提条件，因而具有三种可能性。第一，如果该准则与普遍法则在外在表现和内在规定上都是冲突的。那么，这种行为就是不正当的即不合乎义务的，这时，"一个与义务相悖的行为就是违背（reatus）。而一种并非蓄意的违背，仍然可以被归责，但只叫做过失（culpa）。一种蓄意的（亦即与它是违背这种意识相结合的）违背就是犯罪（dolus）"。② 这种与外在法则相冲突的不公正的行为正是质的范畴中"禁止的实践规则"和模态范畴中"违背义务的事"。第二，如果这个准则只是外在地符合普遍法则，那就具备合法则性，但不具备道德内涵。也就是说，如果该行动"不是为了这法则（指道德法则——笔者注）而发生的：那么这行动虽然将包含有合法性，但却不包含道德性"。③ 按照这种合法则性而行动的准则就是对应着质的范畴中"践行的实践范畴"和模态范畴里面的"允许的事"这一范畴。第三，如果这个准则内在地符合普遍法则那就具备了道德内涵。因为康德在实践理性中早就宣称"行动的一切德行价值的本质取决于道德法则直接规定意志"。④ 所以，这种个体执意的自由所产生的结果就个体自我目的的实现和自我规定性的满足而言，也可以是善的，或者换句话说，它对特定的个体就是幸福的。但是这种幸福对于个体自身来说通常是片段的，

① ［德］康德：《实践理性批判》，邓晓芒译，人民出版社 2003 年版，第 90 页。
② 李秋零主编：《康德著作全集》（第 6 卷），中国人民大学出版社 2007 年版，第 226 页。
③ ［德］康德：《实践理性批判》，邓晓芒译，人民出版社 2003 年版，第 98 页。
④ 同上。

对个体之外的他者来说则通常是自私的，甚至可能是不道德的（比如
与普遍法则相互冲突之时）。显然自由的任意要普遍必然地获得德性和
幸福就必须上升到理性的规范。所以第二条就是客观的、按照原则的
（规范）。它具备普遍性和客观性，与第一条的个体性和主观性相互对
应。这种规范是"就他们在某些爱好上相一致而言对他们的类都有效
的"。这规范通常是功利主义者和实用主义者们青睐的原则。邓文认为
功利主义的自由范畴是有"规范的"即"法权"。① 这一点可以在康德
晚期写的《道德形而上学》中得到印证。康德在《道德形而上学》中
多处提到法权与道德的区别就在于法权是客观外在的合法则性或合规
律性（德文 Gesetzmäβigkeit，英文 Conformity to law），而道德是内在的
合法则性或合规律性即合道德性（Sittlichkeit）。什么叫做外在的或内在
的合法则性或合规律性？康德将实践哲学分为法权论（合法则性）和
德性论（合道德性）两个部分。他说："任何立法（不论是与内在行动
有关的或是与外在行动有关的，不论是由纯粹理性先天颁布的或是由
别人任意指定的）都包含两个要素：首先是规律（德文 Gesetz，英文
Law——笔者注），该规律将应当发生的行为表现为客观上必然的、也
就是使行为成为一项义务；其次是动机［Triebfeder］，该动机把规定任
意去这样行动的根据同该规律的表象主观地联系起来。因而第二个要
素就是：该规律使义务成为动机。"② 也就是说，法权只要求准则在外

---

① 参见邓晓芒《康德〈实践理性批判〉中的自由范畴表解读》，载《哲学研究》
2009 年第 9 期。
② 该译文参见了两个英文版本和两个中文版本，Immanuel Kant， "Introduction to the
Metaphysic of Morals"， Translated by Mary Gregor， New York：Cambridge University Press，1991，
pp. 45—46，Translated by W. Hastie， http：//www. marxists. org/reference/subject/ethics/kant/
morals/ch03. htm，2011/2/7. 中译文参考了李秋零主编《康德著作全集》（第 6 卷），中国
人民大学出版社 2007 年版，第 225 页，以及［德］康德《道德形而上学（导言）》，曾小
平、邓晓芒译，载《哲学译丛》1992 年第 5 期，第 4 页。本文采取曾小平、邓晓芒教授的
译法，将这句话中的 Gesetz 译成"规律"（李秋零版本译为"法则"），以便与康德的第三
个范畴"法则"区别开来。但是从法学的立场这里将 Gesetz 译成法则更好。只是因为康德
的法则有其特定含义即道德法则、定言命令，故这里译成法则恐有歧义。其实这里的 Gesetz
更接近法学意义上的法则，即准则的外在合法则性。而与康德意义上的法则即准则的内在
合法则性有内在区别。作者考虑再三，还是将这里的 Gesetz 译成规律。

在行动上与法则相一致，而不要求在动机上是为了义务而义务，而德行则不但需要外在行动上与法则一致（客观性），而且"法则本身应当是行动的根据"①（主观性），康德还将合法性和道德性比作理论哲学中的"空间"和"时间"。"在时间中只有外部感官的对象，而在时间中则有一切对象，既有外部感官对象，也有内部感官的对象。"② 所以，合法性（德文 Legalität，英文 Legality）就相当于空间中外部感官的对象，是一种外在应用的自由；而道德性（德文 Moralität，英文 Morality）则相当于时间中的表象，不但是外部应用的自由，而且也在内在应用中需要法则作为行动的规定根据即动机。关于合法性（Legalität）与合法则性（Gesetzmäβigkeit），道德性（Moralität）与合道德性（Sittlichkeit）之间的关系。康德有一段说明，其实该段也就是一句话："对于一个行动，只看它与规律相符合或不相符合，而不考虑其动机，这是其合法性；但在这种符合或不符合中，出自于法则的义务理念同时又是行动的动机，这就是道德性。"③ 这里可以看出，法则本身就合乎道德，而合法则性则不一定是合道德的，只需要合乎法则的客观性即可，而不需要内在的动机（主观性）是为了法则的理念，这时的合法则性也就是合规律性，其实这两个中文词是同一个德文词 Gesetzmäβigkeit。在康德眼中，合法性（Legalität）或合法则性（Gesetzmäβigkeit 合规律性）即客观地按照原则的规范还不是纯粹的道德性（Moralität），真正的道德性是"超越一切爱好而对'一切人都有效的法则'，这就是康德的'定言命令'"。④ 这个定言命令也就是上文提到的道德性（Sittlich-

---

① 李秋零主编：《康德著作全集》（第 6 卷），中国人民大学出版社 2007 年版，第 220 页。
② 同上书，第 221 页。
③ 译文参考了两个版本的中译文，但译文根据德文有改动。Immanuel Kant, *Die Metaphysik der Sitten*, reprinted in Königliche Preussische Akademie der Wissenschaften (ed.), Berlin, Verlag Georg Reimer 1914. p. 24, 中译文见李秋零主编《康德著作全集》（第 6 卷），中国人民大学出版社 2007 年版，第 226 页。以及［德］康德《道德形而上学（导言）》，曾小平、邓晓芒译，载《哲学译丛》1992 年第 5 期。
④ 邓晓芒：《康德〈实践理性批判〉中的自由范畴表解读》，载《哲学研究》2009 年第 9 期。

keit）即第三个范畴："既是先天客观的又是主观的自由原则（法则）。"至此，在量这一栏中，经过"个体主观的执意（相对于理论范畴的单一性）→客观的按照原则的规范（相对于理论范畴的多数性）→客观与主观统一的自由原则即法则（相对于理论范畴的全体性①）"这一历程，而从道德上尚未确定的以感性为条件的范畴达到了合道德性即纯粹的道德法则范畴。

第三节　"质"诸范畴的逻辑演绎——规则自身的内在结构

我们可以再来看第二栏中"质"的范畴。分别为：践行的实践规则（praeceptivae，拉丁文：命令）、制止的实践规则（prohibitivae，拉丁文：禁止）、例外的实践规则（exceptivae，拉丁文：例外）。邓文认为"质"的范畴与"量的自由范畴相比，已经从高高在上的抽象下降到了具体的生活，并从这些生活中所遵循的规则里面去体会定言命令的普遍性。"并认为它们是"在人类生活中实际起作用的行动规则"。② 因为，质的自由范畴是三条实践规则，表明的是自由如何实行。在"量"的自由范畴中已经达到的法则，只具有抽象性和可能性，它必须"借助于质的范畴，即作为命令的实践规则，才能具有可操作性。"③ 所以正如邓文提醒我们的，理解"质的范畴"的一个关键前提是要清楚康德的"法则"和"规则"的区别。④ 简单说，实践法则只是表现一个行动的必然性，至于这个行动的必然性是"就自

---

① 参考邓晓芒《康德〈实践理性批判〉中的自由范畴表解读》，载《哲学研究》2009 年第 9 期。

② 邓晓芒：《康德〈实践理性批判〉中的自由范畴表解读》，载《哲学研究》2009 年第 9 期。

③ 同上。

④ 参见邓晓芒《康德〈实践理性批判〉中的自由范畴表解读》，载《哲学研究》2009 年第 9 期。

身而言已经内在地必然寓于行动的主体（例如一个神圣的存在者）之中"还是"（例如对人来说）偶然的"在所不问。实践法则只是揭示出一条自律的公式，而实践规则需要通过一条命令将"就自身而言偶然的行动变成必然的"。① 这里还都是讲的"质"和"量"范畴之间的关系，并没有涉及"质"一栏中诸范畴内部之间的层层递进关系。关于它们之间的层层递进关系，邓晓芒先生主要是从辩证的角度来对其进行解读。下面，我们来看看他的解读。第一条范畴［践行的实践规则］是使人在实践规则中直接意识到实践法则即定言命令，所以它是"定言命令直接的体现"。但是因为它要在实践上表现为"直接的具体行为，尚未脱离感性经验的层次。"而第二条范畴［中止的实践规则］是一条禁止的规则，它比第一条范畴意义更高，因为"一条被禁止了的行动并没有现实地做出来，但它也让人意识到没有这样做是符合道德法则的，因而道德法则是超越于做出来的事情之上的。"并且由此，邓文得出结论认为"不做坏事的道德层次比做好事的道德层次更高，因为做好事有可能是出于偶然或本能，而知道做坏事却不去做则是自觉地以道德法则约束自己的结果"。② 关于邓晓芒先生对"践行的实践规则"和"禁止的实践规则"的解读，笔者有不同的意见。

首先，践行的实践规则（praeceptivae）后面的"命令"并不非一定是指定言命令。它也有可能是假言命令。这里的"命令"应该是针对第二范畴"中止的实践规则（prohibitivae）"中的"禁止"和第三范畴"例外的实践规则（exceptivae）"中的"例外"而言的。也就是说"命令"、"禁止"、"例外"是三个相互对应并层层递进的范畴。但这里为什么有一种递进关系？邓晓芒先生关于从命

---

① 参见李秋零主编：《康德著作全集》（第 6 卷），中国人民大学出版社 2007 年版，第 229 页。

② 参见邓晓芒《康德〈实践理性批判〉中的自由范畴表解读》，载《哲学研究》2009 年第 9 期。

令到禁止的递进，前面已经提到了，这里不再赘述。关于例外的更
深意义，邓文引用了康德在《道德形而上学基础》中关于例外的一
段话，之后对之进行评述："这就是康德的辩证眼光的深刻之处。
在具体行动中的道德意识的层次上，有所不为比有所为的层次更
高，而以'例外'的借口违背道德法则则比遵守道德法则的层次又
还高一层，因为这种违背是在承认道德法则具有最高权威的前提
下，'带着对它的最大敬重'而对自己的允许（erlauben），它充分
展示了有限人性与无限道德法则直接的张力。"①邓先生认为康德这
样论证是因为由于道德法则不可能在有限的现实的人中实现，所以
原则的绝对"普遍性"必须下降为现实的相对"普适性"。笔者认
为，康德这里的论证并不需要将"质"的范畴的论证从"高高在上
的抽象下降到了具体的生活"，而且践行的实践规则（命令），如果
按照邓文认为的是定言命令，它如何在表现为"直接的具体行为"
之时，就"尚未脱离感性经验的层次"，而在不做坏事的时候就具
有更高层次，并且在"例外的"时候就能完全脱离感性经验而达到
纯粹道德的层次？这个显然是说不过去的。笔者认为康德在"质"
的范畴的论证跟"量"的范畴的论证是遵循同一个模式即从主客观
相分离的外在自由诸模态进向主客观同一的内在自由即道德法则的
范畴。只不过在"量"的范畴中，是从主观的任意出发到主客观同
一，而在"质"的范畴中，是从客观必然性出发而进入主客观同一
的"例外"的实践规则中。

简单说，康德就是要通过自由而揭示出那条道德法则即道德学说
的最高原理："按照一个同时能够被视为一条普遍法则的准则行
动。"②但是这定言命令仅仅表达了"行动必须首先按照它们的主观

————

① 邓晓芒：《康德〈实践理性批判〉中的自由范畴表解读》，载《哲学研究》2009年
第9期。
② ［德］康德：《道德形而上学（导言）》，曾小平、邓晓芒译，载《哲学译丛》1992
年第5期。

原理加以考虑，但这条主观原理是否也是客观有效的，只有根据如下一点才能知道，即，你的理性使这条原理经受一项检验，看它是否能使你将它设想为一条普遍的立法原理，由此来使它有资格成为这样一种普遍立法"。① 在"量"的范畴中，康德的论证模式为主观要符合客观，即要按照一条准则而行动，这条准则是必须符合普遍法则。而在"质"的范畴中，康德的论证模式反过来了：客观要符合主观，即要按照普遍法则而行动，而该条普遍法则内在地是行为者的主观准则。"量"的范畴是讲没有客观的（普遍必然性）的自由不是真正的自由，"质"的范畴是讲没有自由的客观法则（规律 Gesetz）只是一条没有任何道德含义的规律。康德甚至引用哈勒那句诗"人即便有其缺陷，也胜过一群无意志的天使"② 来说明自由意志对于普遍法则的本质性规定。没有自由意志的立法，即便是行为完全合乎普遍法则，那也跟动物服从自然规律没有任何本质区别。

根据这种论证模式来分析"质"诸范畴的层层递进关系。首先来看看康德在道德形而上学的《德性论导论》中的第六个标题："伦理学不为行动立法（因为这是法学的事），而是只为行动的准则立法。"③ 也就是说不管是命令的实践规则还是禁止的实践规则都是为行动立法而非为行动的准则立法。如果这些行动的准则不是自由意志自己为自己立法即为义务而义务（法则作为准则的规定根据），那么这些行动只是合法则性（这是法学的事）而不是合道德性的。这些合法则性的行为跟事物遵循自然规律没有本质区别。我们知道道德法则的第一个变形公式是：你要这样行动，就像（als ob）你行动的准则应当通过你的意志成为普遍的自然法则一样。④ 康德这里用"好像

① ［德］康德：《道德形而上学（导言）》，曾小平、邓晓芒译，载《哲学译丛》1992年第5期。
② 李秋零主编：《康德著作全集》（第6卷），中国人民大学出版社2007年版，第409页。
③ 同上书，第401页。
④ Immanuel Kant, *Fundamental Principles of The Metaphysic of Morals*, edited and translated. by allen w. wood, New Haven and London: Yale University Press, 2002, p. 38.

（als ob）"这个词组暗示了这种自然法则只是"模型"。当这种"模型"成为行为的真正立法原则的时候，则取消了自由法则。康德认为"由行动者出自于主观根据而为自己作为一条原则的那种行动规则，称为他的准则；因此，在同一条规律下，行动者的准则仍可以是各不相同的。"① 也就是说"命令的实践规则"作为一条规律，它的准则是可以有各种不同的根据。而根据不同的准则根据，则有三类不同的命令：技术的（属于技艺），实用的（属于福利），道德的（属于一般的自由行为）。② 如果准则的根据完全与自由意志本身无关，那么这条命令的实践法则就完全是他律，而不具备任何道德性。但是这种准则的根据到底是与自由意志有关或无关，这一点在命令的实践规则中还不能完全看出来。而在禁止的实践规则中，却暗含了自由意志的种子。

为什么说禁止的实践规则中有自由意志的种子因此而比命令的实践规则更高一层次呢？我们先来看看康德的说法："在自由的这一（从实践上考虑到）积极的概念上，就建立起无条件的实践规律，这些规律叫作道德规律，这些规律对我们来说，由于我们的任意受感性的刺激，因而不是自动地适合于纯粹意志，而是经常要违反它，所以它们就成了命令（指令或禁令），也就是定言的（无条件的）命令，而这就使它们同那些永远只是有条件地下指令的技术命令（技艺规范）区别开来，按照这些定言命令，某些行动是许可的或不许可的，即它们在道德上是可能的或不可能的，这些行动或它们的对立面是道德上必然的，即负有责任的。"③ 也就是说，定言命令是实践的道德规律，如果没有自由意志，那么它只是行动的规律，而这规律或与道

---

① ［德］康德：《道德形而上学（导言）》，曾小平、邓晓芒译，载《哲学译丛》1992年第 5 期。

② 参见［德］康德《道德形而上学基础》，杨云飞、邓晓芒译，第 396 页。

③ ［德］康德：《道德形而上学（导言）》，曾小平、邓晓芒译，载《哲学译丛》1992年第 5 期。

德无关或根本就是不道德的。这一句话虽然还是将命令和禁止都作为一种实践规律，但我们可以明白"命令或禁止的实践规则"与"实践的道德规律即定言命令"是有根本区别的。正如他在道德形而上学中反复强调的"一个行动与义务规律的相符合是其合规律性（合法性）；行动的准则与义务规律的相符合则是其道德性。但准则是行动的主观原则，是主体自己为自己作成的规则（即正如他愿意做的那样）。相反，义务原理是理性绝对地、因而客观地命令主体执行的原理（正如他应当做的那样）"。① 实践的道德规律已经内在地包含了准则，而纯粹规律性的即与准则无关的命令，可能仅仅"只是有条件地下指令的技术命令（技艺规范）"，这就是为什么笔者在前面讲到的"命令"不一定就是定言命令，也有可能是假言命令。如果仅仅是假言命令——它可能仅仅是一种技术命令，那么它对应着模态范畴中的"允许的事和不允许的事"，如果命令涉及一般理性之现实性的实践规则，那么这时命令就表现为一种责任或义务。康德认为责任应该具备两个要素：必然性和强制性。② 而义务是指"某人有责任采取的行动。因此，义务是责任的质料"。③ 也就是说责任是相对于一个"并不绝对善良的意志对自律原则的依赖"而言的，而义务则是"一种出于责任的行动的客观必要性"。④ "允许的事和不允许的事"与"义务和违背义务的事"是两种不同性质的行为规则。前者只是意味着实践上客观的可能和不可能。而"义务和违背义务的事"则现实地存在于一般理性中的行动规则。⑤ 所以"命令"可以放在或然的、实然

---

① ［德］康德：《道德形而上学（导言）》，曾小平、邓晓芒译，载《哲学译丛》1992年第5期。

② 参见李秋零主编《康德著作全集》（第6卷），中国人民大学出版社2007年版，第230页。

③ 同上。

④ 参见邓晓芒《康德〈实践理性批判〉中的自由范畴表解读》，载《哲学研究》2009年第9期。

⑤ 详细解释参见［德］康德《实践理性批判》，邓晓芒译，人民出版社2003年版，序言注释①，第11页。

的和必然的模态的三范畴中相互对应。这里我们可以拿一个犯罪的例子进行分析。比如犯罪未遂中有能犯未遂与不能犯未遂。能犯未遂是一种允许的事情，也就是说这种犯罪在客观上是可能既遂的，但是由于犯罪主体意志以外的原因而未能达到既遂状态。不能犯未遂是一种不允许的事情，即这种犯罪在客观上是不可能既遂的。比如将白糖当砒霜去杀人（工具不能犯），误认尸体为活人而开枪射杀（对象不能犯）。但是不管是能犯未遂（允许的事）还是不能犯未遂（不允许的事）都是违背义务的事情，因而肯定是不道德的。当然允许的事或不允许的事也可能是无关道德的（例如自然规律）。正如"一个既不被要求又不被禁止的行动只是许可的，因为在这方面没有任何限制其自由（可行性）的规律，因而也没有任何义务。这样一个行动称作道德上无关痛痒的（indifferens, adiaphoron, res merae facultatis［无差别的，无所谓的，不加限制而可行的]）"。① 也就是说从"命令的实践规则"这一范畴中还不能得出某一行动或事情是道德或不道德，是合法或不合法的。

而"禁止的实践规则"这一范畴已经预设了某些前提（其中合法则性是基本前提，合道德性是可能前提，但两者都属于义务的范畴），即某一行动已经处于"义务"的范畴之内了。因为一个与义务无涉的行为必然与道德无涉，一个与道德无涉的行为也就无所谓禁止了。也就是说某一行动如果是被禁止的，表示它首先就是不正当的行为，而一个行为正当与否的判断标准为是否合乎义务。一个不正当的行动，即不合乎义务的，不合乎义务的行为就是一种违背（非蓄意的违背为过失，蓄意的违背为犯罪②）。因为"如果按照其中一条行动规则它是义务，那么按照其对立行动规则它就不仅不是什么义务，而

---

① ［德］康德：《道德形而上学（导言）》，曾小平、邓晓芒译，载《哲学译丛》1992年第5期。
② 李秋零主编：《康德著作全集》（第6卷），中国人民大学出版社2007年版，第231页。

且简直就是违反义务"①，并且"按照外在法则来看是正当的事情，就叫做公正的（iustum），若不然，就叫做不公正的（iniustum）"。②所以禁止的实践规则比命令的实践规则的层次就更高。因为它已经预设了一个基本的前提，即合法则性。而命令的实践规则与合法则性和合道德性无必然关联。所以，可以说"禁止的实践规则"对应着模态范畴中"义务与违背义务的事"。而义务概念本身就已经内在地包含着自由的任意了。因为"义务概念自身就已经是通过法则来强迫（强制）自由任意的概念；这种强制可以是一种外在的强制或者是自我强制"。③外在强制对应着法权的合法则性，自我强制对应着伦理的合道德性。也就是说"禁止的实践规则"只能确定地预设合法则性，而不能必然预设合道德性。但不论是合法则性还是合道德性都是属于义务的范畴。因为一切义务"要么是法权义务"，"要么是德性义务（officia virtutis s. ethica［德性的或伦理的义务]）"。④

　　显然要预设合道德性的实践规则（即道德法则）的确定性则需要更高一层次的范畴即例外的实践规则。为什么说"例外的实践规则"是合道德性的呢？邓晓芒先生认为例外的实践规则是"最麻烦的"，⑤其实如果根据上面我们的分析来看，例外的实践规则并不麻烦，它作为合道德性的规则是非常顺理成章的（后面将会详细论证）。我们首先来看邓晓芒先生为了说明例外的实践规则更高一层次而引用的那句话，"现在，如果我们在每次违背义务时注意一下自己，我们就会发现，我们实际上并不愿意我们的准则真能成为一条普遍的法则，因为这对我们来说是不可能的；毋宁说，倒是这些准则的反面应当普遍地

---

① ［德］康德：《道德形而上学（导言）》，曾小平、邓晓芒译，载《哲学译丛》1992年第5期。

② 李秋零主编：《康德著作全集》（第6卷），中国人民大学出版社2007年版，第231页。

③ 同上书，第292页。

④ 同上书，第249页

⑤ 同上。

保持为一条法则；只有我们自以为有这种自由，为了自己或者（哪怕只是这一次）为了有利于我们的爱好而例外一次。所以，如果我们从同一个视点即理性的视点出发去衡量一切情况，我们就会在自己的意志中发现一种矛盾，就是说，某一原则客观上必须要是普遍法则，然而主观上却不能普遍有效，而要允许有例外。然而，当我们一方面从某个完全与理性符合的意志的视点来考察我们的行动，接着另一方面却又从某个受爱好影响的意志的视点来考察这同一个行动时，这里实际上就不是什么矛盾，倒是有爱好与理性规范的一个对抗（antagonismus），由此原则的普遍性（universalitas）就变成了单纯的普适性（generalitas），这样一来，实践的理性原则就会在半途与准则相遇。现在，虽然这不能在我们自己无偏颇地作出的判断中获得充分根据（gerechtfertigt），但它还是证明了一点，即我们实际上承认定言命令的有效性，并且（带着对它的最大敬重）只是允许自己有一些在我们看来无关紧要和迫不得已的例外而已"。① 邓先生认为以"例外"为借口违背道德法则比遵守道德法则的层次更高，在具体行动中的道德意识层次上，则有所不为比有所为的层次更高。原因是"这种违背是在承认道德法则具有最高权威的前提下，'带着对它的最大敬重'而对自己的'允许'（erlauben），它充分展示了有限人性与无线道德法则之间的张力"。② 笔者认为，"例外的实践规则"并不能证明"违背道德法则比遵守道德法则的层次更高。"也不能证明"在具体行动中的道德意识层次上，有所不为比有所为的层次更高"。第一，这跟健全知性（common-sense）的观念相差太远，当然思辨理性没义务也没必要跟健全知性相符合；但，第二，即便是用思辨理性进行论证，

---

① Immanuel Kant，*Kants Gesammelte Schriften*，Band Ⅳ，s. 424，英译本：*Fundamental Principles of The Metaphysic of Morals*，edited and translated，by Mary Gregor，Cambridge University Press，2000. 中译文参见邓晓芒《康德〈实践理性批判〉中的自由范畴表解读》，载《哲学研究》2009 年第 9 期。

② 参见邓晓芒《康德〈实践理性批判〉中的自由范畴表解读》，载《哲学研究》2009 年第 9 期。

也不能合逻辑地演绎出这种结论。首先从经验上说（具体行动中），违背道德法则的行为显然不能比遵守道德法则的层次更高。比如说违法或犯罪行为怎么可能比守法的道德层次更高呢，即便守法的行为谈不上是道德的，但是也只能说两者都是无关乎道德的（即非道德的），无关乎道德或非道德的行为何谈谁的道德更高或更低呢？"有所不为"一定就比"有所为"道德层次更高？那倒不一定。"有所不为"可能是对违背"道德法则"有所不为，这当然可能比有所为（违背道德法则）更高，但是"有所不为"也可能是（对遵守道德法则的有所不为），这很难说比有所为（遵守道德法则）更高；其次，从逻辑上讲，违背道德法则的行为首先就是一种应当禁止的实践规则，属于"质"栏中的第二范畴，正如前文已经论证过的，它预设的逻辑前提是违背义务，而违背义务的行为是一种不公正的行为，这种行为康德称为"违背（reatus）"。① 并且康德还说过："当一个人按照义务而行动、而不只是被规律所强制而行动时，就是有功的；只精确地合乎规律而行动，是守本分；而当他所做的比一个守本分的人所被要求做的更少时，则是道德上的有过。"② 所以一个违背道德法则的行为就是在道德上"有过的"。而遵守道德法则的行为即便不是在道德上"有功的"，也一定是"守本分的"，它已经远远比违背道德法则高出一个层次。

那为什么说"例外的实践规则"一定比前面两个范畴的意义更高呢？因为"例外的实践规则"必须预设的一个逻辑前提就是"例"，而这个"例"就是道德法则。也就是说第一个范畴既不必然预设义务（合法则性）的前提，也不必然预设道德法则（合道德性）的前提，它跟道德法则的距离最远。而第二个范畴必然预设合法则性的前提，但它并不必然预设合道德性的前提，只有第三个范畴必然预设合

---

① 李秋零主编：《康德著作全集》（第 6 卷），中国人民大学出版社 2007 年版，第 231 页。
② ［德］康德：《道德形而上学（导言）》，曾小平、邓晓芒译，载《哲学译丛》1992 年第 5 期。

道德性的前提。但为什么说"例外的实践规则"就必然预设合道德性的前提呢？正如邓晓芒先生也指明的，实践的理性原则"在半途与（人的）准则相遇"，它恰好是对道德法则的一种证明。① 简单说，为什么有"例外"，是因为有"例"这一前提的存在。如果没有"例"的存在，也就无所谓"外"了。所以在"例外的实践规则"这一范畴中，我们"实际上承认定言命令的有效性，并且（带着对它的最大敬重）只是允许自己有一些在我们看来无关紧要和迫不得已的例外而已"。② 正是因为我们承认了道德法则的"有效性"，并且还"带着对它的最大敬重"从而赋予客观必然的实践规律以主观性（从合乎义务到为了义务的转变），而使得单纯的合法则性的实践规律具有了合道德性的内涵。显然，康德并不是说"例外的实践规则"这一具体的行动本身具备道德的含义，而是说因为"例外的实践规则"必须设定"例"的逻辑前提从而证明了道德法则的"有效性"。所以邓晓芒先生认为"在无损大局的情况下允许做一些违背道德法则的事（如善意的说谎）；这也可以用道德法则来规定，即规定在什么情况下或者何种程度上这种例外仍然是符合道德法则的。"显然是误解了康德的意思。他将"例外的实践规则"作为对道德法则的证明这一逻辑范畴变成了经验中的具体行为。恰恰相反，如果"例"是道德法则的话，那么"例外的实践规则"作为一种经验中的具体行为是违背道德法则的。只不过这种违背道德法则的行为因为是一种"外"（实际发生之物），从而预设了"例"（即使从未发生却应当发生之物的法则③）的"有效性"，并且还带着对它的最大敬意。比如说，即便"善意的谎言"也是"例"（不得说谎的道德法则）的一种"外"

---

① 参见邓晓芒《康德〈实践理性批判〉中的自由范畴表解读》，载《哲学研究》2009 年第 9 期。

② 同上。

③ ［德］康德：《道德形而上学（导言）》，曾小平、邓晓芒译，载《哲学译丛》1992 年第 5 期。

（说谎）。而当撒谎（即便是善意的）的时候，我在心底认为它是一种"例外"，也就是证明了在主观上承认了不得说谎的这一道德法则的有效性。那么道德法则就真正完成了主客观的同一。可以看出不管是在量的诸范畴还是在质的诸范畴中，第一范畴是无关乎合法则性或合道德性，但毕竟都是一个起点——前者是主观的（自由）的起点，后者是客观的（规律）的起点，第二范畴是合法则性的（客观必然性），第三范畴则是合道德性的（主客观或准则和法则的同一即道德法则）。

第四节　"关系"诸范畴的逻辑演绎——主客体同一之人格结构

现在我们看看第三栏"关系"范畴。自由范畴表中的关系范畴涉及的是人格的诸关系范畴：第一范畴，"与人格性（Persönlichkeit）的关系"，第二范畴，"与人格状态（Zustand der Person）的关系"，第三范畴，"一个人格（einer Person）对其他人格状态的交互关系"。①

邓先生凭着对康德哲学的深厚功底，很敏锐地发现这三种关系的主体是"一个人格"，并且将实践理性中的这三对关系范畴与知性的关系范畴（实体和偶性的关系、原因和结果的关系、主动和被动的交互关系）一一对应，然后做出了令人信服的解读。本文也正是站在这个起点上对"关系"范畴稍作一步扩展。我们首先对邓晓芒先生的解读做一个简短的回顾。该栏的第一项为"一个人格与人格性的关系"，对应着知性的关系诸范畴中实体和偶性的关系，即人格对应着偶性，而人格性对应着实体。人格性是人格的"本质（Wesen）"，是

---

① ［德］康德：《实践理性批判》，邓晓芒译，人民出版社 2003 年版，第 90 页。译文改动部分参见邓晓芒《康德〈实践理性批判〉中的自由范畴表解读》，载《哲学研究》2009 年第 9 期。

义务的"高贵出身的根",是把横跨两界的人格从感官世界提升到理
知世界以及提升到自由的。① 因此邓晓芒先生说"当一个人格被置于
'与人格性的关系'中来看待时,他是被视为一个自由的主体的,并
因此而为道德上的善恶奠定了基础。当然,这种关系仍然是人格的自
身关系,即人格与他自己的本质的关系"。② 第二项"一个人格与人
格状态(Zustand der Person)的关系"因为涉及目的和手段的问题因
而对应着因果关系(目的因果关系)范畴,并隐含着定言命令的第
二个公式。第三项"一个人格对其他人格状态的交互关系"因涉及
"目的国"的问题而对应着定言命令的第三个变形公式"每个人类意
志都作为一个凭借其全部准则而普遍立法的意志"。③

与邓文认为"例外的实践规则"的范畴最麻烦的不同,笔者认为
自由范畴表中"关系"诸范畴最麻烦、最难以理解了。邓文的上述
解读应当说是相当精彩的。但是仍然有许多疑惑存在。比如康德在自
由范畴表之前的那个提醒,即这些范畴"是从在道德上尚未确定并且
还以感性为条件的范畴,而逐步进向那些不以感性为条件而完全只由
道德法则来规定的范畴"。④ 邓晓芒先生也认为"这些范畴都排列成
一个不断趋向纯粹实践理性的自由意志范畴的等级阶梯"。⑤ 但是从
邓文的解读中看不到这种"不断趋向的等级阶梯"。第一,邓文只是
对三个范畴进行了独立的解读,而没有将它们之间"从道德上尚未确
定"进向纯粹的"道德法则"对这个有趋向的等级阶梯展示出来。
第二,邓文认为它们分别对应着定言命令的三个变形公式。显然是将
它们平等化了,进而将它们的等级阶梯的趋向取消了。在对"量"

① 邓晓芒:《康德〈实践理性批判〉中的自由范畴表解读》,载《哲学研究》2009 年
第 9 期。
② 同上。
③ 同上。
④ [德]康德:《实践理性批判》,邓晓芒译,人民出版社 2003 年版,第 90 页。
⑤ 邓晓芒:《康德〈实践理性批判〉中的自由范畴表解读》,载《哲学研究》2009 年
第 9 期。

和"质"的诸范畴的分析中，我们显然能够看出这种不断趋向的等级阶梯，并且我们将在即将分析的"模态"诸范畴中也同样能看出。但是唯独在"关系"诸范畴中没有这个不断趋向的等级阶梯，甚至三者之间就是平等的。这个似乎有些说不过去。第三，邓文一方面认为"这三项自由范畴也就没有完全摆脱感性直观的束缚，"另一方面又说"应当说，康德在关系范畴中的第三项中已经达到了自由范畴的极致，即自由意志的'自律'。但也正因为它太高了，所以它就使得它所居住的那个理知世界和它由以超越出来的那个自然世界之间产生了一个裂痕或'悖论'"。① 不难看出，这两种"认为"之间是相互矛盾的，因为第三项范畴要么是完全摆脱了感性直观束缚的自由意志之"自律"（即道德法则），要么就是没有完全摆脱感性直观的非道德法则。后面的"因为它太高"不能成为这两个相互矛盾的观点的论证理由。我们可以看到前面两栏的第三项范畴要么本身就是道德法则，要么证明或预设了道德法则，它们同样会"太高"，但是这并不能证明它们没有完全摆脱感性直观，恰恰相反，它们之所以会"太高"，正是因为它们完全摆脱了感性直观而是纯粹的实践理性。

那么在关系诸范畴中，到底有没有康德提醒的那个不断趋向的等级阶梯呢？笔者的回答是肯定的。海德格尔将康德的人格性分为先验的人格性、心理学的人格性和道德的人格性。先验的人格性是人格性的形式结构或形式意义上的人格性。而心理学的人格性则是对经验状态（亦即其表象作为现成的、不断流转的事件）的意识。所以先验人格性的本质是"自我—主体"，而心理学的人格性的本质是"自我—客体"。② 正如康德所说："这一自我—客体，这个经

① 邓晓芒：《康德〈实践理性批判〉中的自由范畴表解读》，载《哲学研究》2009年第9期。
② ［德］马丁·海德格尔：《现象学之基本问题》，丁耘译，上海译文出版社2008年版，第164—173页。

验的自我，是一个物（Sache）。"① 这正好与康德关于人格的定义是相吻合的。"凡是在不同的时间中意识到它自己的号数上的同一性的东西，就此而言它就是一个人格。"② 所以人格即"某物在时间上的自身一贯性"。③ 也就是说海德格尔所说的"心理学的人格性"就是康德所指的人格。而作为没有植根于人格性的纯粹心理学意义或经验意义上的人格仅仅是某"物"。这个"某物"只有植根于"人格性"才有可能成为一个主体性（人）的概念。但什么样的"人格性"是主体性的本质即本真的自我呢？正如海德格尔所说，"即使通过把自我的特性描述为先验的人格性和心理学的人格性，描述为自我—主体和自我—客体，也没有在康德那里赢得对自我、对主体性的真正的、核心的特性描述。这个描述包含在道德的人格性的概念里"。④ 由此看来，第一项范畴"人格与人格性的关系"有三种可能性：第一，没有植根于人格性的人格仅仅是一个"某物"即客体。第二，植根于先验的人格性的人格还不具备本真的人格性，仅仅是一种纯粹抽象的主体；第三，"本真的人格性是道德的人格性"，这种等同于"道德的自我意识"⑤ 的本真的人格性"以某种方式包含了另外两种含义"。⑥ 显然本真的人格性包含了先验的人格性—主体和经验式的人格（心理学的人格性）—客体，进而达到了主客体同一。

既然从第一项范畴中还看不出合法则性和合道德性。那么解读第

---

① ［德］康德：《著作集》，卡西尔版，第 294 页，转引自 ［德］马丁·海德格尔《现象学之基本问题》，丁耘译，上海译文出版社 2008 年版，第 171 页。

② ［德］康德：《三大批判合集》（上），邓晓芒译，人民出版社 2009 年版，第 278 页。

③ 邓晓芒：《康德〈实践理性批判〉中的自由范畴表解读》，载《哲学研究》2009 年第 9 期。

④ ［德］马丁·海德格尔：《现象学之基本问题》，丁耘译，上海译文出版社 2008 年版，第 173 页。

⑤ 同上书，第 176 页。

⑥ 同上书，第 173 页。

二项范畴，关键是要回答为什么第二项是比第一项更接近道德法则。基于同样的原因，解读第三项范畴，就要回答为什么第三项达到了本真的人格性，从而达到了主观准则与客观规律（Gesetz）同一的道德法则。又因为第三项是人格与人格状态的交互关系，所以，对后一个问题的回答就转化成这样一个问题：本真的人格性即道德的人格性为什么要在交互关系中才能证明或实现？

　　我们来看看第二项范畴"一个人格与人格状态的关系"。什么叫做"人格状态"？人格状态是指在意志与一般实践理性的对象（即善和恶的概念）的关系中以及意志与对象现实地被造成的那个行动的关系中，人格所处的状态，即人格是被当作目的还是仅仅当作手段，以及是被当作客观目的即具有绝对价值的目的，还是当作主观目的或相对目的。笔者很同意邓先生所说，第二项范畴"涉及人格是作为目的还是仅仅作为手段的问题"。① 但这里为什么一定要在"人格性的前提下增加一个目的性概念"② 才能比第一项范畴"具有更多的道德上善的价值"③ 呢？让我们再看看自由范畴表前面的那个限定语"就善与恶的概念而言的"即"就一般实践理性的对象而言的"。康德明确说明："我所说的实践理性的对象概念，是指作为自由所导致的可能结果的一个客体的表象。"④ 故善恶的概念意味着意志或意愿与行动的关系，也就是涉及目的和手段的关系。正如康德所说："对手段和目的的关系的评判当然是属于理性的。……只有理性才有能力看出手段与其意图的关联（以至于我们本来也可以用目的能力来定义意志，因为目的任何时候都是欲求能力的按照原则的规定根据）。"⑤ 而且康德明确说："拥有行动的一个目的，这是行

----

① 邓晓芒：《康德〈实践理性批判〉中的自由范畴表解读》，载《哲学研究》2009 年第 9 期。
② 同上。
③ 同上。
④ 同上。
⑤ ［德］康德：《实践理性批判》邓晓芒译，人民出版社 2003 年版，第 80 页。

动主体的自由的一个行为，而不是自然的作用。"①

所以说"目的性概念"的引入使得一个人格与人格状态的关系更接近道德性。但是本身并不必然是道德的。因为"目的性概念"包含着两种目的：一种是"理性存在者自己随意预设为其行动结果的"② 那些主观（质料的）目的和另一种单纯由理性给予，必然对"所有理性存在者乃至对每个意愿普遍有效的和必然的"③ 客观目的。将作为号数上同一性的东西（Ding）即一个物（Sache）的人格（Person）提升为一个具有人格性（Persönlichkeit）之人格，须有一个验证标准，即是否本身自在地作为绝对的、客观的、终极的目的。物之所以是物，是因为它根据自然而拥有相对的、作为工具或手段的价值。而理性存在者之所以被称为人（Personen），因为其本质已将自我本身作为自在目的而拥有。对于理性存在者而言，作为"意志自我规定的客观基础"④ 的目的（Zweck）与"只包含行动的可能性根据的东西"⑤ 即手段（Mittel）之间有一种辩证的关系，即一切主观目的（相对的）都是客观目的（绝对的）的手段。"取决于对每一个理性存在者都有效的动因"⑥ 的客观目的就是指"其自在的存有本身就是目的，没有其他目的能替代的目的"⑦，显然客观目的就是具有绝对价值的东西即道德的人格性。

因此，康德说，在善恶的评判标准中就有关键的几点："要么理性的原则本身已经被思考为意志的规定根据，而无须考虑欲求能力的可能客体……要么，欲求能力的规定根据先行于意志的准则，这意志

---

① 李秋零主编：《康德著作全集》第 6 卷，中国人民大学出版社 2007 年版，第 398 页。

② ［德］康德：《道德形而上学基础》，杨云飞、邓晓芒译，第 427 页。因为该译本没有公开出版，页码为科学院《康德著作集》第四卷的页码。以下同。

③ 同上。

④ 同上。

⑤ 同上。

⑥ 同上。

⑦ 同上书，第 428 页。

以一个愉快和不愉快的客体、因而以某种使人快乐或痛苦的东西为前提，并且趋乐避苦这条理性准则规定那些行动如何相对于我们的爱好而言、因而仅仅间接地（考虑到另外的目的，而作为这目的的手段）是善的，这样一来，这些准则就永远不能称之为法则，但仍可以称为理性的实践规范。这目的本身……是福，不是一个理性概念，而是一个有关感觉对象的经验性的概念；不过，对达到这目的的手段运用、亦即那个行动（由于为此需要理性思考）却还是叫做善的，但并不是绝对的善，而只是在与我们感性的关系中、考虑到它的愉快和不愉快的情感的善。"① 从这一段中，我们可以看出一个人格与人格状态的关系有两种可能性，即要么将人性中的幸福作为目的，但这种目的永远只是与快适或痛苦之情感相关的主观目的——功利主义或幸福主义的伦理观；要么将人格作为绝对（客观）目的来规定意志—德性的伦理观。而任何行为如果仅仅只是主观目的的手段，那么这行为只能是相对的善，只有那将人格作为绝对目的来统摄一切主观目的的行为才具有绝对的善。

所以"目的公式"是指能统摄一切主观（质料的）目的的绝对目的。也就是说，使得普遍法则成为意志的主观目的或者使意志的主观目的成为普遍法则的那个目的必须是自在地对一切意志都具有绝对价值的目的（主客观同一），那就只能是道德的人格性。正是因为客观目的提供出对"一切"有理性者及其"每个"意愿"普遍"有效和"必然"的原则。所以一个人格只有在与其他人格状态的交互关系中才能上升到道德的人格性。也只有交互关系中，目的王国才可能出现。正如海德格尔所说："目的王国乃是交互共在，乃是人格本身之交互往来，因而便是自由王国。"②

显然，从上面的分析中，我们可以看出，"关系"诸范畴中也有

① ［德］康德：《实践理性批判》，邓晓芒译，人民出版社2003年版，第80页。
② ［德］马丁·海德格尔：《现象学之基本问题》，丁耘译，上海译文出版社2008年版，第185页。

一个等级阶梯。第一项有三种可能性，因此是道德上最不确定的；第二项有两种可能性，又因为本身引进了"目的性概念"因而是理性的实践规则，所以它更接近道德法则；而第三项本身由"目的公式"进入了"自由王国"而具备了纯粹的道德性。所以，邓先生认为"在自由的三项关系范畴中背后隐藏的是康德对定言命令的三种变形公式"，① 这种说法恐怕不够准确。因为三个变形公式是属于定言命令的，它是从不同的角度对定言命令按照某种类比而进行的阐述，所以它们本身就已经是道德的了。而自由范畴的第一项和第二项本身还并不必然就是道德的。

第五节　"模态"诸范畴的逻辑演绎——道德与法权的内在结构

关于模态诸范畴，因为我们在前文中已经分析了前两项范畴。这里着重分析第三项范畴即"完全的义务和不完全的义务"。关于此范畴的解读，笔者主要遵循康德在《道德形而上学》中关于义务概念的划分模式。② 康德认为义务只有两种，一种是法权义务，一种是德性的义务。第二项范畴中"义务和违背义务"中"违背义务"显然是违背道德法则的，因此在道德上是有过失 = − a，而"义务"概念则分成充分不相容的两种情况：要么是法权义务，因此在道德上是无价值的 = 0，要么是德性义务，它的履行是有功德的 = a。③ 而第三项

---

① 邓晓芒：《康德〈实践理性批判〉中的自由范畴表解读》，载《哲学研究》2009 年第 9 期。

② 康德在《基础》（德文版页码 s. 422，注释 1）中明确提醒读者："在此必须指出，我将义务的划分完全留给我将来的《道德形而上学》，所以这里只是为了（安排我的例子）便宜而作出的划分。"译文参见英文版 Immanuel Kant, *Fundamental Principles of The Metaphysic of Morals*, edited and translated. by Allen W. Wood, New Haven and London：Yale University Press, 2002, p. 38。

③ 参见李秋零主编《康德著作全集》（第 6 卷），中国人民大学出版社 2007 年版，第403 页。

范畴"完全的义务和不完全的义务"则是对第二项范畴中"义务"概念的进一步划分。鉴于康德明确宣称"惟有不完全的义务才是德性义务"。① 所以，完全的义务必然就是法权义务。《道德形而上学》中的正义义务与《道德形而上学基础》中的绝对义务不具有一一对应的关系。在《基础》中，完全义务即绝对义务，它意指对此义务的违背行为将必然导致该行为的自动取消，比如不得撒谎的义务。但是撒谎并不违背正义义务，它只是有违他人获得真诚对待的愿望，并未侵犯他人的外在自由。②

关于德性义务和法权义务的根本区别，康德强调"对于后者而言，一种外在的强制是可能的，但前者仅仅依据自由的自我强制。"③显然"完全义务"是可以外在强制的。而"不完全义务"必定是一种自我强制的义务，并且"对这样一些义务来说，一种外在的立法是不可能的。"④ 之所以如此"只是因为它们关涉一个目的，这个目的（或者拥有这个目的）同时也是义务；而预先设定一个目的，这不可能通过任何外在立法办到（因为这是心灵的一个内在行为）。"⑤ 那么哪些是目的同时是义务的目的呢？康德认为它们是"自己的完善、他人的幸福"。⑥

康德说："这一命题（伦理义务出自广义责任，法权义务出自狭义责任——笔者注）是前一命题（法学为行动立法，伦理学为行动的准则立法——笔者注）的结果；因为如果法则仅仅规定诸行动的准则，而不是行动本身，这样它就是一个暗示，即这法则将会给服从

---

① 参见李秋零主编《康德著作全集》（第 6 卷），中国人民大学出版社 2007 年版，第 403 页。

② 详细论证参见［美］涛慕思·博格《康德、罗尔斯与全球正义》，刘莘、徐向东译，上海译文出版社 2010 年版，第 37 页。

③ 李秋零主编：《康德著作全集》（第 6 卷），中国人民大学出版社 2007 年版，第 396 页。

④ 同上书，第 249 页。

⑤ 同上。

⑥ 同上书，第 398 页。

（戒律）留下自由任意的余地（Latitudo，回旋余地），也就是说，法则并不能明确指出，通过朝向目的、同时也是义务的行动，应当怎样去做，以及要做到怎样的程度。——但是一个宽泛的义务被理解为，不是对诸行动的准则的例外的许可，而仅仅是一个义务准则被另一个所限制（比如通过父母之爱而来的普遍的邻里之爱）的许可，由此，实际上德行实践的范围被扩展了。——义务越宽泛，人对行动的责任越不完全；尽管如此，他把戒律的准则（在他的意向中）带得离狭义的（法权的）义务的准则越近，他的德行行为也越完全。"① 也就是说，完全的义务（为行动立法）明确规定必须如何行动，不这样行动就是不合法的，没有任意自由选择的余地。故行动者对此行动有完全的责任，也就意味着他人对行动者有要求其行动的权利。而不完全义务（为行为的准则立法）它并不"明确规定如何行动"，行动者不负有必须如此行动的完全责任，意味着行动者拥有选择是否行动以及如何行动的自由权。所以对德性义务的履行就是有道德的即有功德（meritum）＝a，而对该义务的违背并不必然是不道德的或道德上有过失（demeritum）＝ – a，可能仅仅是道德上无价值的 ＝0。② 比如我负有完善自己或促进他人幸福的不完全义务，但是没有人有权利要求我必须去做一个完善的人或有道德的人，同样也没有人有权利要求我给予他幸福。③ 所以当我把这种不完全的义务作为我的目的去履行时，在道德上必定有"功德（meritum）"；如果我不履行这种义务的话，

---

① Kants Werke, Band Ⅵ, "Metaphysik der Sitten", Berlin：Walter de Gruyter & Co. 1968，s. 390. 英文参见 Immanuel Kant, *The Metaphysic of Morals*, edited and translated, by Mary Gregor, Cambridge University Press，2000，p. 194. 这里康德戒律用的词 Observanz，以便与法则 Gesetze 相区别。康德的法则特指道德律。戒律主要强调外在的合法则的强制性，更接近法权义务。中译文参见李秋零主编《康德著作全集》（第6卷），中国人民大学出版社2007年版，第403页。

② 李秋零主编：《康德著作全集》（第6卷），中国人民大学出版社2007年版，第429页。

③ ［美］杰弗里·墨菲：《康德：权利哲学》，吴彦译，中国法制出版社2010年版，第46页。

在道德上不一定是"过失（demeritum）"。但如果国家强制我实施这些义务则侵犯了我的自由，国家就是不道德的。所以对德性义务的立法将是不可能的。但是像"遵守契约"这样的完全义务，如果我不遵守，不但他人有权利要求我履行，法律也有权强制我履行，所以这种义务就有可能是一种外在强制的义务。当然"在不可以强制执行的地方，如果也遵守诺言，那倒是一种有德性的行为了（德性的证明）。"① 也就是说在不可强制执行的条件下，遵守诺言就成了一种不完全的义务，那么对它的遵守就成了有德性的行为了。可见，法权义务必须是完全的义务，这种义务要求行为者负有完全责任因而必须履行（外在立法或强制）。而不完全义务因为不要求行为者负有完全责任，行为者有任意选择的自由。因此，当行为者仍然把它当作同时是自己的目的的义务（内在立法即自我强制）去实践时，那就是一种道德的行为，至少也是对德行的一种证明。邓先生认为"到了最后一项'完全的义务和不完全的义务'，自由范畴的道德含义已经完全露出来，甚至自由与道德法则也已经融合为一了"。② 这种说法恐有不妥。至少在完全的义务中，自由和道德法则并未"融合为一"。

由此可见，在模态这一栏中，同样有一个等级阶梯："允许的事情和不允许的事情"可预设三种情况：或不道德 = −a，或非道德 = 0，或道德 = a；"违背义务"必然不道德 = −a；义务则有两种情况："完全义务"即法权义务 = 0；不完全义务即德行义务 = a。

总而言之，康德的自由范畴表确实体现了从道德上不确定进向道德上纯粹的自由法则的等级阶梯。只是这个等级阶梯如此隐蔽，以至于难以从表上那十二对范畴中直接看出，需要不断地进行解读。根据本书的解读，笔者列出一张表以结束此次解读。

---

① 李秋零主编：《康德著作全集》（第6卷），中国人民大学出版社2007年版，第227页。
② 邓晓芒：《康德〈实践理性批判〉中的自由范畴表解读》，载《哲学研究》2009年第9期。

表 9

	就善与恶的概念而言的自由范畴表	善恶之可能性	善恶可能性之阐释①
1. 量	主观的、按照准则的（个体的执意）	或 − a，或 0 或 a	
	客观的、按照原则的（规范）	或 0，或 a	
	既是先天客观的又是主观的自由原则（法则）	必然 a	
2. 质	践行的实践规则（praeceptivae，拉丁文：命令）	可预设或 − a，或 0 或 a	善 = a，非善 = 0，− a（0 指纯然缺乏善的一种根据的结果，− a 指善的对立面的一种积极根据的结果即积极的恶）
	制止的实践规则（prohibitivae，拉丁文：禁止）	可预设或 0，或 a	
	例外的实践规则（exceptivae，拉丁文：例外）	必预设 a	
3. 关系	与人格性的关系	或 − a，或 0 或 a	
	与人格状态的关系	或 0，或 a	
	人格对其他人格的状态的交互关系	必然 a	
4. 模态	允许的事与不允许的事	可预设或 − a，或 0 或 a	
	义务和违背义务的事	违背义务 = − a 义务或 0，或 a	
	完全的义务和不完全的义务	完全义务 0，不完全义务 = a	

综上，我们可以看出，在康德那里，法和道德分别处于相互区别和独立的两个完全不同的领域。法属于外在自由的领域，道德属于内在自由的领域。具体而言，法只要求个体的行为与他人在外在自由的领域协调一致，道德则不仅要求行为符合外在自由，而且要求其内在

---

① 三种可能性：a（任意与法则一致即合道德性），0（纯然缺乏道德动机的结果 = a × 0 即合法则性），− a（有动机 a，但缺少任意与法则的一致性 = 0，这只有作为一种对任意的事实上相反的规定的结果，即只有作为任意的一种反抗的结果 = − a，只有通过恶的任意才是可能的）。参见李秋零主编《康德著作全集》（第 6 卷），中国人民大学出版社 2007 年版，第 227 页。

动机是为道德而道德，因此必须符合内在自由的理念。简言之，道德法则是自由意志的内在规律，法权是自由意志的外在规律。而作为跨两界的人格，其内在本质是自我规定性的能力，在逻辑上体现为自由意志的内在规律，而人格概念同时必要外化，要体现为一系列的表象，体现为诸个体的行为，而诸表象呈现出的不同行为处于诸人格之间的交互关系之中，该交互关系在纷繁复杂的社会关联中具有某种稳态结构，这就要求体现内在自由的诸个别行为须符合一定的外在规律。否则，从任意出发的主观意志根本无法上升到客观法则。

第六章

法之超验性与经验性的辩证统一

第一节　本体论意义上的法：以人格为终极目的、自由为理念之命令

　　法的本质一直是法哲学家探索的核心问题。就国外近现代研究成果看，以德国学者考夫曼为代表的"主体间合意"，以美国学者罗尔斯为代表"新契约模式"，以哈贝马斯为代表的"商谈模式"，以德国学者贡塔·托依布纳为代表的"自创生系统"等各种不同理论范式，都可以追溯到康德的外在自由"法权说"或黑格尔的"自由意志定在说"，这些建立在德国古典法哲学理论基础之上的理性法学派更注重自由和人格与法的本质关联。所以对法权命令说进行英美经验派与德国理性派的比较分析，是非常有意义的；同时，也可以从中发现一条从德国古典法哲学到现代法学理论的思维线索。

　　分析法学派的奠基人奥斯丁的著名论断是"法律本质上是命令"。但纯然实证的研究方法，给他的理论带来了矛盾和缺憾。奥斯丁的命令说没有找到法的本质，只发现了法的某些要素。康德从道德之"绝对命令"出发，认为法权的基础是道德，并根据道德之绝对命令公式提出法权的命令公式。但康德的法权命令说只是一种纯粹的抽象形式，剥离了个体在法权关系中实质内容，这种单子论的法哲学方法论，受到黑格尔的批判。黑格尔的法权命令说是自由

意志的运动和发展体系。黑格尔对自由、道德与法的内在关系做了更深入的分析。法的真理在于自由。但这自由首先是作为一个本质性的命令展示出来。

一 奥斯丁的法律"命令说"

作为分析法学派的真正奠基人，奥斯丁（John Ausitin，1790——1859 年）提出了他那著名的论断：法律实质上是命令。用奥斯丁本人的话说就是："准确意义上的法（laws），具有命令（commands）的性质。如果没有命令的性质，无论何种类型的法，自然不是我们所说的准则意义上的法。"[①] 奥斯丁深受霍布斯和边沁的影响，作为一个功利主义伦理学的信奉者，他认为功利原则是衡量法律的最终标准。当然奥斯丁所说的法律有他自己划定的特定范围。在他那本基本概括他的法学理论的《法理学的范围》著作中，他提出："法理学是一种独立而自足的关于实在法的理论。'法理学'所关注的是实在法，或严格意义上的法律，而不考虑这些法律的善或恶。"[②] 也就是说，奥斯丁认为法理学研究的真正对象是由人制定的实际存在的法。奥斯丁认为与"实在法是怎样的"相对应的"实在法应当是怎样的"这一与伦理科学密切相关的科学属于立法科学。虽然奥斯丁宣布在法理学的研究中摒弃伦理问题的研究，但是他实际上还是将功利原则作为法律的检验标准而将功利主义的伦理原则纳入法理学中。

奥斯丁根据不同的标准对法进行了划分。根据是否完全符合"命令"这一性质，将法分为准确（严格）意义的法和非准确（非严格）意义的法。而严格意义上的法实质上就是"一个理性存在者

---

① ［英］约翰·奥斯丁：《法理学的范围》，刘星译，中国法制出版社 2002 年版，导论，第 2 页。

② 同上书，第 12 页。

为了约束另一个理性存在者而制定的规则"①。根据最广泛意义的角度，将法分为四类②：1. 上帝法；2. 实际存在的由人制定的法；3. 实际存在的社会道德规则或伦理规则；4. 隐喻意义上的法。比如制度生长的法则或者经济领域的供求法则等等。根据法的对象，又将法分为两类：第一，上帝对人类制定的法；第二，人类对自己制定的法。而人类对自己制定的法包括两种类型："政治优势者"制定的法和非政治优势者制定的法。所谓"政治优势者制定的法"是指在独立的国家或政治体制中，由行使统治权力的人制定的规则。所谓"非政治优势者制定的法"是指由舆论建立的规则。由舆论制定的规则不属于严格意义上的法。只有具有"命令"性质的法才是准确意义上或严格意义上的法。而"命令"这一术语本身还涉及"制裁"、"强制服从"、"义务"、"责任"、"优势者"、"劣势者"等术语。③ 实际上根据奥斯丁对法的本质（即命令）的界定，只有两种划分，一种为严格意义上的法即命令，一种为非严格意义上的法，即隐喻意义上的法，即这类法采取"频繁的类比式修辞"而被称为法。④ 也就是说，凡不具备"命令"性质的法都不是真正的法。因而对"命令"范畴的界定将是非常重要的。奥斯丁认为所谓"命令"的定义就是："如果一方不服从另外一方所提出的意愿，那么，前者可能会遭受后者所施加的不利后果。"⑤ 也就是说，无论提出这一意愿的方式是采取命令式的言语方式还是采取礼貌恳切的语言方式，只要提出这一意愿的一方对相对方的不服从有惩罚的权利，那么这一意愿的提出就是一项"命令"。反过来，对于相对方而言，就有对这一意愿服从的"义务"或"责任"。因此，"命令"和

---

① ［英］约翰·奥斯丁：《法理学的范围》，刘星译，中国法制出版社 2002 年版，第 13 页。

② 同上书，导论，第 3 页。

③ 同上书，导论，第 6 页。

④ 同上书，第 10—16 页。

⑤ 同上书，第 19 页。

"义务"两对范畴是一种相互包含的关系，"命令"这一范畴分析地包含着"义务"这一范畴。即"当命令出现的时候，义务也就出现了。当命令被表达出来的时候，一个义务也就被设定了"。① 这时，就出现了另外一个范畴即"制裁"或"强制服从"。当一个意愿以不利后果为强制服从的约束出现时，义务就产生了。如果义务得到履行，则"强制服从的约束"就在客观上达到了效果，如果义务没有得到履行，则"强制服从的约束"用另一种形式即"制裁"的形式得到了间接实现。所以无论是履行义务还是违背义务，都包含着"强制服从"的因素。当然这些谈论的都是作为法之"命令"的内涵。而作为法之"命令"还有其外延，即适用的普遍性，包括对一般行为和对之服从主体的普遍约束力。与"义务、强制、责任"等范畴相关的内涵，使得作为法的命令区别于非严格意义上的规则；而与"普遍适用性"相关的外延，使得成为法的命令区别于具备法性质的具体命令。奥斯丁认为凡是具有命令性质的法都是他所称的严格意义上的法。虽然法理学研究的对象是严格意义上的法，但是并不是所有严格意义上的法都是法理学的研究对象。只有本质上是主权者的命令的实在法才是法理学的对象。也就是说，奥斯丁认为法理学只研究实际有效力的法或者说，只对法进行实证的研究。正如张乃根教授所说："奥斯丁的实证主义法学不仅体现在对实在法概念本身的定义式分析，而且广泛表现在对'权利'、'义务'、'自由'、'物'、'行为'、'意志'、'动机'、'故意'、'过失'等一系列法律基本概念的实证分析。"② 因此，奥斯丁认为：只有法定权利而没有自然权利；自由只是意指拥有某种法律上的权利；而且只有当被法律赋予法定权利资格，自然人才具有独立的主体性人格。

---

① 〔英〕约翰·奥斯丁:《法理学的范围》，刘星译，中国法制出版社2002年版，第19页。

② 张乃根:《西方法哲学史纲》，中国政法大学出版社2002年版，第229页。

　　许多人认为奥斯丁忽视了授权性的规则，但实际上在奥斯丁看来，可以存在仅仅规定义务的法，却并不存在仅仅授权性的法。有些法仅仅规定了义务而没有相对应的权利，这些义务被称为绝对义务。而那些被授予权利的法，必须同时被要么明确地要么暗含地设定义务，这些义务被称为相对义务，即与权利有关的义务。也就是说奥斯丁并不是忽视了授权性规则的存在，而是从本质上看，授权性规则也是具有强制性的特性，即享受权利的一方的存在就意味着不得违背该项权利的义务存在。也就是说奥斯丁是用"命令"、"强制"、"义务"等这些范畴作为一种本质对法进行了描述。而授权性规则因为也符合这一本质特征而被包含在命令之法的范围内了。

　　当然并不是所有的义务都是法律义务，只有那受到法律强制即包含着法律责任的义务才是法律义务，而不受法律强制的义务则被成为非法律义务，可能是宗教义务或道德义务。所以这些义务是非法律义务。但是却与法律义务有莫大的关联。比如奥斯丁认为上帝法设定的义务为宗教义务，而上帝法被认为是准确意义上的法，并且上帝法是人类行为的终极标准。奥斯丁认为上帝法作为上帝为人类制定的法，它因为上帝拥有的绝对完全的权力，所以也有作为义务之后盾的制裁即由恶果或痛苦构成的宗教制裁。因此上帝法也是符合"命令"这一本质特性的。奥斯丁将上帝法理解为我们通常所说的"自然法则"、"自然法"、"通过自然或理性而传达给人们的法"① 等。当然，虽然奥斯丁认为上帝法或"自然法"是衡量法律的目的的标准，但是实际上，他认为上帝法是通过功利原理标示出上帝的命令的，所以与其说奥斯丁认为上帝法或自然法是衡量法律的目的的标准，倒不如说是功利原理作为法律的终极衡量标准。正如他说，"上帝的仁爱，以及一般性的功利原则，才是我们理解上

---

　　① ［英］约翰·奥斯丁:《法理学的范围》，刘星译，中国法制出版社 2002 年版，第 44 页。

帝的没有明确阐述出来的法的惟一标记或理解渠道"。① 比如拿偷窃的例子来说。如果一个穷人偷窃了富豪家的一点财富，他的行为本身并没有造成有害的结果，并且从该行为的效果（剩余财富被适当地调配到所需者的手中）来看，可能还促进了善。但是如果默许了偷窃，该行为将会普遍化，那直接影响了对所有权的保障，由此将会产生"多米诺骨牌效应"：所有权没有保障—资本积累丧失—没有工资支付的经济基础—没有劳动分工—生产力下降—社会财富减少—产生更大的恶—穷人的财产状态更加恶化。回过头来，如果我们对穷人的盗窃行为进行制裁，那么就会避免这种"多米诺骨牌效应"的发生。虽然从个案看，穷人对富豪的偷窃在某种意义上会产生有益效果，但是这种效果跟更大的恶相比可以忽略不计②。惩罚本身是一种恶，但是普遍性的惩罚制度却遏制了更多的犯罪行为，因此，这一本身性质为恶的行为，却能产生善的结果，因此是符合法律的目的的。也就是说，某一行为是否为法律所禁止，只须看该行为"普遍化"的后果是善（即一般幸福）的还是恶的。对于奥斯丁来说，实在法的善恶的判断标准为与功利原则相一致，也与上帝法或自然法相互一致。

奥斯丁开启了实证主义的核心主题："法律与道德的分析性分离。"③ 奥斯丁关于法之本质的论证依赖于一种由"知识、权力、命令和服从等基本要素"构成的一种社会政治构造。④ 所以他虽然对法的本质下了一个极其简单的定义：法即命令。但是这一概念却是一个包含着权力、强制、义务、责任等复合元素在内的综合概念，总的来说，奥斯丁实在法最本质的因素就是命令和强制性。但也并

---

① ［英］约翰·奥斯丁：《法理学的范围》，刘星译，中国法制出版社 2002 年版，第 48 页。

② 同上书，第 48—49 页。

③ ［英］韦恩·莫里森：《法理学——从古希腊到后现代》，李桂林等译，武汉大学出版社 2003 年版，第 229 页。

④ 同上书，第 227 页。

非每个命令都是法律，"只有一般性的命令——强制某个人或某些人必须为某类行为或不为某类行为——才具有法律的性质。"① 在划定了法理学的范围之后，奥斯丁对"人"、"权力"、"自由"等概念进行了分析。他认为所谓权利就是法律权利，不存在自然权利或先验权利。而且所有的权利都是相对于义务而存在的，但是并非所有的义务都相对于权利而存在。人的概念也是建立在权利之上的。奥斯丁认为所谓人就是"被赋予法定权利资格并且具有权利能力的人"。② 而所谓自由就是拥有法定权利。"因为如果没有对免于外界阻碍的确保，符合某人意志的行动自由根本就是一种幻想。"③

探讨实证主义法学，很多人想当然地产生误解，认为法律与道德没有关系。其实即便像奥斯丁宣称的"法律的存在是一回事，其优点和缺点是另一回事。它存在或不存在是一种探究；它符合或不符合某个假定的标准是另一种探究"。④ 法律与道德的分离也只是概念上的分离，或者从单纯学科的角度进行的划分，或者从研究方法上的一种区分。比如奥斯丁认为法理学的范围就是研究实在法，无论该法是善还是恶，也无论它的正当性理由是什么，法理学仅仅采取实证研究的方法来研究实际由人所制定的法以及该法所具备的本质特征。而且即便像奥斯丁这样实证主义法学的忠实信奉者，他仍然还是引入功利主义的伦理原则来为他的理论提供论证的正当性依据。

当然也正是奥斯丁的这种纯然实证的研究方法，给他的理论带来了矛盾和缺憾。有学者一针见血地指出："奥斯丁理论的不充分性主

---

① 参见［英］约翰·奥斯丁《法理学的范围》，刘星译，中国法制出版社 2002 年版，第 30 页，译文参考［美］博登海默《法理学——法律哲学与法律方法》，邓正来译，中国政法大学出版社 2004 年版，第 126 页。

② John Austin, *Lectures on Jurisprudence, or the Philosophy of Positive Law*, London: Schloarly Press, Inc., 1977, p. 162.

③ Ibid., p. 165.

④ 参见［英］韦恩·莫里森《法理学——从古希腊到后现代》，李桂林等译，武汉大学出版社 2003 年版，第 237 页。

要来自于他选择命令和习惯性服从的概念作为基本分析工具。"① 并且即便在实证分析法学的内部，奥斯丁也受到诸多批评。其中最为经典的批评就是哈特。哈特针把奥斯丁的"命令说"斥为"强盗命令说"。虽然奥斯丁提出法律的命令具有普遍性和一般性，但是正如凯尔森提出的，即便是强暴者的命令也可以针对"多数人"以普遍的方式进行。② 至于奥斯丁用"相对义务"方式将授权性法则包容在义务性法则之下，我国学者刘星也作出相当出色的批评。比如他说："如果人们可以认为授权性质的法律是以间接方式呈现'强制'的，从而依然是以'制裁'作为后盾，那么，人们同样可以认为义务性质的法律，是以间接方式呈现'非强制性'的，从而不是以'制裁'作为后盾的。这样，当奥斯丁认为，义务性质的法律是以直接方式，授权性性质的法律是以间接方式呈现制裁，那么，人们自然可以认为，授权性质的法律是以直接方式，义务性质的法律是以间接方式，没有呈现制裁的内容。"③

二 康德的绝对命令说

康德的"绝对命令"是探讨康德实践哲学不可绕过的概念。在康德那里，"绝对命令"也可以叫做定言命令或道德法则或自由法则或最高的善或无条件的善良意志。绝对命令又被称之为道德公式。按照康德的话说，绝对命令只有一条，但是康德又用了三条变形公式对该条绝对命令进行了阐述。当然也有人将该条绝对命令称为绝对命令的"基本形态"，这是相对于绝对命令的三条变形公式（即自然律公式、

---

① 参见［英］韦恩·莫里森《法理学——从古希腊到后现代》，李桂林等译，武汉大学出版社2003年版，第233页。

② 参见［奥］凯尔森《法与国家的一般理论》，沈宗灵译，中国大百科全书出版社2003年版，第33页。

③ ［英］约翰·奥斯丁：《法理学的范围》，刘星译，中国法制出版社2002年版，译者序第13页。详细论证参见刘星《法律是什么》，中国政法大学出版社1998年版，第28—29页。

目的公式、自律公式）而言的。也有人将三条变形公式称为从属形
态。我们分别把定言命令和三条变形公式列举出来。

表 10

定言命令		要这样行动，使得你的意志的准则任何时候都能同时被看作一个普遍立法的原则。①
变形公式	自然律公式	你要这样行动，就像你行动的准则应当通过你的意志成为普遍的自然法则一样。②
	目的公式	你要这样行动，把不论是你人格中的人性，还是任何其他人的人格中的人性，任何时候都同时用作目的，而决不只是用作手段。③
	自律公式	每个人类意志都作为一个凭借其全部准则而普遍立法的意志。④

三个变形公式按照康德自己的话说："从根本上只是同一法则
（即定言命令——笔者注）的多个公式而已，其实任何一种自身都结
合着其他两种。"⑤ 但康德之所以在明确提出定言命令之后，又提出三
个变形公式，是因为"它们之中毕竟有一种差别，虽然这差别与其说
是客观—实践上的，不如说是主观的，即为的是使理性的理念（按照
某种类比）更接近直观，并由此更接近情感"。⑥ 也就是说，毕竟绝对
命令是纯粹理性推论出来的抽象公式。通过三个变形公式，可以为人
们认识到的法则"提供一个入口"，从而使得定言命令更接近直观。
显然，假设每个人的行为都有某种准则，而无论哪种准则都包含形式
与质料两个因素。作为一个社会人，必然处于一种主体间的交互关系

---

① ［德］康德：《实践理性批判》，邓晓芒译，人民出版社 2003 年版，第 39 页。
② Kants Gesamm elte Schriften, Band Ⅳ, s. 421, 译文参见邓晓芒《康德〈实践理性批判〉中的自由范畴表解读》，载《哲学研究》2009 年第 9 期。
③ 同上。
④ 同上。
⑤ Kants Gesammelte Schrif ten, Band Ⅳ, S. 436, 译文参见 ［德］康德《道德形而上学基础》，杨云飞、邓晓芒译。
⑥ 同上。

之中。显然，每个人的行为准则如果必须能够在这种交互关系中共存的话，那么就必须使得主观的准则经受住普遍性的检验。当然这种检验还只是形式上的检验，也就是说，一个人的准则能够在外在方面与普遍的法则相一致。而这种外在的一致，康德认为是由法权关系来调整。当然康德还是不满意这种外在一致。也就是说作为一个理性哲学家，康德认为，根据理性本身无限追溯的本性，不但要考察准则的外在普遍性和交互关系中的协调一致性，还要追溯准则的内在目的性。所以，从整体上考察所有的准则，那么它就会具有这三种特征：一是形式的普遍性。根据这种性质，就产生了一个自然律的模型："必须这样来选择准则，就好像它们应当如同普遍的自然规律那样有效。"①二是目的客观（终极）性。作为目的的客观性也就是有一种目的它本身自在的就是目的本身，它是一切其他相对的或任意的目的的无条件之目的，而本身不再作为其他目的的手段。这种目的也可以被称为终极目的。也就是说，任何一条准则都必须预设这个终极目的，并且永远不能把这个自在的本身就是终极目的仅仅当作手段，而必须要同时把它当作目的本身。显然这种自在的目的本身就是本真的人格性。用康德自己的话说就是人格性。"理性存在者就被称之为人格，因为他们的本性已经凸显出他们就是自在的目的本身，即某种不可仅仅被当作手段来使用的东西，因而在这方面就限制了一切任意（并且是一个敬重的对象）。"② 第三，由前面两个公式，即自然律公式和目的公式，康德更进一步，从而提出他的自律公式。用他自己的话说就是"给全部准则一个完整的规定，即：所有出于自己的立法的准则，应当与一个可能的目的王国——就像与一个自然的王国那样——协调一致"。③提出自律公式之后，一个道德的王国或自由的王国因而就出现了。这

---

① Kants Gesammelte Schriften，Band Ⅳ，S. 435，译文参见［德］康德《道德形而上学基础》，杨云飞、邓晓芒译。

② 同上。

③ 同上。

样，不但每个人基于自己准则的行动能够外在地与他人的行为或准则相一致，而且也内在地为了道德本身而自我立法。因此康德说："任何一个理性存在者，作为自在的目的本身，不论它所服从的是什么样的法则，必须能够同时把自己看作普遍立法者，因为正是它的准则之适合于普遍立法，才使理性存在者作为自在目的本身凸显出来，与此同时，它的这种优先于一切单纯自然物的尊严（特权）使得它任何时候都必须从它自身的视角出发，但同时也要从任何其他有理性的、作为立法者的存在者（它们正因此也被称为人格）的视角出发来采用自己的准则。于是，一个理性存在者的世界作为一个目的王国，以这种方式就有可能，这就是通过作为成员的所有人格来自己立法。"①

上面我们简要地说明了康德的定言命令及其三个变形公式。从上面的梳理中，我们能够看出，最高的道德原则与从属的道德规则之间有一种相互递进的关系。也就是说定言命令只是纯粹形式的公式。这种公式可以运用于人类实践的两个基本领域：法和道德。因此，我们可以看到，在法权领域中，康德提出了法的绝对命令。大部分学者更关注道德领域的定义命令，而忽视了法权领域的法的绝对命令。笔者下面着重探讨法的绝对命令。有人可能会提出疑问，前面提到康德认为绝对命令或定言命令只有一个，怎么这里又提出法的绝对命令？因此有必要首先做一个说明。关于"绝对命令或定言命令只有一条"的说法，是康德自己多次明确说明的。第一，在康德的《实践理性批判》中，康德提出定言命令是纯粹实践理性的基本法则，并且选择这一法则是"德性原则的惟一可能的原则"。② 第二，在《道德形而上学基础》中，康德也反复强调，"因而，定言命令只有唯一的一个，这就是：你要仅仅按照你同时也能够愿意它成为一条普遍法则的那个

---

① Kants Gesammelte Schriften，Band Ⅳ，S. 435，译文参见［德］康德《道德形而上学基础》，杨云飞、邓晓芒译。

② ［德］康德：《实践理性批判》，邓晓芒译，人民出版社2003年版，第55页。

准则去行动"。①

那么问题在于，法的绝对命令有没有？有的话，与"定言命令只有一条"的观点是否相互矛盾。笔者的回答是，"法的绝对命令"存在，并且与"定言命令只有一条"的观点并不矛盾。因为那条独一无二的定言命令只是"纯粹理性的形式的实践原则"。② 我们从前面对康德的自由范畴表的解读中也可以看出，定言命令是纯粹实践理性的自由意志，是主观和客观完全统一的道德公式。③ 而这个道德公式也是"从一般日常的自由概念引向最高的道德意义上的自由意志概念"。④ 所以定言命令完全剥离了理性的不纯粹性而达到的一种形式标准。这种纯粹的形式标准如同纯粹几何学的公设一样是"实践命题的公设"⑤。该公设表明："应当如何行动"才是纯粹道德的检验公式。就像所有的数学公式要进行运用一样，该条"实践命题的公设"也要在人类实践领域进行运用。那么运用在法权领域，就成了检验某一行为"合法性"即正义性的标准。那么检验正义性的标准或公式就成为法的绝对命令了。德国学者赫费认为"我们可以明确地说绝对命令在形式的意义上被限制为善德，也就是说，绝对命令专指道德

---

① Kants Gesammelte Schriften, Band Ⅳ, s. 421, 译文参见 ［德］康德《道德形而上学基础》，杨云飞、邓晓芒译。

② ［德］康德：《实践理性批判》，邓晓芒译，人民出版社 2003 年版，第 55 页。

③ 有学者提出，定言命令被认为既具有形式的一致性和普遍性的要求，也有实质内容（人格目的的终极性和立法的自律性）的要求，并且追问何者优先的问题。笔者认为定言命令作为纯粹实践理性本身，当然是主客观的同一体。并且在它本身也无所谓何者优先的问题。倒是只有定言命令在后天的经验运用中，因为存在者主客观相分裂的状态，所以在存在着何者优先的问题。关于这种问题，康德也做出了形式原则优先于实质原则的明确回答。但是这并不是说在定言命令本身中有个优先性的问题，而是说在不纯粹的实践理性的运用中，即在人类的实践活动中，形式原则优先于实质原则。比如在法权领域，只要求外在行为的合法性，而不要求内在动机的道德性。参见 ［美］涛慕思·博格《康德、罗尔斯与全球正义》，刘莘、徐向东等译，上海译文出版社 2010 年版，第 34—36 页。

④ 邓晓芒：《康德〈实践理性批判〉中的自由范畴表解读》，载《哲学研究》2009 年第 9 期。

⑤ ［德］康德：《实践理性批判》，邓晓芒译，人民出版社 2003 年版，第 40 页。

性，但是内容上包括善德和法"。① 康德确实也明确提出了"法的绝对命令"的命题："如此外在的行动，使你的任意的自由运用能够与每个人按照一条普遍法则的自由而共存。"② 并且康德这条原则成为"法权的普遍法则（或普遍的法权原则）"，这与绝对命令被称为"纯粹实践理性的普遍法则"的表述是相同的。可见，即便在用语上，康德也一以贯之。不但如此，在论述其他法权概念的时候，康德仍然运用这种普遍形式的检验公式。如在演绎所有权的占有概念之时，康德认为占有的可能性必须符合一种先验的可能性条件，即"一个非经验性的占有概念的演绎建立在实践理性的法权公设之上：'要这样对待他人，使得外在的（可使用的）东西也能够成为任何一个人的他的'，这是一条法权义务"。③

现在我们来详细考察法权的绝对命令的相关内容。与道德法则之定言命令不同，法权的命令着眼于人们的外在行为的一致性或正义性。有人责备康德的定言命令似乎"过分虚无"，从而"迷恋于人人都按我选择的准则而行事的可能世界"。与此正好相反，法权理论证明了康德很"关注人的要求必然会产生冲突的现实世界"。④ 总的来说，道德命令是人的内在自由和外在自由的完美统一，而法权命令只要求外在自由的实现。对于人们的行动而言，德性义务是为该行动的准则立法，唯有这种立法才能实现人的内在自由，法权义务是对行动的立法，唯有这种立法才能保障人的外在自由的实现。也就是说，在

---

① 关于法的绝对命令如何可能的详细论证，参见 [德] O. 赫费《康德之作为法的绝对命令的正义原则》，杜文丽译，载《世界哲学》2007 年第 3 期。

② 李秋零主编：《康德著作全集》（第 6 卷），中国人民大学出版社 2007 年版，第 239 页。译文参照英文版有改动。英文版参见 Immanuel Kant, *The Metaphysic of Morals*, edited and translated by Mary Gregor, Cambridge University Press, 2000, p. 56.

③ 李秋零主编：《康德著作全集》（第 6 卷），中国人民大学出版社 2007 年版，第 260 页。

④ 相关论证见赫费（Otfried Hoffe）：Der Kategorische Imperativ als Grundbegriff einer normativen Rechts – und Staatsphilosophie，转引自 [美] 涛慕思·博格《康德、罗尔斯与全球正义》，刘莘、徐向东译，上海译文出版社 2010 年版，第 34—36 页。

法权的命令中，解决的是个体之间外在自由的共存问题，而不关心个体与自身的本质性存在的共存问题。

奥斯丁的"命令说"认为法律是自由、主体（人）、权利等正当性理由，除了实在法赋予的自由之外，一切自由都是虚幻的；只有法定权利而无任何先天权利；一个拥有人格的主体不过是被赋予了法定权利的资格并且能行使这些权利的人。康德与此相反，认为自由作为一个理性的事实，是道德和法之所以可能的前提。自由权是唯一的生而具有的法权，并且该法权是一切法权的先天原则。人格必须成为一切实践哲学的终极目的，对于法权而言，人格就是能够归责的主体，而主体之作为能够归责，理由就是他的行动是他的自由选择。①

虽然在康德的法权命令中，也运用了"强制"的概念，但是该"强制"的概念与奥斯丁的强制概念立基于完全不同的理由之上。奥斯丁的"强制"概念是立基于权威、权力、政治优势者等现实力量。而康德的"强制"概念却是立基于与自由和正义、道德等理念之上。关于这方面的详细论证，参见本书的第四章第三节之法是自由的现实化。这里不再赘述。就奥斯丁和康德关于法的命令说而言，两者的终极原则是截然相反的。对康德而言，自由、人格、正义是法权的正当化理由，而对奥斯丁而言，情况完全相反，法是自由、权利和人格的正当化理由。为什么产生了如此颠倒性的判断，根本原因在于两者所坚持实践原则不同，奥斯丁信奉的是功利主义伦理原则。而康德完全反对一切经验性的伦理原则，而坚持纯粹理性的德性原则。关于两类原则的区别详细论证参见本书第三章人格与自由的逻辑关系中"基于不同人格本质的诸伦理学"部分。

我们可以拿刑罚作为例子，来详细阐明这两种命令说的本质性差

---

① 相关论述详见康德《道德形而上学》。中译本见李秋零主编《康德著作全集》（第6卷），中国人民大学出版社 2007 年版，第 218—251 页。英文版参见 Immanuel Kant, *The Metaphysic of Morals*, edited and translated by Mary Gregor, Cambridge University Press, 2000, pp. 40 – 66.

异。包括奥斯丁在内的功利主义者认为，惩罚因为带来痛苦，本身就是一种恶。这种恶得以存在的正当理由就是能实现预防或减少犯罪的这一目的。也就是说某一行为本身的善恶并不是其是否遭受惩罚的正当理由，而是如果该行为不受到惩罚是否带来更大的恶果才是成为某一行为本身是否受到惩罚或遏制的正当理由。康德极力反对这种将个人仅仅作为手段的做法。每个人格作为客观目的本身都具有绝对价值，他承担责任或者接受惩罚的唯一原因在于他是某种行为的自由主体，如果该主体自由选择的行为侵犯了他人同样的自主权利，他就必须承担责任接受惩罚。因此接受惩罚的原因正是尊重个人自主的人格尊严。康德说："无论为了犯罪者本人还是为了公民社会，司法的惩罚绝不能仅仅作为促进另一种善的手段，惩罚被施加给某个人只能因为他犯了罪。因为人决不能仅仅作为实现他人目的之手段，或被当作物的法权对象：他的天赋人格性保护他不受此种遭遇，即便他有可能被判决失去公民人格。在任何想要从对他的惩罚中得到好处（为了他本人或其他公民）想法之前，他必须预先就被认定是应受惩罚的。刑罚的原则是一条定言命令，对于那个爬过功利主义的曲径，为了去发现某种东西，通过它所许诺的好处，能够免除对他的惩罚或甚至仅仅是减轻惩罚的程度的人来说，按照法利赛人的格言：'一个人的死胜过全民族的毁灭'，那他就要倒霉了。因为如果正义消失了，人世间就再也没有什么价值可言了。"①

三 黑格尔的命令说

提起黑格尔的法哲学，人们耳熟能详的就是那句著名而又经典的命令说："成为一个人，并尊重他人为人。"② 黑格尔的哲学（包括法

---

① Immanuel Kant, *The Metaphysic of Morals*, edited and translated by Mary Gregor, Cambridge University Press, 2000, pp. 140–141. 中译本李秋零主编：《康德著作全集》（第6卷），中国人民大学出版社2007年版，第343页。译文根据英文版本有改动。

② ［德］黑格尔：《法哲学原理》，范扬、张企泰译，商务印书馆1961年版，第46页。

哲学）是在超越康德的基础上形成的。黑格尔虽然也提出"命令说"，但是其实黑格尔所讲的"法"与一般意义上所讲的"法"是有很大区别的。要理解黑格尔的法以及法哲学，我们先来简要梳理一下黑格尔的哲学体系，因为法哲学是黑格尔庞大的哲学体系的一个重要部分。正如黑格尔在《法哲学原理》一书的序言中就开章明义地宣布："本教科书便是对于在那部书（即《哲学全书》——笔者注）中已包含的关于同一哲学部门的基本概念所作更为详尽尤其是更有系统的阐述。"① 搞清楚法哲学在黑格尔整个哲学体系中的位置有利于我们更准确地把握它。

黑格尔的哲学体系由逻辑学、自然哲学、精神哲学三部分构成。为了更为直观，下面列一张图。②

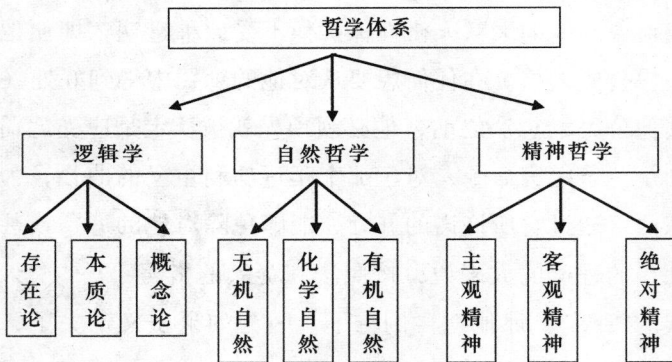

图1

从上图中我们能够看出，黑格尔的体系都是三段论式即正反合。

---

① ［德］黑格尔：《法哲学原理》，范扬、张企泰译，商务印书馆1961年版，序言，第1页。

② 当然关于黑格尔哲学体系的内容编排，不同的研究者有不同的意见，本书采取主流看法。如海德堡出版的《〈哲学全书〉纲要》、韦伯的《哲学史》、美国《哲学百科全书》等的编排方式。具体参见林喆《权利的法哲学——黑格尔法权哲学研究》，山东人民出版社1999年版，第1—36页。

辩证逻辑是黑格尔的哲学体系贯彻始终的方法论。黑格尔强调要用包含着逻各斯和努斯精神的理性来理解整个宇宙精神和生命过程。逻辑学是黑格尔整个哲学体系的大纲，该部分包括存在论、本质论和概念论三部分。存在论是逻辑学也是整个哲学体系的起点。在黑格尔看来，逻辑学首先应该是本体论，即关于一切存在之存在的学说。① 在存在论里面，黑格尔主要探讨了"存在（Sein）、无（Nichts）、变易（Werden）"这三个体现了第一个"正反合"的概念。"纯存在"是第一个最抽象的没有任何内容的范畴，它只是标志着一个纯开端和起点，或者只是一个"空洞的决心"②。从内容看它就是一个"无"。但这个"无"又是对"纯存在"的无，是一个有规定的无，并不是纯粹的虚无与空洞。因此，"存在"范畴就内容而言，就过渡到"无"。"既然存在自我否定为无，无也否定自身而为存在，所以从否定到否定之否定就形成了第三个范畴，即'变易（Werden）'。变易是存在和无的动态的统一，……在这种统一中，变易成了第一个'具体概念'，即有了自己的具体内容，它把存在和无都变成了自身概念内部的两个环节，并由此使存在和无成为了特定的存在（定在）和特定的无，从而具有了'质'的规定性。③"而本质论就是对存在论的反思，即追溯过去了的存在。④ 本质论包括本质自身、现象和现实三部分。本质自身主要是指同一性，即"在变化的杂多事物中保持同一不变的东西"。⑤ 但是这种同一性又要运动、发展，要自我否定，自我异化，向着自己的否定面转化。而"自我否定"、"自我运动"、"自我发展"必然要表现在出来，于是就产生了"现象"范畴。"现实"

---

① 参见邓晓芒、赵林《西方哲学史》，高等教育出版社 2005 年版，第 245 页。

② 同上书，第 246 页。

③ 邓晓芒、赵林：《西方哲学史》，高等教育出版社 2005 年版，第 246 页。

④ 黑格尔这里巧妙地利用了德语中本质和存在的内在逻辑关联。比如本质 Wesen 是从存在 Sein 的过去式（gewesen）变来的。参见邓晓芒、赵林《西方哲学史》，高等教育出版社 2005 年版，第 246 页。

⑤ 同上书，第 247 页。

范畴则是本质和现象的统一。逻辑学的第三部分"概念"则是对前面"存在"和"本质"这两个正反概念的合题。概念就是本质的存在，或者是存在的真理，或者是现实的存在。"从存在到概念的进展不过是存在本身的自我深入，存在在概念中发现了自己的真正本质，即自由。黑格尔理解的概念不是僵硬的形式、现成的框架，而是'自由的原则'，是'独立存在着的实体性力量'"。① 在概念论部分又包含着主观性、客观性和理念三个阶段。

逻辑学之所以是黑格尔整个哲学体系的大纲，是因为"它凝聚着全部逻辑力量的理性的主观能力，它能够外化出丰富多彩的现实的客观存在即自然界。"② 所以自然哲学是逻辑学的应用或外化。而到了有机自然中，又发展出了人，因此产生了精神哲学。精神哲学分为主观精神、客观精神和绝对精神三个部分。主观精神包括人类学、精神现象学、心理学三个阶段，而客观精神则包括抽象法、道德、伦理三个阶段。客观精神主要是精神的现实化，是人的自由意志的活动，或者说是精神的外化。它外化出人自身以及人之间的交互关系，在这种现实的存在以及交互关系中，自由意志的实践活动创造出了法律、道德、伦理。所以客观精神部分主要体现在法哲学里面。到此为止，我们大致明白了法哲学在黑格尔整个哲学中的地位以及它如何发展过来的。

下面我们来看看法哲学的体系。林喆教授在她的博士论文中列了一个图，我们来看看：

黑格尔指出："法哲学这一门科学是以法的理念即法的概念及其现实化为对象的。"③ 法的理念实际上就是自由，"自由构成了法的实

---

① 黑格尔这里巧妙地利用了德语中本质和存在的内在逻辑关联。比如本质 Wesen 是从存在 Sein 的过去式（gewesen）变来的。参见邓晓芒、赵林《西方哲学史》，高等教育出版社 2005 年版，第 249 页。

② 同上书，第 252 页。

③ ［德］黑格尔：《法哲学原理》，范扬、张企泰译，商务印书馆 1961 年版，第 1 页。

体和规定性", 所以法的体系就是现实的自由王国。换句话说, 法就是自由意志的定在。而意志又属于精神的领域, 因此 "法的基地一般说来是精神的东西"。① 对于黑格尔的法概念而言, 精神、意志、自由、思维是非常重要的几个范畴。

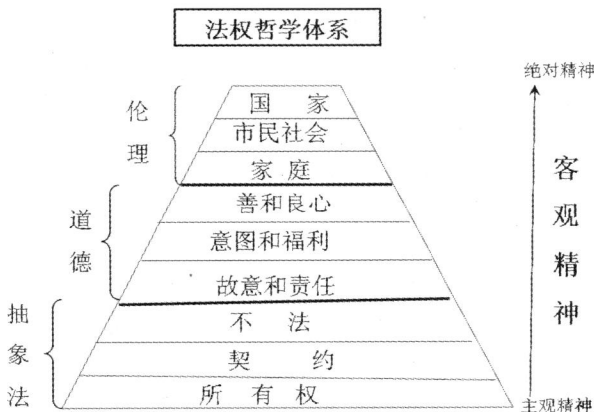

图 2

精神从理论和实践的角度可以分为思维和意志两个方面。黑格尔在《法哲学原理》中多次提到思维与意志的关系。黑格尔批评康德将思维和意志看成是人的两种不同的官能。他说 "精神一般说来就是思维, 人之异于动物就是因为他有思维。但是我们不能这样设想, 人一方面是思维, 另一方面是意志, 他的一个口袋里装着思维, 另一个口袋里装着意志, 因为这是一种不实在的想法"。② 换句话说, 它们的区别不过是站在不同的角度来看待精神, 或者它们不过是人们对待同一个精神的两种态度。

可以这样说, 思维相当于康德的理论理性, 而意志相当于康德的

---

① [德] 黑格尔:《法哲学原理》, 范扬、张企泰译, 商务印书馆 1961 年版, 第 10 页。

② 同上书, 第 12 页。

实践理性，只是在康德那里，这两者是分处于两个完全不同的领域。而在黑格尔这里，两者是辩证统一的，是同一个精神的辩证统一。"理论的东西本质上包含于实践的东西之中"，① 反过来，"意志在自身中包含着理论的东西"。② "意志不过是特殊的思维方式，即把自己转变为定在的那种思维，作为达到定在的冲动的那种思维。"③ 也就是说，对于意志而言，思维是其之可能的逻辑前提。

如果考察它们的区别，则可以这样认为："在我思考某一对象时，我就把它变成一种思想，并把它的感性的东西除去，这就是说，我把它变成本质上和直接是我的东西。其实，只有在思维中我才在我那里，我只有理解对象才能洞察对象，对象不再与我对立，而我已把对象本身所特有而跟我对立的东西夺取过来了。"④ 因此，每一个观点本身就已经是一种普遍化的东西，而对一切表象和感性的抽象是思维的能力——"普遍性是属于思维的"。⑤ 使一切感性的东西，或者说使自我从一切感性的东西中摆脱出来的能力就是思维的能力，也就是一种普遍性的抽象能力。从这个意义上讲，"自我即思维，同时也就是普遍物"。⑥ 每一个人在说"我"的时候，首先表达了一种纯粹的抽象："当我说我时，我把其中的一切特殊性、如性格、天赋、见识、年龄等都放弃了。我完全是空洞的、点状的、单纯的，但仍在单纯性中活动着。形形色色的世界图景摆在我面前；我面对它；在我这个理论态度中我扬弃了对立，而把一切内容变成我的。"⑦ 只有我认知了这个世界，我才在其中得其所哉，而当我理解了这个世界，就更是如

---

① ［德］黑格尔：《法哲学原理》，范扬、张企泰译，商务印书馆 1961 年版，第 13 页。

② 同上。

③ 同上书，第 12 页。

④ 同上。

⑤ 同上。

⑥ 同上书，第 12 页。

⑦ 同上。

此——这就是理论的即思维的态度。

反过来，我们看看实践的即意志的态度。黑格尔认为"实践的态度从思维即从自我自身开始"。① 首先，意志表示着与思维的对立、分离与区分。在实践的时候，也就是在能动地活动之时，我就规定（或限定）我自身。与思维恰恰相反，这时意志不是要获得无限性和普遍性，意志要走出纯粹的抽象和普遍性，而设定差别与有限性，并走向定在，从而获得客观性和现实性。也就是自我将自我对象化，即自我对自我进行区分与设定差别。因此黑格尔说"规定自己就等于设定差别"。② 但我所设定的这些差别和内容，因为是"我"设定的，因此仍然是我的。是我的主观性的定在与外化，即客观化与现实化。"即使我把这些规定和差别释放在外，即把它们设定在外部世界中，它们仍然是我的，因为它们经过我的手，是我造成的，它们带有我的精神的痕迹。"③

以上是思维与意志的一般区别，但同时两者也是对同一个东西即精神的不是区别的区别。黑格尔说"理论的东西本质上包含于实践的东西之中"。④ 因为如果没有理智或思维，就根本不可能有意志。没有思维的抽象和普遍性，所谓的意志不过是一堆本能的东西。反过来，意志在自身中也包含着思维的东西。意志的本质在于规定自己，如何规定？必须首先思维自己，思考规定自己的内容和方式。任何规定首先必须是一种内在的东西或者是一种主观性的东西，换句话说，"我所希求的东西在我的想象中出现，这种东西对我来说就是对象"。⑤ 从单纯行动的意义上讲，动物按照本能而行动，并受内在东西的驱使（只是动物不能思维这种内在东西），从而可以说是实践

---

① ［德］黑格尔：《法哲学原理》，范扬、张企泰译，商务印书馆 1961 年版，第13 页。
② 同上。
③ 同上。
④ 同上。
⑤ 同上。

的。但我们并不认为动物有意志，因为它没有能力使自己的目的、希求和渴望出现在表象中。"同样，人不可能没有意志而进行理论活动或思维，因为在思维时他就在活动。被思考的东西的内容固然具有存在的东西的形式，但是这种存在的东西是通过中介的，即通过我们的活动而被设定的。所以这些区别是不可分割的，它们是一而二，二而一的。在任何活动中，无论在思维或意志中，都可找到这两个环节。"① 因此，从本质上说，两者又是没有区别的，换句话说，两者在本质上又是同一的。自在自为的意志就是思维与意志的同一，就是主客体的同一。在此语境中，自在的，即客观性的，这是由意志能力产生的，自为的，即主观性的，这是思维能力产生的。因而自在自为的意志就是思维与意志的同一。

我们可以看看，思维和意志的两个环节是如何在反思着的意志中存在着的。黑格尔认为反思的意志含有两个要素②：第一个要素是作为欲望、冲动之类感性的东西，标志着自我意识是在此条件下的自身存在；第二个要素是思维的普遍性。而自在自为地存在的意志是以意志本身即普遍性的意志为对象的，这种纯粹普遍性是扬弃自然的直接性和由反思所产生而自然所沾染的特异性的力量。自我意识把它的对象、内容和目的加以纯化并提升到普遍性的能力就是思维能力，就是"思维在意志中贯彻自己"。③ 黑格尔强调说："这里有一点要搞明白了：意志只有作为能思维的理智才是真实的、自由的意志。奴隶不知道他的本质、他的无限性、自由，他不知道自己是作为人的一种本质；他之所以不知道自己，是由于他不思考自己。"④ 也就是说，只有思维才能把握到人的本质，才能使人摆脱偶然性，才能从自然的直

---

①　［德］黑格尔：《法哲学原理》，范扬、张企泰译，商务印书馆1961年版，第13页。

②　同上书，第30页。

③　同上书，第31页。

④　同上。

接性中抽象出来将自身作为普遍性的东西加以把握，才能摆脱不真的
东西。这构成了抽象法、道德和伦理的原则。如果将抽象法、道德、
伦理建立在感性、心胸和灵感这些偶然性和纯粹特异性的东西之上，
那么就是排除了思维的力量，"这表示了对思想和科学的藐视，这是
思想和科学所能遭到的最大藐视，因为甚至科学本身既经陷入绝望和
衰竭之后，就把野蛮和无思想性的东西作为原则，而且会尽量地夺去
人类的一切真理、价值和尊重"。① 可见，在黑格尔看来，思维的份
量有多重。它是一种抽象能力，普遍性的力量，是将人从自然状态中
提升出来的逻辑前提。没有这个逻辑前提，意志作为一种实践能力，
甚至连"任性"都谈不上，只是一种自然本能的驱动罢了。因此，
笔者认为黑格尔哲学是以康德哲学为起点的。

意志就是一种实践能力，但是任何实践都是合目的性的主体行
为。因此首先就有一个表象在自己的内心之中，正如同康德所说：
"意志被设想为一种根据某些法则的表象规定自身去行动的能力。"②
要形成表象就需要理论理性即思维。因为"在我思考某一对象时，我
就把它变成一种思想，并把它的感性的东西除去，这就是说，我把它
变成本质上和直接就是我的东西"。③ 对于思维而言，意志已经蕴含
于其中了。因为"在思维时他在就在活动。被思考的东西的内容固然
具有存在的东西的形式，但是这种存在的东西是通过中介的，即通过
我们的活动而被设定的"。④ 也就是说，对于自在自为的自我意识而
言，仅仅有思维能力还不够，还需要意志能力，即实践能力。当然这
样说，并不是要将思维与意志截然分开，认为它们是人的两种不同官

---

① ［德］黑格尔：《法哲学原理》，范扬、张企泰译，商务印书馆 1961 年版，第
31 页。
② ［德］康德：《道德形而上学基础》，苗力田译，上海人民出版社 2005 年版，第
30 页。
③ ［德］黑格尔：《法哲学原理》，范扬、张企泰译，商务印书馆 1961 年版，第
12 页。
④ 同上书，第 13 页。

能，而是说，它们都是自在自为的自我意识或精神的环节、要素。而且两者本身也互相转化最后达到同一。不作任何决定的意志不是真正的意志；"无性格的人从来不作出决定"。① 犹豫不决的原因在于不敢放弃思维的无限性，或者不如说仅仅停留在思维中而保持自己无限可能的主观状态。因为一旦作出决定，就是作出了规定，而一切规定都是否定，在这里至少是对无规定性的否定，这样一来，自我限定了自我，从而就与有限性相关，就必须"给自己设定界限而放弃无限性"。② 本来无限性和普遍性是思维提升意识的逻辑前提，但如果仅仅停留于其中，就会被无限性淹没而陷入主观性的泥沼。因此，黑格尔说"理智固有的有限性肇始于意志"，意指意志是一种规定自身的能力，即实践能力，是从主观性中走出来将主观目的现实化的力量。他引用歌德的话说"立志成大事者，必须善于限制自己"。③ 所以说，"人唯有通过决断，才投入现实，不论作出决定对他说来是怎样的艰苦。正是因循怠惰的人才不愿意从内心酝酿中走出，这种内心酝酿使他把一切保持在可能性的状态中。但是可能性还不是现实性。有自信的意志是不会因此就在被规定的东西中丧失自己"。④

因此，思维与意志的关系，就其区别而言，可以这样概括："意志是决心要使自己变成有限性的能思维的理性。"这就是说，意志是下决心要规定自己或限定自己，而思维是一种自我的抽象性和无限性以及由此产生的可能性，因而本质上是一种主观性的东西——黑格尔认为这是一种纯粹自为的意志——而意志则必须进展到有限性即规定性，以使可能性转化为现实性，使主观性获得客观性。但反过来，意

① ［德］黑格尔：《法哲学原理》，范扬、张企泰译，商务印书馆 1961 年版，第 24 页。

② 同上。

③ 歌德：《自然与艺术》，转引自 ［德］ 黑格尔《法哲学原理》，范扬、张企泰译，商务印书馆 1961 年版，第 24 页。

④ ［德］黑格尔：《法哲学原理》，范扬、张企泰译，商务印书馆 1961 年版，第 25 页。

志如果没有思维之普遍性和无限性的提升，那么就可能陷入自然的直接性，仅仅是一些本能的冲动和欲望，是盲目的、偶然的尚未得到文明驯化的野蛮。因此根本无法把握人之为人的本质和自由，如同动物一般听命于冲动。唯有思维将人作为全无规定性的东西，超越于、凌驾于冲动之上，然后依靠意志的力量将其规定为他自己的东西。

为什么说法的出发点是意志或自由或自由意志（对于黑格尔来说，在整体的体系演绎中，意志就是自由①）呢？黑格尔的意志包括三个环节：第一，纯无规定性或纯粹自我反思的要素——抽象的自我或自由；第二，纯无规定性的抽象过渡到设定规定性的内容——自我的有限性或意志的特殊化；第三，前两个环节的合题，即经过自我的反思而返回到普遍性的特殊性——单一性。② 意志的第一个环节揭示出我们在前面谈到意志的逻辑前提即思维。"思维最根本的特定就在于它的抽象性和普遍性。"③ 所以意志的这一环节就是思维的普遍性或抽象性的反映。也就是说意志的第一个环节，从精神的层面说，就是理论的态度，即源于思维的抽象性。或者按照康德的模式分析，就是：意志的第一环节即思维的抽象性和普遍性就是意志之所以可能的逻辑前提。而意志的第二环节是对第一个环节的扬弃，即扬弃第一环节的纯无规定性的抽象和普遍性，过渡到规定性和有限性或特殊性。也就是说"我不光是希求而已，而且希求某事物"。④ 也就是对于意志的逻辑前提即思维而言，是一种纯然抽象的"希求"。但是如果这种逻辑前提仅仅停留在抽象上，而不希求任何东西，那么对于意志来说，它还是虚假的，还不是真正的意志。真正的意志是实践的，它必

---

① 参见［德］黑格尔《法哲学原理》，范扬、张企泰译，商务印书馆 1961 年版，第 11 页。
② 同上书，第 13—19 页。
③ 丁三东：《论黑格尔的自由谱系——对〈法哲学原理〉的一种解读》，博士学位论文，武汉大学，2005 年，第 14 页。
④ ［德］黑格尔：《法哲学原理》，范扬、张企泰译，商务印书馆 1961 年版，第 17 页。

须指向某个实践的对象。那么意志就变成一种"特殊物"。"意志所希求的特殊物，就是一种限制，因为意志要成为意志，就得一般地限制自己。"① 当然无论是纯然抽象的思维，还是特殊意志对抽象的单纯否定即"有限性的否定"，两者都是片面的。只有第三阶段意志作为前两个环节的统一（即统一了普遍性和特殊性的单一性），达到自我的自我规定，才实现意志的真正自由。既然意志与自由具有天然的同构性，显然，对应着意志的三环节，也有三种层次的自由，即抽象的自由（自在的自由），有限的自由（自为的自由），现实的自由（自在自为的自由）。② 抽象的自由还只是自由的可能性，也就是说，这种自由还只是"自我"的主观思维或主观意愿，一个单纯的希求。但是"光是符合概念的意志，是自在的自由的，而同时又是不自由的，因为它只有作为真正被规定的内容，才是真实的自由的。这时它是自为的自由的"。③ 这种自在的自由在内容上体现为一种"直接的或自然的意志"，即体现为"冲动"、"情欲"、"倾向"等等。即"在自身中有限的意志"。④ 而这种有限的意志，只有在形式上经过反思、在内容上凌驾于各种冲动之上，而同时扬弃单纯的思维的普遍性和意志的片面的有限性，才能实现自由的现实性。也就是说，真正的自由并不是像康德那样完全摆脱感性的内容而提升到一个超验的彼岸才能实现。相反，黑格尔认为是对冲动或欲望的"纯洁化"，即普遍

---

① ［德］黑格尔：《法哲学原理》，范扬、张企泰译，商务印书馆 1961 年版，第 17 页。

② 关于黑格尔自由的三个层次有不同的看法，比如丁三东博士认为是客观自由、主观自由和现实的自由。参见丁三东《论黑格尔的自由谱系——对〈法哲学原理〉的一种解读》，博士学位论文，武汉大学，2005 年。邓晓芒教授认为是可能的自由：任意性；必然的自由：自律；现实的自由：历史理性。参见邓晓芒《康德和黑格尔的自由观比较》，载《社会科学战线》2005 年第 3 期。笔者将它分成抽象的自由、有限的自由和现实的自由，主要是根据黑格尔法哲学里面的术语。［德］黑格尔：《法哲学原理》，范扬、张企泰译，商务印书馆 1961 年版，第 13—40 页。

③ ［德］黑格尔：《法哲学原理》，范扬、张企泰译，商务印书馆 1961 年版，第 21 页。

④ 同上书，第 22 页。

化和客观化。黑格尔认为法学的内容就是从意志的概念上来把握冲动。也就是说"冲动的纯洁化"的实质就是"冲动应该成为意志规定的合理体系"。① 譬如黑格尔说:"法学的内容可以照它的所有个别环节,例如权利、所有权、道德、家庭、国家等等,用下列形式加以阐述:人生来就有对权利的冲动,也有对财产、对道德冲动,……唾手得到如下格式:人在自身中找到他希求权利、财产、国家等等这一意识事实。此外,在这里是以冲动的形态表现出来的同一内容,随后将以两一种形式即义务的形式出现。"②

因此,对于黑格尔而言,法也相应地有三个不同的层次即实在法、道德、伦理。正如他说:"自由的理念的发展阶段都有独特的法,因为每个阶段都是在其特有各规定中之一的那自由的定在。"③ 因此,黑格尔认为与道德和伦理相对立的法只是单指"抽象人格的最初的形式的法"。④ 道德是比抽象的形式的法(即实在法)更高级的法,道德已经把实在法的理念包含在其自身各个环节中了。最后到达更具体、更丰富、更真实的法,即伦理。这样,黑格尔认为自在自为的自由意志就有了三种不同层次的法的发展阶段:第一,抽象的概念即人格,它以直接的外在的事物体现出来,这就是抽象法的领域。第二,对外在定在的反思,返回到内在的东西即善,这是主观意志的法或理念的法。属于道德的领域。第三,既作为主观意志又作为现实性实存的实体的自由,即伦理,它是体现了普遍精神的法或最高的法。⑤ 因此,法的不同层次对应的是自由的不同层次。并且"这些差异并不是同

---

① [德]黑格尔:《法哲学原理》,范扬、张企泰译,商务印书馆 1961 年版,第29 页。

② 同上。

③ 同上书,第37 页。

④ 同上。

⑤ 同上书,第41 页。

一平面上的相互区别，而是本质上各自属于不同的逻辑层次"。①

自由意志为了避免纯然抽象的空洞和虚无，就必须赋予自己以定在也就是说将自己实现出来。所以自由最初是作为感性材料即事物而体现出来的。这就是抽象法中的所有权形式，而这种形式要获得流动性和有效性，就必须产生出交互性，用黑格尔的话说就是"作为中介形式的所有权即契约"。② 当然在这种交互性中，因为个体冲动的差异性或有限性，还会产生出对所有权的侵害性，即不法和犯罪。

"Recht" 这个词在德文中既有法又有权利的意思。所以作为自由意志之定在的抽象法也可以说是探讨权利的哲学。比如黑格尔在抽象法中探讨的中心问题就是所有权的问题，契约是作为中介的所有权，而不法和犯罪从本质上是对所有权的侵害。我们知道，古典自然法有三个重要的概念，即自然状态、自然法、自然权利。而自然法一个重要的思想和方法论就是将自然状态作为社会状态的一个逻辑假设，将人还原为自然人，从中抽象出自然权利。这些自然权利作为不可剥夺的天赋人权被赋予进入社会契约之中的公民。黑格尔的权利学说对古典自然权利进行了整合和重构，或者用黑格尔的话说，进行了扬弃。他认为这些方法不过是知性的或经验的方法，并对此进行了批判。他说："人们因此将一般所谓经验的东西作为科学的原则，进而宣称那些经验知识（Kenntnisse）的集合是真正的科学；并且将知性作为公设的概念使用，却不做任何客观性的断言。"③ 而这种批判哲学（知性的方法）在理论科学中产生了两个方面的消极影响：第一，科学的元素不具备客观性的东西，只是虚无和现实性的中介；第二，这种方法不过是一种经验的臆断（Meinen）。黑格尔认为这种方法在康德那

---

① 储昭华：《法权的逻辑基础与实质——关于黑格尔法哲学的启示与教训的再认识》，载《哲学研究》2007 年第 7 期。

② ［德］黑格尔：《法哲学原理》，范扬、张企泰译，商务印书馆 1961 年版，第42 页。

③ Hegel, *Political Writings*, edited by Laurence Dickey and H. B. Nisbet, p. 102. 中国政法大学出版社 2003 年版，《剑桥政治思想史原著系列》（影印本）。

里作为先验理念的哲学而达到了高潮。① 因此，黑格尔提出，只有将权利哲学即法权哲学纳入到哲学的体系中，才能真正回归到科学。

黑格尔提出人格（Person）是"主体在自身中所具有的自为存在的抽象或单个意志"，而与自然人（Mensch）相互区别。因而人格的要义包含两个方面：第一，作为自然人，在一切外在方面如冲动任性等方面都是被规定或被限制的；第二，但自我同时又是一种单纯抽象自我，一个抽象掉有限的规定性的"无限的、普遍的、自由的东西"②。所以自然人还不是一个具备人格性的主体，因为一个具备人格性的主体是意识到自己的主体性的主体。自然人如同其他自然物一样，仅仅还只是具备人格的可能性的主体。论述到这里，黑格尔提出了人格一般包含着权利能力，进而提出了那个著名的命令说。对于抽象法而言，具体行为只是一种可能性，这就是说，它是"一种许可或能力，这种法的必然性，正因为这种法是抽象，所以局限于否定的方面，即不得侵害人格或从人格中所产生的东西。所以在抽象法中只存在着禁令，至于命令的积极形式，从其终极内容看来，也是以禁令为基础的"。③ 从上面的论述，我们可以看出，黑格尔是从运动和发展的角度来看待法和自由。抽象法或实在法不过是体现了自在自为之自由意志之法的第一阶段，这一阶段对于其他阶段而言，只是一种可能性，一种法权的抽象性。在这种抽象性中，形式法不考虑特殊利益，好处、幸福等特殊的动机和意图等。它的规定对于具体行为而言只是一种许可或能力，并且以否定的方式即禁令的方式体现出来。所以"抽象法的精髓或真正的秘密在于

---

① 参见 Hegel, *Political Writings*, edited by Laurence Dickey and H. B. Nisbet, p. 102。中国政法大学出版社 2003 年版,《剑桥政治思想史原著系列》（影印本），第 104 页。

② ［德］黑格尔：《法哲学原理》，范扬、张企泰译，商务印书馆 1961 年版，第 45 页。

③ 同上书，第 47 页。

其主体的抽象性。自由意志在此体现为普遍的、抽象的人格"。① 正是这种抽象普遍的人格，使得抽象法中的一切人都具有基于自己的人格而拥有的权利，以及这种权利的普遍性和平等性。因此黑格尔是"以思辨的语言揭示出了普遍、平等的权利观念由以确立所必需的内在逻辑基础"。②

因此我们可以看出，对于黑格尔而言，有法的"命令说"和法的"禁令说"两种不同层次的说法。法的"命令说"是作为自由王国的法的体系而提出的，它是一种自由的理念。而法的"禁令说"，主要是指抽象法或形式法，它只是作为法的体系的一个环节而存在。当然这个环节作为第一环节，只能局限于否定性的方式，通过"不得侵害……"的消极方式作为禁令而存在。即便作为命令的积极形式，它也是以"禁令"为基础的。也就是说作为人的直接定在，它还是与自然界相互联系。而抽象人格正是对这种直接与自然相联系的有限性进行否定，从而使"自己成为实在的，换句话说，它（抽象人格——笔者注）要使自然的定在成为它自己的定在"。③ 所谓抽象人格对自然定在的否定，实际上是指抽象的自由意志对直接的自然意志的否定。这里的否定是一种肯定意义的否定，详言之，这种否定不是消极地说"不"，不是拒绝自然意志，不是与自然意志为敌。所谓肯定的否定，是指自由意志通过反思将自然意志纳入自身，不是由自然意志直接地规定意志自身，而是经过了意志的反思或中介，或者说，是意志自身对自身的规定。自由意志通过自我规定将自然意志作为内容纳入自身，所以说是将自然的定在规定为意志自我规定的定在。就此而言，自然意志就不是一种直接的内容，是经过自由意志否定之后的间

① 储昭华：《法权的逻辑基础与实质——关于黑格尔法哲学的启示与教训的再认识》，载《哲学研究》2007 年第 7 期。

② 同上。

③ ［德］黑格尔：《法哲学原理》，范扬、张企泰译，商务印书馆 1961 年版，第 47 页。

接意志。

这样一来，法的命令说，就一步步深入人的本质同时深入到法的理念之中。从奥斯丁完全外在地或经验地研究法的形式，到康德完全先验地强调内在理念的绝对命令，到黑格尔运用主客观同一的辩证法，将法放在历史理性中进行考察，提出作为整个理念的法之命令说和作为第一环节的抽象法之禁令说。整个法之命令说经历了一个历史发展的辩证过程，从而更深刻揭示出法之本质，以及法与自由和人格的内在逻辑。

第二节　法之存在的必要性前提：
人性的辩证法

我们可以看出人这一主体行为的复杂性。这一切复杂性都源于人格在形式上的两重性（即人格同时横跨理知世界和经验世界），人格状态的交互性。那么作为调整人们外在行为的法，主要关注的是人格状态之间的交互性。法权有一个必定被预设的逻辑前提：存在者主体间的相互关系。即便是绝对权，如所有权、物权等，实际上也是潜藏着主体间的相互关系。作为绝对权，首先它潜藏着某个主体与所有其他主体之间的相互关系，但是"所有其他主体"只是一种预设的主体，真正要产生法的实效，所有权主体必定要面对一个相对方的主体。

当某个孤独的个体只是面对自己和与自己相关的内心状态或自然所呈现出来的状态时，单个主体更需要解决的东西可能只是自己的内在状态与外在状态之间的关系。如意志、思维与行为的关系。显然，就这个孤单的个体而言，谈到他的行为规范问题，可能只是涉及合规律性问题，即外在手段能否有效地达成意愿。但是如果另外一个对他而言的不是自然状态的物，而是与他相同的主体出现了，那么情况就复杂起来。是在争夺食物时打死对方还是在残酷的丛林生活中合作，什么将会发生？这就回到了那个古老的自然法问题之中。古典的自然法就是从自然状态的逻辑假设上进行论证，提出了著名的契约论。即便认为人性恶的自然法学家们，也提出了合作的重要性。如霍布斯认为人与人之间的关系就是一种自然状态中的狼与狼之间的关系。但是因为人的双重性，即人同时具备兽性和上帝赋予的理性，人才得以在这个丛林世界中更好地生存。为了避免人类的灭亡即人本能的自保性，人必须合作，但是合作的前提是有一个巨大的威力无比的"利维坦"做保障。不管怎样，古典自然法的理论本质都是基于一种"自然论"，此"自然论"的合法性一般而言都立基于功利主义伦理原则和还原法的方法论。但是自从康德基于纯粹理性的角度提出主体性的概念之后，法权理论发生了结构性的变化，即立足于自然权利、自然状态、自然人的理论被重构了，颠倒为一切立足于人的理性、人的本质与理念的理论。从康德的法权哲学开始一直到黑格尔的法哲学，法权理论的出发点为人之本质的自由，以及建立在此理论基础上的人格。那么这两种不同的理论基础是如何完成转换或重构的呢？它们之间有没有理论上的共同预设呢？笔者认为：有。也就是说，它们之间的转换或重构存在着一个共同的理论预设，那就是关于人性双重性的预设。当然这种双重性的预设并不是一开始就明白清晰地显现出来的。而是历史地呈现出来，这个历史呈现出来的过程就是一个不断向人性本质深入或回溯和反思的过程。

关于人性的双重性，最初在古希腊哲学中，体现为灵魂与肉体的分离。如柏拉图认为灵魂是个人的本性，它由理性、意志和欲望三部分组成。因为灵魂是归于宗教管，建立在古希腊哲学上的中世纪，是宗教盛行的时代。但也正是过分强调灵魂而压制人的自然本性，使得古典自然法学强调人的自然权利，力图让人性回归到自然本性。正如丁三东博士所说："自然权利理论所探讨的人的根本规定是人源于自然冲动和欲望的本性。人是一个特殊的个体，追求着自己的特殊利益。人的基本权利作为一种自然权利是使自己的欲望得到满足的权利，这必然需要欲望所指向的自然物。自然权利理论的人是被自己的自然冲动和欲望规定的人。"① 于是关于人性的双重性出现了两种模糊的观点，到底将基于自然本性的感性作为人性本质性规定，还是将基于超越精神的理性作为人性的本质性规定，出现了经验派和理性派的对立。这种对立，到了康德有了一个明确的答案。康德通过划分现象界和本体界，认为人格跨现象和理智两个世界。本体界的人性属于纯粹理性因而完全超越感性，并且本体界的人格统摄现象界的感性人。在康德这里，正式提出人的本质在于超越自然或者欲望本能。而这种超越性或独立于自然的自发性就是自由。但是又因为人格跨两界，所以人这个独特的有限理性存在者就同时面临着自然律和自由律的双重约束。受自然律约束的人即感性人，受感性欲望即快与不快或者"福和祸"图式的规范。受这种图式规范的感性人或自然人，实际上是受到他律的控制，不可能获得人格应有的尊严。只有自主地服从自由律即道德律的规范，才能因为德性的品质而获得人格尊严。因此康德提出至善这个理念，也就是德福一致，一个人的幸福是由一个人的德性决定的，或者说，一个人的幸福跟他的德性是成正比例关系的。这才符合至善的理念。但是康德也认识到，人不可能做到德福一致，在现实中也不会真正有德福一致的结果。也正是因为如此，才需要从自然状态进入到法权状态。在康德看来法权状态就是"处于一种分配正义之下的社会的公民状态（Status civilis）"。② 也就是说，之所以要进入法权状态，是因为在自然状态中，每个个体如同其他物一样，完全受自然律支配，无所谓善恶，当然也就无所谓正义了。那么，从自然状态进入法权状态如何可能呢？根本原因在于人有理性。诸个体作为契约的缔结者有一个逻辑前提，即诸个体本身是受理性约

① 丁三东：《论黑格尔的自由谱系——对黑格尔〈法哲学原理〉的一种解读》，博士学位论文，武汉大学，2005年，第29页。
② 李秋零主编：《康德著作全集》（第6卷），中国人民大学出版社2007年版，第319页。

束的理性存在者，或者说"必须遵守契约属于其素质"。① 这样一来，由自然状态进入法权状态的契约理论，与以往的契约论相比有了不同的根基。以往的自然契约论是人们基于自然权利，通过契约的方式进入法权状态。但是在康德这里，人们进入法权状态或公民状态并不是根据立基于自然权利的契约，而是由于人的实践理性。或者说，正是因为理性，使得人们能够进入法权状态，遵守契约也不过是理性的法则使然。但是又因为理性在人这一存在者身上是有限的。这就意味着，第一，人并不会必然按照理性而行动；第二，人即便是按照理性而行动，但这一理性必然不是纯粹理性，而只能是有限理性。所以纯粹理性只是作为一种理念范导着人这一具有双重性质的主体行动。因此，就需要进入法权状态。可以这样说，人性的自然本性使得人有必要进入法权状态，人性的理性本质又使人有能力进入法权状态。

总的来说，康德的人格跨两界，这两界是完全不可通约的两个领域，存在着本体界和现象界的截然区分。对康德来说，纯粹的自由法则不但不能建立在欲望、冲动、人性等感性之上，相反，必须建立在纯粹理性之上。情况在黑格尔这里有了变化。黑格尔认为人性中的自然欲望与人的本质之间并不是一个不可跨越的鸿沟。相反，黑格尔认为冲动、需要、欲望等这些直接意志或自然意志是自由意志的一个必要环节，并且也正是立基于然后超越这些自然意志——意志将这些作为内容统摄到自身之内，自由意志才具有了内容和现实性。否则，那抽象的无规定性的人格只是停留在"内心生活的虚无的空间"，只是"纯粹直观中的无色的光"。② 自我就成了一个孤独的纯粹的绝对否定。冲动和倾向则是意志的直接内容，正是这内容赋予了那个纯粹抽象的人格意志以现实性和丰富性。可以说，意志的直接内容是一个冲

① ［德］京特·雅科布斯：《规范·人格体·社会——法哲学前思》，冯军译，法律出版社 2001 年版，第 13 页。
② ［德］黑格尔：《法哲学原理》，范扬、张企泰译，商务印书馆 1961 年版，第 15 页。

动的体系。这些冲动和欲望标志着"自我意识在自身外存在"①，但
是黑格尔既不同意理性派的纯粹抽象、否定的、形式的人性观点，也
不同意自然法学派们和经验派们所主张的自然人性观点。他认为要辩
证地看待人性和人格。如他认为："在冲动的评价方面，其辩证法表
现如下：直接意志的各种规定，从它们是内在的从而是肯定的来说，
是善的。所以说人性本善。但是由于这些规定是自然规定，一般地与
自由和精神的概念相对立，从而又是否定的，所以必须把它们根除。
因此又说人性本恶。在这个观点上，决定采取上述任何一个主张，都
是主观任性。"② 所谓"直接意志的规定性"是指由自然赋予人的属
性，即人的自然属性。这些属性构成了意志的直接内容，也就是没有
经过中介的直接现存的内容。就它是意志内容而言，它是肯定的东
西，是善的，即是好的。但又由于它是没有经过人的意志中介的，因
此它是直接的自然意志，这种直接的自然意志与自由或精神的概念是
相对立的，因为精神或自由的概念，就是要从一切自然冲动、欲望中
抽象出来而成为一个纯粹的自我。当然这个纯粹的抽象自我还需要将
自然意志的内容纯洁化，使之成为自己自由规定的内容，它才能成为
真正自由的现实的自我。所以就其与自由和精神的概念对立而言，那
些直接的自然意志是恶的，也就是需要自由和精神的概念教化的东
西。而就它是自由意志的内容而言，它又是某种内在的肯定东西，因
而是善的。任何主张人性本善或人性本恶的观点都是片面的。不过，
黑格尔倒认为性恶论的层次还是要远远高于性善论的层次。因为性恶
论的逻辑前提已经包含了自由和精神的概念在内。

　　本书认为人本无所谓善恶，之所以说人性恶，是因为设定了一个
人之为人的不同于自然的自由精神。正是这种自由意志赋予人文明化
和德性化，才能反观自然属性不是人的根本属性，因而是需要克服和

---

　　① ［德］黑格尔：《法哲学原理》，范扬、张企泰译，商务印书馆 1961 年版，第
30 页。
　　② 同上书，第 28 页。

驯化的野性。简言之，自然属性的善恶判断并不是就自然属性本身而言的，而是就自然属性与自由精神，与人之本质的东西相对立而言，我们才能判断它是恶的。如果断定人性本善，那么相对于什么人性是善的呢？除了相对于自然意志本身是一种现实存在而言，显然再不能相对任何东西而言了。因此，卢梭的"人生而自由"这个推动了人类历史进步的断言，在某种意义上也是不合适的。"人生而不自由"才是一种直接现存的现象。或者换句话说，人生而不自由是一个无论如何也不能忽视的清楚明白的事实。"人生而自由"只是一个逻辑命题而非一个经验命题，或者换句话说，人生而应该自由（逻辑命题），但人无所不在枷锁中（经验命题）。所以形式的平等是（也只能是）一个抽象的平等，是抽象掉现实和经验的一切内容，回到纯粹抽象的自我本身，人才是绝对平等的。而平等只要是具体的有内容的，那么相对平等才是真实和公正的。换句话说，不平等才是真实和公正的，但这种不平等中，一定首先包含了抽象的绝对的形式平等在自身之内。

回到黑格尔对性恶论的评论，我们可以看他这一句话："人性本恶这一基督教的教义，比其他教义说人性本善要高明些，因此，应该依据这一教义的哲学上解释来把握它。人作为一种精神是一种自由的本质，他具有不受自然冲动所规定的地位。所以处于直接的无教养的状态中的人，是处于其所不应处的状态中，而且必须从这种状态解放出来，原罪说就具有这种意义，否则基督教就不成为其为自由的宗教了。"① 除此外性恶论也是法治的逻辑起点。人为什么需要法律规范，是因为人的自然状态和自然属性需要他律。

虽然黑格尔认为冲动和倾向是意志的内容，是纯粹抽象人格的直接内容，但是他又认为我们必须对这些自然意志进行反思，进行超越

---

① ［德］黑格尔：《法哲学原理》，范扬、张企泰译，商务印书馆 1961 年版，第 29 页。

或者说扬弃自然意志的直接内容并对冲动"纯洁化"。冲动纯洁化并不是指将冲动还原到实体性的本质中去，还原到冲动的自然本性中去——像自然法学派所主张的那样，主张自然权利是自然人基于自然拥有的纯粹个体性的权利。冲动纯洁化是指"冲动应该成为意志规定的合理体系"。① 而"从意志概念上来把握冲动，就是法学的内容"。② 于是黑格尔认为人生来对权利、财产、需求的冲动，实质上就是这样一个哲学公式："人在自身中找到他希求权利、财产、国家等这一意识事实。"③ 也就是说黑格尔认为人的天生的权利欲求只是人在自身发现的一个意识事实，换句话说，就是有自我意识的主体意识到了自己有这样的自然冲动。但同时，也正因为这种冲动是自然的意识，所以，它就具有"粗糙性和野蛮性"，必须对这些素材进行"清洗"，进行"纯洁化"，黑格尔把这些过程称为"教养的绝对价值"。

第三节　法之存在的历史逻辑性：自由之异化的必然历程

一　法权与自由

黑格尔认为法是以自由意志为起点或开端展开其全部内容的。换句话说，法是自由这个基础概念的自我展开、自我发展的历史运动过程。总而言之法是自由意志的定在。黑格尔认为法并不只是"一种限制性规定，而是人的自我规定，是人的自我立法或自我实现，这是人的自由存在"。④ 另外，"法自身具有客观现实内容或规定性，而非人的主观任性。任性之法不是自由，因而，不具有客观必然性。法律、

────────────

① ［德］黑格尔：《法哲学原理》，范扬、张企泰译，商务印书馆 1961 年版，第29 页。

② 同上。

③ 同上。

④ 高兆明《黑格尔〈法哲学原理〉导读》，商务印书馆 2010 年版，第 41 页。

道德、社会制度等不是人们为了方便或权宜而设计出来的，而是人类自身自由存在的本质性规定，是人类自身自由存在的必要方式。法律、道德、社会制度等，不是人类为了达到自身非本质性目的、满足主观需要的一种发明，而是产生于人类的自由本性，表现了人类自由的内在价值"。①深受康德哲学影响的黑格尔同康德一样，认为自由是人的本质。但是与康德不同的是，黑格尔不认同自由或人的本质是属于自在之物的领域而不可认识。黑格尔批判康德的哲学是"现代的半途而废地软弱无力地把对真理的渐进看作是它的最后成果"。② 因此，康德的那种纯粹抽象的处于自在之物领域没有任何规定和内容的自由则是虚无的、不真实的。而黑格尔的自由却要长出它的"枝叶和果实"来。正如黑格尔在《历史哲学》中提出："所谓原则，最后目的、使命，或者'精神'的本性和概念，都只是普遍的、抽象的东西"③。因此，纯粹抽象的自由必须要现实化，从而丰富起来、具体起来，也就是要获得现实性。用黑格尔自己的话说就是"为了不仍然是抽象的，自由意志必须首先给自己以定在，而这种定在最初的感性材料就是事物，即外界的物；自由的这一最初的方式，就是我们马上会认识到的所有权，这是形式法和抽象法的领域。同属于这种领域的，还有具有中介形式的所有权，即契约，以及被侵犯的法，即犯罪和刑罚"。④ 下面我们就分别来分析人格与物权、契约和犯罪三个自由定在的环节。

二 人格、所有权和占有的内在逻辑关系

自由意志的精神为什么要从所有权开始？这个问题非常重要，也

---

① 参见 W. T. 斯退士《黑格尔哲学》，鲍训吾译，河北人民出版社 1987 年版，第 338—341 页，转引自高兆明《黑格尔〈法哲学原理〉导读》，商务印书馆 2010 年版，第 41 页。
② ［德］黑格尔《法哲学原理》，范扬、张企泰译，商务印书馆 1961 年版，第 38 页。
③ ［德］黑格尔《历史哲学》，王造时译，生活·读书·新知三联书店 1956 年版，第 22 页。
④ ［德］黑格尔《法哲学原理》，范扬、张企泰译，商务印书馆 1961 年版，第 42 页。

是从人格过渡到所有权的一个关键点。在此处，笔者只是从根源处作一个回答，即这是自由意志本身的特性所决定的，自由意志的第一个环节是纯粹抽象的自我，为了避免这种纯然抽象陷入空洞和虚无，它就必须赋予自己以定在的方式实现出来，这种定在的方式首先是以直接的方式即物的方式显示出来的。下面我们详细剖析其中的理路。

　　首先，自由意志的第一个环节是纯粹抽象的自我，即作为主体的人格。而人格作为纯粹自我相关性还只是一种空洞的抽象。他说："自在自为的自由意志，当他在抽象概念中的时候，具有直接性的这一规定性。在这一阶段，它是否定的实在性，只是抽象的自我相关的现实性——主体在自身中所具有的单个意志。"① 自由意志当还只是出于抽象概念这一环节时，它就是指抽象法这一领域。黑格尔认为在抽象法中这一领域中，我们所具有的自由就是"人格"，这种人格也叫做"主体"，即一种抽象的自由。这种自由表明着抽象自我相关的现实性。也就是说，此时的意志还仅仅是一个抽象的概念，一切规定仅仅包含在概念中，仅仅是自在地存在着，或者换句话说，是一个尚未得到发展的抽象单一性，自我＝自我，仅此而已。这种自我仅仅获得了形式的普遍性，即一种除了自我意识着的单一性以外，便无具体内容的单纯自我相关。在此意义上，抽象法的主体就是人格，此人格内在地包含以下几个方面的要义：第一，我在所有方面（在我内部任性、冲动和欲望方面，以及在直接外部的定在方面）都是被规定了和有限的，然而，第二，尽管如此，我是单纯的和纯粹的自我相关，因此，我在有限中知道自己是某种无限的、普遍的和自由的东西。② 作为抽象意志的人格虽然仅仅是一个开端，但这个开端却是一个人作为

---

　　① 〔德〕黑格尔：《法哲学原理》，范扬、张企泰译，商务印书馆 1961 年版，第 35 页。英文参考 *Elements of the Philosophy of Right*，trans. by H. B. Nisbet，Cambridge University Press，2003，pp. 34 – 35. *Outlines of the Philosophy of Right*，Translated by T. M. Knox，Oxford New York：Oxford University Press，1952，pp. 53 – 54.

　　② 〔德〕黑格尔：《法哲学原理》，范扬、张企泰译，商务印书馆 1961 年版，第 46 页。

人的逻辑起点。它是对一切具体限制和自然定在的第一次否定，抑或超越。它是以自身为对象的思维，这种思维将人自身提升为单纯的无限性，从而能将自己作为与自身纯粹同一的对象而加以思维和认知。"个人和民族如果没有达到这种对自己的纯思维和纯认知，就未具有人格。"① 这种人格是一种自为存在的意志，也就是一种自由的意志。"作为这样一个人，我知道自己在我自身中是自由的，而且能从一切中抽象出来，因为在我的面前除了纯人格以外什么都不存在。"② 接下来，黑格尔就提出了他的那个著名论断："人格一般地包含着权利（Recht）能力，并且构成抽象的从而是形式的法的概念，和这种法的其本身也是抽象的基础。所以法的命令是：'成为一个人，并尊敬他人为人。'"③ 这句话是相当费解的一句话。我们先看第一句话，人格一般地包含着权利能力，实际上是指人格一般地包含着法权或法（Recht）的能力。什么是能力？在《法哲学原理》第九节的附释中是这样解释的："理智只限于单纯自在的存在，所以它把符合这种自在存在的自由叫做能力，因为如果自由只是自在地存在的，事实上它只是一种可能性。"④ 因此，所谓人格一般地包含着法权或法的能力，意指人格一般地包含着符合法权之自在存在的自由。也就是说人格本身的概念中就包含着符合法的概念的自由或可能性。人格，一方面是一种抽象的存在，而法的概念也是一种抽象的概念，而且法的抽象基础本身就是人格；另一方面，人格作为一种抽象自由，仅仅表示了一种可能性。而"抽象法最初只是一种单纯的可能性"，或者抽象法"只不过是一种可能性，因之法的规定仅仅是一种许可或能力"。⑤ 这就将人格与法权的两个概念内在地联系在一起——这

----

① ［德］黑格尔：《法哲学原理》，范扬、张企泰译，商务印书馆 1961 年版，第 45 页。

② 同上书，第 46 页。

③ 同上。

④ 同上书，第 21 页。

⑤ 同上书，第 47 页。

就是人格一般地包含着法权能力的真正含义。但又因为法的普遍性
（由人格的普遍性所决定的），因此法又具备了必然性的环节，但这
种必然性只局限于否定的方面，即"不得侵害人格或从人格中所产
生的东西。所以在抽象法中，只存在着禁令，至于命令的积极形
式，从其终极内容来看，也是以禁令为基础的"。① 这就是为什么说
法是一种命令。

其次，意志本身除了抽象的普遍性和单一自我相关的无限性之
外，还有其特殊性的环节。意志的各环节在前文中我们已经作了详细
分析②，这里不再赘述。只是在抽象法中存在的特殊意志，并不是被
自由意志统摄的特殊意志，而是一种与人格、与自由有区别的东西，
即"作为欲望、需求、冲动、偶然偏好"等而存在的自然意志。而
自然意志是作为与抽象人格，即全然主观的意志相对立的东西而出现
的。因此，"自然界是跟作为某种主观东西的那意志的人格对立的"，
人格是"肯定的东西，它要扬弃这种限制（即自然的限制——笔者
注），使自己成为实在的，换句话说，它要使自然的定在成为它自己
的定在"。③

黑格尔认为任何权利都只能是人的权利。所谓物就是一种纯然外
在的东西，是"某种不自由、无人格以及无权的东西"。④ 并且"惟
有人格才能给予对物的权利"。⑤ 因此，黑格尔认为不仅人格权本质
上是物权，而且即便是由契约产生的权利也不是对人的权利，"而只

---

① ［德］黑格尔：《法哲学原理》，范扬、张企泰译，商务印书馆1961年版，第47页。
② 黑格尔的意志包括三个环节：第一，纯无规定性或纯粹自我反思的要素——抽象的自我或自由；第二，纯无规定性的抽象过渡到设定规定性的内容——自我的有限性或意志的特殊化；第三，前两个环节的合题，即经过自我的反思而返回到普遍性的特殊性——单一性。
③ ［德］黑格尔：《法哲学原理》，范扬、张企泰译，商务印书馆1961年版，第48页。
④ 同上书，第50页。
⑤ 同上书，第48页。

是对他外部的某种东西或者他可以转让的某种东西的权利，即始终是对物的权利"。① 这种抽象的人格要获得自由的实在性最初只能存在于一个外界的事物之中。这样人就有权把自己的意志体现在任何一个他希求的物之中，而这种权利就是"人对一切物据为己有的绝对权利"②，即所有权。与自然权利的观点不同，黑格尔认为所有权的合理性并不在于满足人的需要，而在于"扬弃人格的纯粹主观性"。③可以说，满足人的需要只是所有权的一种功能，却不是所有权的本质。所有权的本质就在于扬弃人格的纯粹主观性。什么叫做"扬弃人格的纯粹主观性"？所谓人格的纯粹主观性，即人格的纯粹抽象的自我意识。这种纯粹的自我意识就是同自身的绝对同一，它是没有任何规定性或内容的形式。要扬弃这种纯粹主观性，就必须将自由外化出来，即赋予其内容和规定性。只是这种规定性最初还是以直接性的定在即物这种一般外在的东西体现出来的。在这种直接的定在中，人"作为直接概念，并从而作为本质上单一的东西，具有自然的实存"。作为自然实存的主体的自由是指向自然物的。这时的自由因此可以被称为一种直接性的定在。这种环节的自由有两个基本特征：一是，主体对物的依赖性，从而体现出一种不自由的自然状态；二是，即便如此，这也是"我"对"物"的关系。也就是说，只有人才有权"把他的意志体现在任何物中，因而使该物称为我的东西"。④ 人的自由本质性规定在所有权这里就体现了一种对物的权利，即人的意志对于物而言的一种优越性或绝对性。这种对物的权利体现为意志的一种外部支配力量。黑格尔说："我把某物置于我自己外部力量的支配之下，这样就构成占有。同样，我由于自然需要、冲动和任性而把某物变为

---

① [德]黑格尔：《法哲学原理》，范扬、张企泰译，商务印书馆 1961 年版，第49 页。

② 同上书，第 52 页。

③ 同上书，第 50 页。

④ 同上书，第 54 页。

我的东西,这一特殊方面就是占有的特殊利益。但是,我作为自由意志在占有中成为我自己的对象,从而我初次成为现实的意志,这一方面则构成占有的真实而合法的因素,既构成所有权的规定。"① 拥有财产不能仅仅作为满足需要的手段,其本身就是本质的目的,因为"从自由的角度看,财产是自由最初的定在"。② 因此,黑格尔批评了柏拉图的理想国。认为理想国的理念因为"以人格没有能力取得私有财产作为普遍原则",因而"侵犯了人格权利"。从而也"误解了自由的本性和法的本性"。③ 所有权的重要性就在于,所有权赋予主体意志以定在或现实性。也就是说,所有权的本质在于它是主体人格性的一个外在体现,同时也是主体性人格的必然权利。正如黑格尔对所有权的定义:"人把他的意志体现于物内。"④ 当然这一概念还只是具备了主观性的形式,这种主观性形式要想获得客观性,还需要进一步地现实化或外化,即取得对物的"占有"。这样才能获得他人的承认。所以,"取得占有"这一概念本身就内含着"他者承认"这一逻辑前提。从而进入到主体间的交互关系中。这与康德对占有的本质有内在相同性。康德认为占有分为"经验性占有"和"理知的占有(possessio noumenon [作为本体的占有])"⑤,占有的本质在于理知的占有,它是基于这样一条实践理性的法权公设:"要这样对待他人,使得外在的(可使用的)东西也能成为任何一个人的'他的',这是一项法权义务。"⑥ 只有建立在这样一种纯粹法权的范畴之下,一切

① [德] 黑格尔:《法哲学原理》,范扬、张企泰译,商务印书馆 1961 年版,第 54 页。

② 同上。

③ 同上书,第 55 页。

④ 同上书,第 59 页。

⑤ 参见 Immanuel Kant, *The Metaphysic of Morals*, edited and translated by Mary Gregor, Cambridge University Press, 2000, pp. 69 - 73. 中译文参见李秋零主编《康德著作全集》(第 6 卷),中国人民大学出版社 2007 年版,第 254—260 页。

⑥ 李秋零主编:《康德著作全集》(第 6 卷),中国人民大学出版社 2007 年版,第 260 页。

外在的物才有成为"我的"或"你的"的可能。所以，当"某物或某对象在我的控制之下"并不仅仅是经验性的占有而是一种理知占有的话，就意味着"所有其他人就被强加上一种他们本来并不具有的责任，即放弃对这个对象的使用"。① 到目前为止，我们似乎没有看到康德和黑格尔关于占有的本质的内在相同性。但是我们仔细考察，就会发现，康德这里隐藏了一些逻辑前提。为什么一旦"我"占有了某个对象，就意味着他人有完全放弃该对象的责任呢？因为每个人作为理性存在者，本身就意味着承认一条普遍的法权义务：要这样对待他人，使得任何一个外在的东西可以成为任何一个其他人的。当然他们之间还是存在区别，康德的"承认"是对一种纯粹法权的形式的承认，而黑格尔的"承认"是对某个自由意志的定在的承认，也就是对法权的内容的承认。而且康德认为"如果把某一对象当做自己的来拥有在法权上必须是可能的，那么就必须也允许主体强迫关于这样一个客体发生'我的'和'你的'之争执的每个其他人与他一起进入一种公民状态"。② 也就是说，占有在法权上的可能性条件是主体被强迫进入法治社会。但是黑格尔认为，取得对物的占有是人格的自由意志的必然要求，是人为了实现自己的自由而必须历经的环节或阶段。

根据意志与物的关系，所有权有三种不同层次的进一步规定，A. 直接占有；B. 使用；C. 转让。③ 所谓"进一步规定"是指所有权这一抽象概念以各种特殊方式现实化出来。比如直接占有，就是抽象的人格把包含了各种素质、能力的可能性转变为现实。"因而初次把他设定为他自己的东西，同时也是自己的对象而与单纯的自我意识有

---

① 李秋零主编：《康德著作全集》（第 6 卷），中国人民大学出版社 2007 年版，第 260 页。

② 同上书，第 264 页。

③ 参见［德］黑格尔《法哲学原理》，范扬、张企泰译，商务印书馆 1961 年版，第 62 页

别,这样一来,他就成为有能力取得物的形式。"① 而物的本质就在于成为所有权人的意志,因而通过物的变化或消耗等方式对物进行使用,从而使得所有权人的需要得到满足,正是物使所有权人的意志这一本质得到了实现。

在这里,黑格尔严格区分了使用权和所有权。所有权对于使用权来说是更加本质的东西,用黑格尔的话说就是"首要的实体性的基础"。② 对于物自身而言,其实体是它的外在性,而这种外在性却不是物本身的实体性③,而是成为其所有权人的意志。但对于这种外在性而言,也就是对于物的实体而言,它的全部范围在于其外在性的完全使用或利用。因而,如果使用权完全属于我,我当然就是该物的所有人。④ 但是注意,这种描述是"相对于物的实体而言"。反过来,相对于物的实体性即物的所有权而言,我对该物的所有权,当然是本质性的方面,对该物的"使用"是我对该物的意志的进一步规定,进一步现实化的方式。因而,"所有权与使用的关系就像实体与偶性、内在与外在、力与力的表现的关系。正如力仅仅是就其表现而言才是力;耕地仅仅就其有收益而言才是耕地。因此使用耕地的人就是整个耕地的所有者,而在对象本身上面再去承认另一个所有权,就是一个

---

① 在这里,黑格尔批评了对奴隶制所持的各种不同观点。不管是那些为奴隶制辩护的观点还是那些认为奴隶制绝对不法的观点,都没有认清人的主体性这一本质。为奴隶制辩护的那些理由,如体力、作战被俘、拯救和维护生命以及奴隶自己同意等,都是把人看作一般自然的存在,也就是都是把人当作自然物看待。而认为奴隶制绝对不法的观点,却走向了另一个极端,把人作为单纯的精神,作为自在的自由来看待,这两种二律背反都是建立在形式思维之上,将人的本质性的两个环节对立起来。参见〔德〕黑格尔《法哲学原理》,范扬、张企泰译,商务印书馆1961年版,第64—65页。

② 〔德〕黑格尔:《法哲学原理》,范扬、张企泰译,商务印书馆1961年版,第67页。

③ 黑格尔的实体和实体性,主体和主体性,这些概念是有严格区分的。物的实体使其外在性的,但这种外在性却不是物的实体性,物的实体性是成为所有权人的意志。可以看出,所谓实体性是决定实体的本质属性。也就是物的本质不在物本身的外在性,而在于其成为人的意志并进而满足或实现人的意志这一本质性。

④ 〔德〕黑格尔:《法哲学原理》,范扬、张企泰译,商务印书馆1961年版,第68页。

空虚的抽象"。① 也就是说所有权对应着完全的使用权。部分的暂时的使用权与所有权是有本质区别的。所有权在本质上是自由的、完整的。因为所有权的本质要求我对某一对象拥有完全的使用权，但假如该对象同时又有另外一个抽象的意志存在（也就是有另一个所有权存在，但是该所有权因为没有使用权，所以只能作为绝对抽象的意志而存在）。那么一方面，对于完整的使用权而言，我的意志应该能够贯穿整个对象，但是另一方面，却因为又有一个他人的意志存在，我的意志因而不能完全贯穿该对象，那么这里存在着一个绝对的矛盾。因而，一个对象上只有一个所有权。而使用权因为只是涉及物的外在性，只是所有权外化的特殊方式，所以，使用权倒是可以从时空上进行分割。但是我们要注意，这种分割也只是就物的外在性而言的。就物的实体性即所有权而言，使用权和所有权的关系是辩证统一的。完整的使用权是所有权本质的直接的外在的表现，而所有权如果要克服所有权人意志的抽象形式，就必须外化出来。比如所有权中的时效制度的根本原因就在于所有权必须外化出来才具有真实性或真理性。这种外化的方式就是所有权人对所有物使用的意思表示。这种主观的意思表示是"属于时间的；从时间方面说，客观性是这种意思表示的持续"。② 显然，时间上的持续性就构成了时效。在时间上持续地不做意思表示的，就意味着所有权人的意志是"空虚而不现实的任性，对

---

① 关于这句话的翻译，中文版的范扬版本和英文版的剑桥版本将所有权与使用权的关系对应着偶性和实体的关系，力的表现和力的关系。如果严格对应的话，这里的对应关系反了。牛津的英文版本是将所有权和使用权对应着实体和偶性、力和力的表现，这种对应关系是符合黑格尔原意的。德文原文：G. W. F. Hegel, Grundlinien der Philosophie des Rechts, Geory Lasson Zweite Aufiage, Leipzig 1921/Verlag von Felix Meiner, §61. 英文牛津版本：G. W. F. Hegel, Outlines of the Philosophy of Right, Translated by T. M. Knox, Oxford New York : Oxford Univeristy Press, 1952, §61. 剑桥版本：Hegel, Political Writings, edited by Laurence Dickey and H. B. Nisbet, p. 90. 中国政法大学出版社 2003 年版，剑桥政治思想史原著系列（影印本）。中文版：[德] 黑格尔：《法哲学原理》，范扬、张企泰译，商务印书馆 1961 年版，第 69 页。

② [德] 黑格尔：《法哲学原理》，范扬、张企泰译，商务印书馆 1961 年版，第 72 页。

这种任性的侵害不会使任何现实的东西遭受侵害，因此不能保证对这种任性表示尊重"。① 同样的原理也可以适用于所有权的转让。时效只是未经意志通过明示的方式表明的转让，而所有权的转让则是我的意志通过明示的方式放弃对该对象的拥有。当然某种对象之所以能够转让或放弃，是因为物就其"本性来说是某种外在的东西"。②

三　契约与交互关系

在所有权的分析中，我们可以看到一个意志与物之间的内在关系。也就是人格与所有权的关系。但我们也同时应该看到，"在我对物的占有中，物其实并不仅仅只和我的意志相关"。③ 对物的占有使得某一特殊意志获得定在，同时也意味着排除了其他意志对该物的占有，即意味着对同等意志存在的承认："这一定在中包含着对另一个人格的承认"。④ 也就是说，在占有关系中，不仅涉及意志与物的关系，还涉及意志之间的交互关系。当然在占有关系中，意志之间的交互关系还是一种潜藏的关系，这是因为当涉及一个意志与物的关系的时候，其他意志的意思表示是一种不作为的方式。当所有权的外在表示，不仅仅涉及占有关系而且涉及转让关系时，这种意志之间的交互关系就明显起来，因为每个意志的意思表示一般以明示的方式做出。黑格尔说："这种意志对意志的关系就是自由赖以获得定在的特殊的和真正的基础。这是一种中介，有了它，我不仅可以通过实物和我的主观意志占有财产，而且同样可以通过他人的意志，也就是在共同意

---

① ［德］黑格尔：《法哲学原理》，范扬、张企泰译，商务印书馆 1961 年版，第 72 页。

② 同上书，第 73 页。

③ 丁三东：《论黑格尔的自由谱系——对黑格尔〈法哲学原理〉的一种解释》，博士学位论文，武汉大学，2005 年版，第 29 页。

④ G. W. F. Hegel, *Grundlinien der Philosophie des Rechts*, Geory Lasson, Zweite Aufiage, Leipzig 1921／Verlag von Felix Meiner，§51.

志的范围内占有财产。这种中介构成契约的领域。"① 也就是说契约直接体现了意志之间的交互关系。这种关系首要的逻辑前提是"契约当事人双方对彼此人格、以及其作为所有权人的相互承认"。② 这样一来，通过契约的所有权就直接地包含他人意志的环节。这与通过先占取得的所有权就有了区别。通过先占取得的所有权，只需要除了我的这一意志之外的作为普遍意志的其他意志的不妨碍之默认，这种默认是一种不作为式的承认。但通过契约的所有权不仅需要作为普遍意志的其他意志的不作为式承认，还需要另一个特殊意志，即契约相对方的积极作为的意志。也就是说，就意志之间的交互关系而言，在占有中只存在着个别意志和普遍意志的关系，而在契约中，则除了上述个别意志和普遍意志的关系，还存在着个别意志和共同意志的关系。所谓共同意志是指契约当事人的两个个别意志之间达成了同一。所以共同意志不同于普遍意志，共同意志的本质还是个别意志，并且其客体也还是个别的外在物。黑格尔从三个方面揭示了契约特殊意志的本质：第一，任性是出发点；第二，通过契约达到的同一意志只是双方当事人的设定，因而只是共同意志而不是普遍意志；第三，客体是个别外在物。③ 正如丁三东博士所说："契约的根本性质是不同的特殊意志之间的约定。……可以说，个体特殊的意志贯穿契约的始终。"④因此，黑格尔认为国家和婚姻等伦理关系都不能被看作是契约关系。因为在这些关系中，已经达到了普遍的意志。

黑格尔根据契约的本质差别（即形式的契约和实在的契约）而对

----

① ［德］黑格尔：《法哲学原理》，范扬、张企泰译，商务印书馆 1961 年版，第 80 页。

② G. W. F. Hegel, *Grundlinien der Philosophie des Rechts*, Geory Lasson, Zweite Aufiage, Leipzig 1921/Verlag von Felix Meiner, §71.

③ 参见［德］黑格尔《法哲学原理》，范扬、张企泰译，商务印书馆 1961 年版，第 82 页。

④ 丁三东：《论黑格尔的自由谱系——对黑格尔〈法哲学原理〉的一种解释》，博士学位论文，武汉大学 2005 年，第 31 页。

其进行了分类。

实际上黑格尔认为契约根据其本质只有形式契约（如赠与契约）和实在契约（如交换契约）两种类别，担保准确地说不是契约，而是约定。那么什么叫做形式契约与实在契约？形式契约是指"仅仅只有当事人一方取得或放弃所有权"。① 在这种契约中，让与某物的否定环节与接收某物的肯定环节是相互分离的，也就是说两个环节分别分配给契约的双方当事人。而实在契约是指"当事人每一方都既放弃所有权又同时取得所有权"。② 在这种契约中，有一个"普遍同一"的东西，是伴随着一直贯彻始终的所有权同一个东西，即价值。如黑格尔说："既然在实在契约中，每一方当事人保留的是用以进入契约同时又予以放弃的同一个所有权，那么在契约中，所保留的东西，即与那贯彻始终的内在（自在地存在）所有权同一的东西，就把自己与外在之物区别开了，这外在之物在交换中变更了它们的所有人。那保留着同一的东西就是价值，就契约的客体而言，其价值都是平等，无论这些不同的物在性质的外在方面有多大的差异。价值是它们的普遍方面。"③ 所以，在实在契约中，双方当事人始终保留着所有权，即保留着物的普遍的东西——价值。契约从本质上说，就是一种意志间的交互关系，而意志如果不仅仅是一种主观臆想或任性，就必须获得它的定在，因而需要各种符号、姿势或约定等意思表示形式。如单纯诺言与契约的本质区别就在于前者只是"意志的主观规定，从而我还可以把它变更"。④ 而契约中的约定条款是"我的意志决定的定

---

① ［德］黑格尔：《法哲学原理》，范扬、张企泰译，商务印书馆1961年版，第83页。

② 同上。

③ G. W. F. Hegel, *Grundlinien der Philosophie des Rechts*, Geory Lasson, Zweite Aufiage, Leipzig 1921/Verlag von Felix Meiner, §77. 英文参见牛津版本：G. W. F. Hegel, *Outlines of the Philosophy of Right*, Translated by T. M. Knox, Oxford New York：Oxford University Press, 1952, §77。

④ ［德］黑格尔：《法哲学原理》，范扬、张企泰译，商务印书馆1961年版，第86页。

在"。① 当然这种定在是采取什么样的表达形式，本身与契约的本质性的东西关系不大，所以约定或给付等都只是外在的表达形式之区别，它们不应成为契约分类的本质标准。因此，担保在黑格尔看来并不是严格意义上的契约，只是对契约的补足或者只是一种约定即实现契约的一种方式。

黑格尔反复强调契约的本质在于特殊意志间的相互关系。正是因为是特殊意志，就有了任性和偶然性，因而必然潜藏了其与普遍意志的矛盾。用黑格尔自己的话说就是"特殊意志本身可能违反自在地存在的法而行动的。所以这里就出现了早已存在于意志本身中的否定，而这种否定就是不法"。② 这样就从契约的本质特性中引出了不法和犯罪的概念。

四 不法：特殊意志与普遍意志的矛盾

黑格尔认为自在的法（即正义的法）本身就具备普遍性。而在契约中，虽然特殊意志已经达到了共同意志，但是正如前文已经讨论过的，共同意志只是特殊意志的合意，它本身还不是自在的普遍意志，或者它本身还只是相对的普遍意志。而正义的法是一种普遍意志的定在，因此，契约这种特殊意志的偶然性和任意性本性必然会与正义的法即自在的法产生矛盾。"不法的出现是必然的，它体现了契约的根据即特殊的、任意的意志的不充分性。"③ 不但如此，不法的出现也是自在的法的本质体现。换句话说，自在的法要体现它的普遍性和必然性，因此，本身自在的就是对偶然性和任意性的否定。所以"不法"一方面恰恰揭示了在契约中，自在的法（普遍意志）和它的本质定在（特殊意志）只是偶然地相互一致的现象；另一方面，当自

---

① ［德］黑格尔：《法哲学原理》，范扬、张企泰译，商务印书馆 1961 年版，第 86 页。

② 同上书，第 89 页。

③ 丁三东：《论黑格尔的自由谱系——对黑格尔〈法哲学原理〉的一种解释》，博士学位论文，武汉大学，2005 年，第 32 页。

在的法与特殊意志相冲突的时候，仅仅是虚无的假象。这种虚无的假象，正是法通过自我否定而返回到自身，并且"通过自我否定返回于自身这一过程，法把自己规定为现实的和有效的东西"。① 也就是说，对于自在的法而言，有三种情况，一种是现象，此时普遍意志与特殊意志偶然地相互一致，比如契约中意志间的交互关系。在这种情况下，又有两种情况，第一，就意志间的一致关系看，现象是符合本质的；但就普遍意志与特殊意志的关系看，"它并不符合本质，因为现象是偶然性的阶段，是与非本质的东西相关的本质"。② 也就是说，虽然契约是意志间的相互符合，但是这种符合，是普遍意志与特殊意志的符合，并因为特殊意志具有偶然性和相对性，因此自在的法的本质在这个阶段还仅仅是与非本质的东西相关，即被特殊意志所规定。所以，这就过渡到假象了，既然只是"偶然地一致"，那么普遍意志与特殊意志当然也就有可能"不一致"了。当"不一致"产生的时候，就产生了不法。这时，自在的法就要发挥现实的有效性，对"不法"进行克服和否定，比如对不法行为进行惩罚。这正是自在的法的本质体现，即"作为假象的力而显示出来"。这样一来，"不法作为不真的东西而被扬弃了。先前法不过是具有直接的存在，如今经过自我否定而返回到自身，并成为现实的"。③ 当自在的法即普遍意志扬弃违背其特殊意志之时，也正是自在的法体现其实效并且证明其本质之时。

黑格尔将不法分为无犯意的不法、欺诈和犯罪。所谓无犯意的不法，主要是指法的内容的特殊性与自在存在的法的普遍性外在形式上的冲突。也就是说无犯意的不法就是法的特殊内容取得了虚假的形式，呈现出直接的假象。也就是民法上的不法。这种不法主要是指主

---

① ［德］黑格尔：《法哲学原理》，范扬、张企泰译，商务印书馆 1961 年版，第 91 页。
② 同上。
③ 同上书，第 91、92 页。

观上无违法的意思，客观上却存在着违法的形式。它的特点就是法律当事人"以不法为法"。① 也就是说，当事人的行为实际上是不法的，但是当事人以为是合法的。这时，这种行为对于"法"来说是不法的，但是对当事人来说却是"合法的"。产生这种不法假象的根源在于来自不同权原的权利冲突。因为"意志自在地是普遍物，所以只要他人承认，就可成为权原"。② 而民法上的占有和契约因为是特殊意志间的关系。并且作为有限的东西，"它的本性就在于为偶然性留下余地"③，因此，就同一物而言，就可能会产生不同的权原。但是这种无犯意的不法，还是以承认自在的法为逻辑前提，也就是说这种不法"只不过否定了特殊意志，对普遍的法还是尊重的"④。正如同"当我说蔷薇花不是红的，我毕竟还承认它是有颜色的，这时，我并不否定类，而只否定红这种特殊颜色"⑤。所以在无犯意的法这里，自在的法还是得到承认和尊重的，只是每个人所希求的特殊内容不同。所以这里的不法仅仅是当事人以他所意愿的东西为法。也就是说，当事人的特殊意志所希求的东西与普遍意志的自在之法产生了分离和冲突。并且"特殊意志试图将特殊意志直接作为普遍意志本身"。⑥ 因此就产生了不同当事人之间的权利冲突状态。与无犯意的不法不同，欺诈是主观上有过错。也就是说欺诈是主观上有意图的不法。黑格尔这里的欺诈就是我们通常所说的，用合法的形式掩盖不合法的内容或以合法形式掩饰非法目的。它的实质就是"我在法的普遍性形式下，兜售的是自我的特殊意志，我有对法的普遍性尊重之形式，却无对法的普遍性尊重之实质；法对于我来说，完全是用以欺诈

---

① ［德］黑格尔：《法哲学原理》，范扬、张企泰译，商务印书馆 1961 年版，第 92 页。
② 同上书，第 93 页。
③ 同上书，第 94 页。
④ 同上。
⑤ 同上。
⑥ 高兆明：《黑格尔〈法哲学原理〉导读》，商务印书馆 2010 年版，第 168 页。

对方的一种手段"。① 高兆明教授总结了欺诈的特征：第一，欺诈者以自己的特殊意志暗中取代法的普遍意志。第二，以物的特殊性暗中取代物的普遍性。②

在对无犯意的不法和欺诈的分析中，黑格尔的观点还有许多值得商榷的地方。首先，无犯意的不法，黑格尔主要是指民法领域中的权利冲突。但是在刑法中，无犯意的不法也可体现为过失犯罪。也就是说，"无犯意"在意图的层次上比较含糊。比如在犯罪的主观性方面，有不同的层次之间区别。就主观性内容方面看，就有认识因素和意志因素之分，就罪过方面看就有故意和过失之分，就犯罪目的和动机方面看，就有主观的外在目的性和内在动力或起因的区别。故意又分为直接故意和间接故意，过失又分为过于自信的过失和疏忽大意的过失。那么无犯意的不法，主要是指的哪个方面，黑格尔这里并没有详细分析。比如过于自信的过失是指行为人预见到自己的行为可能会不法甚至是犯罪，但是因为轻信能够避免以致发生了不法甚至犯罪行为，而疏忽大意的过失则更是没有预见到自己的行为可能不法甚至是犯罪，虽然其应该预见到而因为疏忽大意却没有预见到。但是这些主观上并没有犯意的行为不但会产生民事上的不法，同样也会产生刑事上的犯罪。因此，黑格尔这里的无犯意的不法的含义太含糊，不足以解释和分析法律行为的不同性质。其次，黑格尔关于欺诈行为的分析也不太精确。黑格尔认为在欺诈中"特殊意志虽被重视，而普遍的法却没有被尊重。在欺诈中特殊意志并未受到损害，因为被欺诈者还以为对他所做的是合法的。这样，所要求的法遂被设定为主观和单纯假象的东西，这就构成了欺诈"。③ 高兆明教授关于欺诈的解读中，也认为"在协商过程中，被

① 高兆明：《黑格尔〈法哲学原理〉导读》，商务印书馆2010年版，第169页。
② 同上书，第169—172页。
③ ［德］黑格尔：《法哲学原理》，范扬、张企泰译，商务印书馆1961年版，第94页。

欺诈者的特殊意志确实被尊重了，并没有受到损害"。① 并且认为对特殊意志的损害是以下意义上的，即双方在协商合约的时候，并没有准备尊重法律，因此事实上否定了法的普遍有效性。② 笔者认为"欺诈"要分为两种情况，一种情况是特殊意志所形成的共同意志欺诈作为普遍意志的自在之法；另一种情况是某一个特殊意志在合法形式的掩盖下欺诈另一个特殊意志，即特殊意志之间的欺诈。前者体现为特殊意志对普遍意志的否定，后者体现为特殊意志之间的相互否定。前者的欺诈就可能会产生出犯罪的结果，比如刑法规定的欺诈犯罪都属于此类行为。后者的欺诈可能会产生民事上的不法结果，比如合同中的欺诈行为等。

五　道德与伦理

黑格尔认为犯罪不论是对于加害人的意志还是对于被害人以及一切其他人的意志而言，都不具有"肯定实存"的性质。因为犯罪是对"自在存在的意志（自在存在的法）"③ 的否定。因此需要对犯罪进行再次否定，即否定之否定，以便确立意志的肯定状态。而对犯罪进行否定，通常有两种方式，一种是复仇，一种是另一种法的强制。黑格尔否定了复仇，因为复仇虽然从内容上是正义的，但是其形式却不是正义的。这种形式的不正义主要是指复仇只是"主观意志的行为"④。而主观意志的行为是否合乎正义只具备偶然性。因而对于他人而言，复仇不过是一种特殊意志。因此复仇虽然是一种肯定行为，但这种肯定行为因为只是特殊意志的表达，所以是"一种新的侵害"⑤。当然就历史发展的进程而言，复仇是作为最初

---

① 高兆明：《黑格尔〈法哲学原理〉导读》，商务印书馆 2010 年版，第 170 页。
② 同上。
③ ［德］黑格尔：《法哲学原理》，范扬、张企泰译，商务印书馆 1961 年版，第 101 页。
④ 同上书，第 107 页。
⑤ 同上书，第 107 页。

形态的报复出现的。不过，随着历史精神的发展，复仇逐渐让位于法的强制，即刑罚。刑罚体现的是法律的普遍意志，而不是被害人的个别的特殊意志。这体现了历史的文明进程。这进程要求"从主观利益和主观形式下、以及从威力的偶然性下解放出来的正义，这就是说，不是要求复仇而是刑罚的正义"。①

到了"刑罚的正义"这一意志发展的形态里，就产生了从抽象法向道德的过渡。因为从复仇到刑罚的这一发展历程中，我们可以看到，自在的普遍意志跟自为存在的单个意志之间的区分和统一的运动过程。也就是说"作为自在存在的普遍意志的法"通过对"纯粹自为存在的单个意志"的否定而证实了自身的"现实性"。② 因此，这样一来，意志在这一现实化的过程中，就"把它自己最初存在的并在抽象法中具有形态的那种自在的存在和直接性的形式加以扬弃，从而首先在自在地存在的普遍意志和自为地存在的单个意志的对立中设定自己，然后再通过（对）这一对立的扬弃，即通过否定的否定，把自己作为在定在中的意志规定起来，以致它不仅是自在地自由的而且是自为地自由的意志，这就是说，它把自己规定为自我相关的否定性"。③ 这一长句，黑格尔实际上要表明，刑罚通过对第一次强制（犯罪）的再次强制这一过程，体现了意志的内在概念扬弃抽象法的直接性而在自为的意志中设定自己，因而走向了主观意志即道德。因为"这种自为地无限的自由的主观性构成了道德观点的原则"。④

自由概念在抽象法历程中的特点就是意志历经从抽象规定向自我相关的规定的发展过程。这一过程体现了下面三个环节⑤：第一，所有权因为抽象的"我的东西"的规定，因而体现在一个外物之中；

① ［德］黑格尔：《法哲学原理》，范扬、张企泰译，商务印书馆 1961 年版，第 108 页。
② 同上。
③ 同上。
④ 同上书，第 109 页。
⑤ ［德］黑格尔：《法哲学原理》，范扬、张企泰译，商务印书馆 1961 年版，第 109 页。

第二，契约因为以双方意志为中介，因而体现了某种共同的意志；第三，在不法中，犯罪是单个的特殊意志对自在的直接意志的否定或强制，而刑罚通过对强制的强制或对否定的否定，从而导向肯定并形成了意志的自我相关性，因而实现了向道德的过渡。

在抽象法中，自由还只体现为自在的直接的形式。人们把它称为客观自由，只有到了道德这里，这种客观自由才向内在自由转变。这跟康德关于法与道德的关系的论述大体上是一致的。在康德那里，真正的自由是主体摆脱自然律的强制和束缚从而进行自我立法。因此在康德那里，真正的自由是自由意志的自我立法。可以说康德认为道德是"主体从外在的客观感性世界回到内在的主观理性世界"。① 就这一点而言，黑格尔是完全赞成的。在黑格尔看来，"在客观自由阶段，意志的自由乃在于对物的所有及通过达到的自我感性欲望的满足，而在主观自由阶段，意志的自由乃在于主体回到自身，在自身内部获得自由"。可以说，黑格尔的法哲学是康德的实践理性哲学的进一步扩展和推进。"黑格尔的（自由）模式与其说是要取代康德的（自由）模式不如说是试图发展和推进康德自己对于自由作为合理性的自我规定的解释。"②

在抽象法中，还不存在"我的原则"或"我的意图"的问题，"而这一关于意志的自我规定和动机以及关于故意的问题，现在在道德领域中才被提上日程"。③ 显然意志的自我规定涉及的是意志的主观性。因此，意志在道德这一环节就体现为自为的自由意志，也就是说道德是"主观意志的法"④。这种主观意志虽然体现了自为的自由意志，却并不是自在自为的自由意志。它还需要从"纯粹主观性这另一片面中解

---

① 丁三东：《论黑格尔的自由谱系——对黑格尔〈法哲学原理〉的一种解释》，博士学位论文，武汉大学，2005 年版，第 35 页。

② 参见 Kenneth Baynes, "Freedom and Recognition in Hegel and Habermas", in Philosophy and Social Critism, 28 (2002), pp. 1 – 17. 转引自丁三东《论黑格尔的自由谱系——对黑格尔〈法哲学原理〉的一种解释》，博士学位论文，武汉大学，2005 年版，第 35 页。

③ ［德］黑格尔：《法哲学原理》，范扬、张企泰译，商务印书馆 1961 年版，第 111 页。

④ 同上。

放出来"。① 因为在道德中，那绝对的并且自我规定的东西是人的独
特利益。因此，一个只听从父母摆布的小孩子和一个在一切事情中听
从暴力和自然因素支配的未受教化的人是不具有道德意志的。而对一
个真正具有教养的有道德意志的人而言，"他本身体现在他所做的一
切事情中"。② 因此，当道德还没有从纯粹主观性解放出来的时候，
它只是作为与自在存在的意志相互区别的自为存在的主观意志。而无
论是自在存在的意志还是自为存在的意志，当它们作为相互区别的独
立存在的意志时，它们都是片面的、抽象的和形式的。"法欠缺主观
性的环节，而道德则仅仅具有主观性的环节，所以法和道德本身都缺
乏现实性。"③ 只有到了伦理之中，自在存在的意志和自为存在的意
志才合二为一、统一了起来。因而真正实现了自由意志的现实性。

那什么是伦理？黑格尔说："伦理是自由的理念，它是活的
善。"④ 伦理的实体就体现为自在自为存在的规章制度或法律和它的
权力。因此，黑格尔认为："法律是自在自为地存在的，它们是从事
物本性中产生出来的规定。"⑤ 而个人"只是作为一种偶然的东西"
与伦理性的力量发生关系，这种关系就如同"偶性对实体的关系"。⑥
并且"法律和权力这些实体性的规定，对个人说来是一些义务，并拘
束着他的意志"。⑦ 而伦理性力量就体现在以下三个环节中⑧：第一，
自然或自然的伦理精神——家庭；第二，通过法律制度和外部秩序而
受到保障的单个人的联合体——市民社会；第三，体现普遍物的现实
性从而维护一切利益的外部秩序——国家。也正是在个人与伦理性实

---

① ［德］黑格尔：《法哲学原理》，范扬、张企泰译，商务印书馆1961年版，第112页。
② 同上。
③ 同上书，第162—163页。
④ 同上书，第165页。
⑤ 同上。
⑥ 同上。
⑦ 同上书，第167页。
⑧ 同上书，第173—174页。

体，以及市民社会与国家的关系的理论中，黑格尔饱受指责。其中最切中黑格尔法哲学要害的要属马克思对其的批判。马克思说："黑格尔应该受到责难的地方，并不在于他如实地描写了现代国家的本质，而在于他用现存的东西来冒充国家的本质。合乎理性的东西都是现实的，证明这一点的却正好是非理性的现实性的矛盾，这种非理性的现实性处处都通它关于自己的说法相反，而它关于自己的说法又同它的本来面目相反。"①

要理解黑格尔的自由，我们应该深入到自由的定在环节，对于黑格尔而言，自由本质上是否定和肯定的同一。这种同一性必须在现实中建立起来。黑格尔的自由观是对康德以及康德以前理论的继承与超越。在黑格尔的法哲学中，以自由为根据的意志，经过法律、道德和伦理的自由定在的各个环节，将自由精神在外在的历史中展示出来。也正是在这个意义上，黑格尔说："自由虽然是一个内在的观点，它所用的手段却是外在和现象的。"② 法律、道德和伦理都是自由外化和现实化的不同阶段和形态。这些自由的不同定在或形态内含着自由的理念，也就是说法的体系是实现了自由的王国。对这一理论的论述生动阐述了黑格尔历史与逻辑统一的方法论。正如储昭华教授所言："黑格尔法哲学试图以其辩证法，扬弃抽象法、道德、伦理等人类社会生活的不同层面、自由的不同实现形态的片面性，并将它们演绎成不断发展的动态演进过程，最终将各种相互差异乃至对立的要素和趋势综合统一起来，使之成为一个有机的整体。"③

马克思的《黑格尔法哲学批判》中对其保守性客观唯心主义的体系进行了深刻的批判。首先，马克思从市民社会和国家之间的关系，

---

① 中共中央著作编译局编译：《马克思恩格斯全集》（第 1 卷），人民出版社 2002 年版，第 324 页。

② ［德］黑格尔：《历史哲学》，王造时译，上海书店出版社 1999 年版，第 20—21 页。

③ 储昭华：《法权的逻辑基础与实质——关于黑格尔法哲学的启示与教训的再认识》，载《哲学研究》2007 年第 7 期。

对黑格尔的国家主义进行了批判。马克思认为黑格尔对家庭和市民社
会和国家的关系"提出了一个没有解决的二律背反。一方面是外在的
必然性；另一方面是内在目的"。① 国家似乎是从家庭和市民社会中
无意识或任意就产生了，马克思讽刺道："家庭和市民社会仿佛是黑
暗的自然基础，从这一基础上燃起了国家之光。……逻辑的、泛神论
的神秘主义在这里已经很清楚的显露出来。"② 马克思认为黑格尔将
家庭、市民社会与国家的关系弄颠倒了，即"观念变成了主体，而家
庭和市民社会对国家的现实的关系被理解为观念的内在想像活动。"③
真实的关系应该是："家庭和市民社会都是国家的前提，它们才是真
正活动着的。"④ 经过颠倒之后的关系显然就成了家庭和市民社会是
国家的组成部分，而国家公民首先应该是家庭的成员和市民社会的成
员。其次，马克思从方法论的维度对黑格尔进行了批判，他揭示了黑
格尔用形而上学解决自由矛盾的抽象性。因为在黑格尔那里抽象的现
实性、必然性、实体性这些抽象的逻辑范畴变成了主体，又将国家的
必然性外化为各种概念差别即各种权力，其实它们不过是各种现实的
固定的规定。"国家的目的"和"国家的各种权力"都被黑格尔神秘化
了，它们脱离了自己的现实的存在成为了"抽象谓语的最后谓语"。⑤
黑格尔法哲学的论述中心最后变得不是法哲学，倒成了逻辑学。因此，
马克思说，在黑格尔那里"哲学的工作不是使思维体现在政治规定中，
而是使现存的政治规定消散于抽象的思想。哲学的因素不是事物本身
的逻辑，而是逻辑本身的事物。不是用逻辑来论证国家，而是用国家
来论证逻辑"。⑥ 这就是为什么马克思嘲笑黑格尔是用头走路的原因。
直到现代，马克思仍是真正成功批判黑格尔的第一人。

---

① 《马克思恩格斯全集》（第 1 卷），人民出版社 2002 年版，第 9 页。
② 同上。
③ 同上书，第 10 页。
④ 同上书，第 10—11 页。
⑤ 同上书，第 21—22 页。
⑥ 同上书，第 22 页。

第七章
人格价值的现实性——人格权

在第五章的论述中，我们已从本体论维度论述了人格与法的内在逻辑结构，那么在这一章，我们主要是从法的现实性维度来论述人格价值的外化与现实性。"法权意义上的人格"是指对广义意义上的人格及其利益的法律保障，而不仅仅指实在法的人格权。前面的章节已经论述了人格具有主客体同构（主客体具有同一性）的本质特征，同时人格概念本身内在地包含了自由、资格、能力等概念。而作为人格的最古老的含义"面具"实际上意味着以载体的形式展现出来的同一性表象。个体想要完整地拥有自己，就必须同时拥有自己的本真性人格和经验性人格、作为客体的自我和作为主体的自我、作为内在的人格和作为外化的人格。所以"一个拥有完整人格的个体必须具有对自己的本真性人格和经验性人格之权利"是一个分析命题。因为完整的人格本身就包含了作为主体的人格和作为客体的人格。因此，法权意义上的人格权就应该包括这两方面的因素。

人格权成为民商法研究的重要课题。围绕人格权，学者们从法理、立法体例、法制史等不同层面展开了激烈而持久的论辩，但仍有诸疑难问题未达成统一意见。重要原因在于人格权概念及其内在结构仍然模糊不清。目前学界对人格权的界定有两大方法：主体界定法和客体界定法。并取得了两大理论突破（下节详细展开）。但对人格权之权利结构的研究尚不足。本书试图突破主客体的两分法，廓清人格权的权利结构，剖析其"主客体同构"特征，从而为人格权的类型化和立法体例的可能选择提供理论资源。对人格权进行法理探源的一个有效途径是厘清人格、法律人格、人格权三大概念的内在结构及其关联。人格概念作为一个基石性范畴成为研究的切入点。根据第五章的详细论证，我们已经明确：人格具有主客体同一的结构。人格概念的这一本质特征使呈现同样结构的人格权成为一种新型的权利。该章节的结论在此先做一个交代，人格权的权利结构为：主体——人格（作为应然权利）或法律人格（作为法定权利）；客体——人格及其诸要素。"主客体同构"决定了作为主体的人格可作为权利载体而存在，使主体呈现客体性。反之，作为权利载体的客体——人格及其诸要素，作为权利内容除具有客体性，还呈现出主体性（精神性）。因而人格权概念在逻辑上包含了以"整体人格"为客体的一般人格权和以"诸人格要素"为客体的具体人格权，为"一般人格权＋具体人格权"的立法模式提供了一以贯之的理论支持。

第一节　人格权理论的主要纷争及评述

一　人格权理论的主要纷争及其缘由探析

廓清法律领域的人格概念非常重要。正如德国法学家汉斯·哈腾鲍尔所说："人格应该在法律中是最高级的概念，具有法律上最独特的权利性质，其法律上的价值甚至超过了人所属于的小小的家庭和人民。……在法律发展史上，人'只服从于自己的人格'这一原则具有非常伟大的意义。"① 近代民法作为财产权占支配地位的法律，很可能是将人格权与物权的关系弄颠倒了。就本质而言，物权应该是人格权的外化。我们应该用人格这一概念为"即将到来的新世纪的市民政治提供根据地"。② 只不过在法律领域，"法学家们想把'人格'这

---

① ［德］汉斯·哈腾鲍尔：《民法上的人》，孙宪忠译，载《环球法律评论》2001 年冬季号。

② 同上。

个时髦名词确定为法学概念的努力还是没有成功"。① 关于人格的定义众说纷纭，未达成一致的观点。"法律人格（legal personality）的概念难以界定并且已经成为知识界激烈论战的中心，很多这样的问题已经转移到了法律领域。"② 可以说，人格概念带来的复杂性和困惑程度与人格概念的重要性成正比例关系。

对人格权的研究成为近几年民商法研究的重点课题，并且研究趋势呈逐年递增的特点。③ 有学者称，人格权法是继侵权责任法立法程序完成后，民事立法的"下一个努力目标"。④ 众多学者分别从法理、立法体例、法制史、国别等诸层面展开了深入的探讨和研究。⑤ 其中

---

① ［德］汉斯·哈腾鲍尔：《民法上的人》，孙宪忠译，载《环球法律评论》2001 年冬季号

② Paton, *Jurisprudence* (1946), 250 (2ed. 1951), 314—315. 转引自［美］罗斯科·庞德《法理学》（第四卷），王保民、王玉译，法律出版社 2007 年版，第 152 页。

③ 笔者于 2011 年 6 月在期刊网上以"题名"为检索项、"人格权"为检索词进行检索就得到 600 多篇文章，通过对不同时间段文章的检索，笔者发现对人格权的研究呈现逐年递增的趋势。如 1979—2000 年 20 年期间仅有 73 篇文章。2000—2011 年 10 年间就有 570 多篇文章，其中这 10 年间，也呈现逐年递增趋势，如 2000—2003 年有 94 篇，2003—2006 年有 197 篇，2006—2009 年有 276 篇，2009—2011 年有 181 篇文章。近三年的文章就有 240 多篇，其中 2011 年上半年有 20 余篇。有趣的是，颁布《侵权责任法》的 2009 年是人格权期刊论文发表最多的一年，共 80 篇。2008 年和 2010 年分别为 60 篇和 78 篇。

④ 张新宝：《中国民法和民法学的现状与展望》，载《法学评论》2011 年第 3 期。

⑤ 这里只引出从法制史和国别的层面进行论证的文章，下面将会从各个不同层面进行引用相关论文。主要列举了近三年以及三年以前但引用率较高的论文。因为相关文章数量庞大，难免挂一漏万。从法制史的解读进行解读的有：曾凡昌：《西方人格权发展的历史线索及其启示》，载《现代法学》2011 年第 3 期；王爱芳：《法律人格及人格权的历史流变——兼论对〈中国民法典·人格权法编〉的立法启示》，载《经济与法》2010 年第 9 期；徐国栋：《人格权制度历史沿革考》，载《法制与社会发展》2008 年第 1 期；胡玉鸿：《法律史上人格制度的演化》，载《法律科学》2008 年第 4 期；张作华：《法律人格的伦理变革——来自罗马法又回到罗马法》，载《西南政法大学学报》2007 年第 6 期；马俊驹：《人与人格分离技术的形成、发展、变迁——兼论德国民法中的权利能力》，载《现代法学》2006 年第 4 期；马俊驹、刘卉：《论法律人格内涵的变迁和人格权的发展——从民法中的人出发》，载《法学评论》2002 年第 1 期，第 26 页；秦伟、刘保玉：《略论法律人格的内涵变迁及立法评判》，载《河北法学》2000 年第 6 期，第 38 页。对不同国家的人格权进行研究的有（包括译作，以下同）：［日］加藤雅信：《日本人格权论的展开与最近的立法提案》，杨东译，载《华东政法大学学报》2011 年第 1 期；［德］汉斯—彼特·哈佛坎南：《1918 年以来一般人格权在德国的发展》，载《华东政法大学学报》2011 年第 1 期；周云涛：《德国人格权发展阶段的历史考察》，载《社会科学》2010 年第 11 期；张红：《十九世纪德国人格权理论之辩》，载《环球法律评论》2010 年第 1 期；张红：《20 世纪德国人格权法的演进》，载《清华法律评论》第 4 卷第 1 辑，2009 年第 1 期；曹险峰：《论德国民法中的人、人格与人格权——兼论我国民法典的应然立场》，载《法制与社会发展》2006 年第 4 期。

极其激烈的辩论主要体现在这样几个方面：第一，就学理而言，主要围绕人格权如何界定及其与法律人格、权利能力、主体资格等概念的关联进行辩论；① 第二，就实在法的立法体例而言，主要焦点集中在：人格权在民法典中的地位、人格权与基本权利的关联、与侵权责任法的关联，一般人格权和具体人格权的关系以及一般人格权的性质、具体人格权的内容如何界定等等；② 第三，法人能否拥有人格权，如果

---

① 姜新东、朱肖彦：《论法律人格的伦理性》，载《山东科技大学学报》2010 年第 5 期；杨立新、刘召成：《论作为抽象人格权的自我决定权》，载《学海》2010 年第 5 期；吴汉勇：《从两大法系看我国人格权立法模式》，载《齐齐哈尔大学学报》（哲学社会科学版）2010 年第 6 期；刘召成：《伦理人格与法律人格的辩证关系——民事主体制度正当性说明》，载《新疆社会科学》2010 年第 1 期；袁雪石：《论人格权的法律变动——人格"法律行为"概念的引入》，载《福建师范大学学报》（哲学社会科学版）2009 年第 5 期；李新天：《对人格权几个基本理论问题的认识》，载《法学评论》2009 年第 1 期；胡玉鸿：《围绕"人格"问题的法理论辩》，载《中国法学》2008 年第 5 期；于莉：《论法律人格的内涵》，载《法制与社会》2008 年第 1 期；郑永宽：《关于人格权概念的质疑与反思》，载《北方法学》2007 年第 6 期；张莉：《论法律人格的多重性及其关系》，载《福建师范大学学报》（哲学社会科学版）2007 年第 6 期；马俊驹：《关于人格权基础理论问题的探讨》，载《法学杂志》2007 年第 5 期，《从人格利益到人格要素》，载《河北法学》2006 年第 10 期；郑永宽：《人格权概念辨析》，中国政法大学博士论文，2006 年；王利明：《试论人格权的新发展》，载《法商研究》2006 年第 5 期；马俊驹：《论私法上权利的人格权》，载《法学》2005 年第 12 期；王子龙：《法律人格概念之辨析》，载《河北学院学报》2005 第 3 期；马俊驹、刘翔：《论民法个人人格构造中的伦理与技术》，载《法律科学》2005 年第 2 期；李永军：《论权利能力的本质》，载《比较法研究》2005 年第 2 期；李永军：《民法上的人及其理性基础》，载《法学研究》2005 年第 5 期；尹田：《论人格权的本质》，载《法学研究》2002 年第 5 期；刘卉：《论法律人格与人格权的发展》，清华大学硕士论文，2002 年。

② ［法］让·米歇尔·布律格耶尔：《人格权与民法典——人格权的概念和范围》，肖芳译，王轶点评，载《法学杂志》2011 年第 2 期；尹田：《论人格权概括保护的立法模式——"一般人格权"概念的废除》，载《河南省政法管理干部学院学报》2011 年第 1 期；［日］加藤雅信：《日本人格权论的展开与最近的立法提案》，杨东译，载《华东政法大学学报》2011 年第 1 期；霍银泉：《论一般人格权的性质》，载《吉林省教育学院学报》2010 年第 2 期；王泽鉴：《人格权的具体化及其保护范围——隐私权篇（上中下）》，载《比较法研究》2008 年第 6 期、2009 年第 1、2 期；张红：《论一般人格权作为基本权利之保护手段——以对"齐玉苓案"的再检讨为中心》，载《法商研究》2009 年第 4 期；郑永宽：《制定我国人格权法应当着重解决的三个问题》，载《国家检察官学院学报》2008 年第 3 期；曹海峰：《论一般人格权制度的适用——以德国法之做法为参考》，载《河南省政法管理干部学院学报》2007 年第 6 期；尹田：《论人格权独立成编的理论漏洞》，载《法学杂志》2007 年第 5 期；曹海峰：《论人格权的法定化——人格权独立成编之前提性论证》，载《吉林大学社会科学学报》2006 年第 2 期，《人格、人格权与中国民法典》，吉林大学博士论文，2005 年；申海恩：《人格权保护的理论体系与立法模式》，载《社会科学研究》2007 年第 5 期；张新宝：《人格权法的内部体系》，载《法学论坛》2003 年第 6 期；罗卫平：《论一般人格权的立法选择》，载《时代法学》2004 年第 5 期；王利明：《人格权制度在中国民法典中的地位》，载《法学研究》2003 年第 3 期。

能，其性质如何界定？① 第四，死者人格权如何界定和保护？② 本书仅对前两个问题进行分析、论证。但要清晰明确地回答这两个问题，必须深入探究民法领域的人格权概念和法理领域的法律人格概念，而这一切首先必须从"人格"这一基石性范畴入手。

二 人格权基础理论的研究现状总结及其评述

关于人格权基础理论的研究现状，笔者在这里只是概括性的总结。相关论述将在下几节中详细展开。

第一，基础理论与立法模式的选择成为人格权法的重大疑难问题，国内外学者辩论激烈、纷争迭起。德国学者哈腾鲍尔宣布"人格正在向财产夺回桂冠"。美国学者庞德指出法律人格已经成为学界激烈论战的中心。国内的研究也蒸蒸日上，学术成果呈逐年递增趋势。学者们针对人格权如何界定，人格权的类型化及理论根据，人格权在民法典中的地位及立法模式等问题展开激烈辩论。论辩的基点最后指向人格权概念及权利结构的界定和研究。

第二，立法模式的不同选择实则隐藏着不同的理论预设。否定"人格"客体性的理论的学者认为人格权没有权利载体，因而主张在立法中取消人格权的概念，如德国惠尔德等教授；将一般人格权的标的界定为全部人格利益的学者主张废除一般人格权的概念（如尹田教

---

① 马渊博：《浅析法人人格权》，载《黑河学刊》2011 年第 1 期；雷兴虎、刘斌：《论公司法人人格否认诉求主体适用范围之拓宽》，载《政法学刊》2010 年第 4 期；霍银泉：《法人人格权的思辨》，载《法制与经济》2010 年第 1 期；张力：《私法中的"人"——法人体系的序列系列化思考》，载《法律科学》2008 年第 3 期；仲崇玉：《法人人格学说研究》，中国政法大学博士论文，2006 年；马俊驹：《法人制度的基础理论和立法问题之探讨（上中下）》，载《法学评论》2004 年第 4、5、6 期；尹田：《论法人人格权》，载《法学研究》2004 年第 4 期。

② 张红：《死者人格精神利益保护：案例比较与法官造法》，载《法商研究》2010 年第 4 期。翁静晶：《论中国死者名誉保护》，中国政法大学博士论文，2006 年；杨立新、曹艳春：《论尸体的法律属性及其处置规则》，载《法学家》2005 年第 4 期；刘国涛：《死者生前人格利益民法保护的法理基础——读〈死者生前人格利益的民法保护〉后的再思考》，载《比较法研究》2004 年第 4 期。

授），而王利明、杨立新、薛军等教授将一般人格权界定为概括性权利进而主张"具体人格权＋概括性条款"的立法模式等。界定人格权概念、厘清其权利结构、廓清理论基础是选择立法模式的必要前提。

第三，目前民法学界有各种界定人格权的方法与学说，笔者将其归纳为两种方式与三种"客体"学说。国内外学者主要从人格权的内容、客体、主体、专属性、法益等角度对人格权进行界定。诸多界定实可归结为两种方式：主体界定法（如我国梅仲协、王伯琦和法国菲利普等学者采此法）和客体界定法（目前学界的主导界定法）。客体界定法的内部又分为人格、人格要素和人格利益三种"客体"学说。如梁慧星、王利明、杨立新以及德国基尔克等学者认为人格权的客体是人格利益。马俊驹、郑永宽、李新天和日本鸠山秀夫等学者认为人格权的客体为人格要素。张俊浩和德国科勒、法国布律格耶尔等学者则旗帜鲜明地宣称人格权的客体为人格，而非人格利益。

第四，论证方式不断创新，主要有：反证法、历史考察法、概念分析法、规范分析法等。如郑永宽教授的《关于人格权概念的质疑与反思》、李新天教授的《对人格权几个基本理论问题的认识》等主要采用反证法。徐国栋教授的《人格权制度历史沿革考》运用了历史考察法。李永军教授的《民法上的人及其理性基础》运用了概念和规范分析法。

笔者认为人格权概念研究，已经取得了两大理论突破：第一，从人格权的客体对人格权进行界定，突破"人格权的客体不得为人格"的观点；第二，明确宣布人格权的客体为人格或人格要素，突破"人格权的客体为人格利益"的观点。

同时笔者也认为现有研究尚有某些不足：第一，缺乏统一的界定方式使人格权的界定纷繁复杂：首先外延的界定模糊。如"人的伦理价值"界定——外延过宽；"人格利益"的界定——外延过窄；"人格要素"的界定——遗漏了作为整体而存在的人格本身（这正是一般人格权处于争论焦点的原因）。其次内涵的界定容易两极分化，或主体化或客体化。第二，缺乏对人格权的权利结构（其独特性是主客体同构）的研究。第三，对立法模式的研究多采取实证的规范分析法，从本体论和认识论的角度剖析立法模式背后的理论预设的研究方式需要进一步加强。本书拟突破主客体的两分法，廓清人格权的权利结构，剖析"主客体同构"特征，试图为中国人格权之可能立法模式提供一以贯之的理据。

因此，进一步深入研究人格权概念具有很强的理论与现实意义：第一，概念的明确界定为人格权疑难问题的纷争提供一个可供辨析的标准。学者们的论辩既激烈又持久，但仍有诸多疑难问题无法达成统一意见。就人格权法的立法体例而言，主要纷争有：人格权独立成编之必要性和可能性的论战；"一般人格权 + 具体人格权"的立法模式（设立一般人格权概念）和"具体人格权 + 概括性条款"的立法模式（取消一般人格权概念）的争论。产生纷争的一个重要原因在于人格权概念及其内在结构没有明确的界定。无论是对人格权理论的论辩还是对人格权立法体例的争论，都涉及对人格权概念本身的界定。如果争论者各自预设了不同的人格权概念及其相应的权利结构，那么争论的靶子与其说是针对人格权理论或人格权立法体例，倒不如说是针对人格权概念或人格权的性质本身。将人格权的本质归结为宪法权利的学者认为民法典无采取人格权独立成编之必要；而将一般人格权等同于基本权利的学者则倾向于取消一般人格权的概念，进而主张"具体人格权 + 概括性条款"的立法模式。

第二，对人格权的法理探源能有效界定人格权的概念与结构，进而为人格权的立法模式提供理论依据。人格权作为新型权利其结构所具有的独特性：主客体同构。人格权这一独特的权利结构根源于人格概念。人格具有主客体统一的结构，使呈现同样结构的人格权成为一种新型的权利。也正是该新型权利结构给人格权理论和立法体例带来诸多困惑。如人格权的定性及其与基本权利的关系、一般人格权和具体人格权性质与内容的界定问题等等。因此厘清人格权的内在结构有助于人格权的权利定性，有利于人格权诸多疑难问题的解答，进而为人格权立法提供理论依据。本书主张人格权概念在逻辑上包含了以"整体人格"为客体的一般人格权和以"诸人格要素"为客体的具体人格权。为"一般人格权＋具体人格权"的立法模式提供理论依据。

第三，目前人格权概念的研究对学界确定取得了两大突破。但对人格权之权利结构（其独特性在于主客体具有同构性）的研究尚不足。学者们多采取规范性的法学方法论。从本体论或认识论的维度在法理上剖析人格权的权利结构并探索其理论渊源的课题还不多，厘清人格权的权利结构对人格权理论的诸疑难问题之破解和民法典立法体例的明晰具有较大的应用价值。

三 人格权概念问题之解答

本书对人格权概念研究出现的疑难问题，作出如下解答：

第一，剖析人格权的权利结构。权利结构为：主体——人格（作为应然权利）或法律人格（作为法定权利）；客体——人格及其诸要素。第二，人格权之权利结构的本质在于"主客体同构"。因此作为主体的人格可作为权利载体而存在，使主体呈现出客体性。反之，作为权利载体的客体——人格及其诸要素，作为权利内容除具有客体性，还呈现出主体性（精神性）。第三，人格权概念在逻辑上包含了以"整体人格"为客体的一般人格权和以"诸人格要素"为客体的具体人格权，为"一般人格权＋具体人格权"的立法模式提供了一以贯之的理论支持。

第二节 人格概念的内涵及理论溯源

总的来说，人们对人格权概念的争论主要集中于对"人格、法律人格、人格权、主体资格、权利能力"等核心概念的界定。而作为基础概念的"人格"概念更是国内外学者们争论的起点和焦点。囿于篇幅，本书只提取相互冲突较大的观点。

　　从实在法的角度看，大多数学者认为"人格"概念是法律的基础前提，应得到实在法的规定。但有些学者的观点完全相反，他们建议在实在法中排除"人格"概念，他们或主张用"权利主体"、"权利义务的主体"、"权利的持有者"等具备确定含义的术语取代含义模糊不清的"人格"概念；或认为"人"就是"人格人"，即人格的概念与人的概念在法律上是同一个意思，人格概念实属多余。① 有些学者则直接否定人格作为法律概念存在的必要性。该观点认为民法上的人格理论是"死而复生"的理论，是从古罗马的故纸堆中发掘出来作为法技术手段以便戴在某些"适于成为交易主体"的团体的脸上，并且称"人格"这一概念溅满古罗马奴隶鲜血的"面具"，是一些人压迫另一些人的法律技术工具。② 有学者则认为："当人不再只有'人格'的人才称其为人的时候，'人格'的身份含义在历史上已经消失。人格被人取代，人格平等实质就是人人平等。人，在法律上不需要'人格'的门槛，便可以踏进法律之门受法律的保护。"③ 否定人格作为法律概念的存在具有必要性的学者主要是从罗马法的身份人格上寻找其理论根源。但是这种论证是值得商榷的。首先，该理论将罗马法意义上的人格概念完全等同身份概念。却未发现罗马法中的人格概念并不与身份概念直接等同。比如徐国栋教授经过考证认为："在作为罗马法调整对象的人身关系中，……人格关系内在地包括身份关系。"并认为罗马法的人身关系包括人格关系和身份关系两个要素。④ 也就是说，在罗马法中人格概念与身份概念即使不是并列的关

---

① 详细论证参见胡玉鸿《围绕"人格"问题的法理论辩》，载《中国法学》2008 年第 5 期。
② 参见尹田《论法人人格权》，载《法学研究》2004 年第 4 期。
③ 参见付翠英《人格·权利能力·民事主体辩思——我国民法典的选择》，载《法学》2006 年第 8 期。
④ 详细论证参见徐国栋《人身关系流变考》（上），载《法学》2002 年第 6 期。

系，也应是包容关系（人格概念包容身份概念），而绝非是等同关系。退一步说，身份概念的存在是否就是法律不能容忍的呢？当然不是。一般来说，身份（拉丁语 status：形势或状态）不过是表明个体基于自然、政治或社会等原因在集体中所处的不同状态或位置。亲权就是典型的基于身份关系的法权。其他如性别、出生、年龄、婚生子女或非婚生子女、职业、社会影响力等自然、社会因素而产生的不同身份，不仅在现代法律中得到承认，并得到各种法律规则或原则的调整和规范。如《中华人民共和国妇女儿童权益保护法》；不同年龄的人具有不同的权利能力；对某些职业采取更加严格的规章制度；对公众人物的隐私权之保护采取更加严格的规定等。当然罗马法中的奴隶制度确实违反了现代文明。但因此而全盘否定身份概念，进而否定人格概念难免以偏赅全。其次，该理论也没有注意，从中世纪独立实体之位格发展到近代的理性人，人格概念历经人文精神的洗礼，已经有了丰富的内涵。而这一内涵恰恰是通过扬弃罗马法之人格概念而取得。"扬"的是罗马法人格概念中的"主体性"（罗马法中"主体资格"的提升）之含义，"弃"的是"奴隶"等名分制度。值得注意的是，基于对人格概念的不同界定，以及背后的不同理论和迥然相异的思维模式，对近现代法史发展趋势的断言，学术界出现了"人格被人取代"[①] 和"人格取代了人"[②] 两种截然相反的观点。最后，从学理上看，经受自然法理论洗礼并逐渐陶冶而成的实在法能否完全弃这个极具伦理意义的人格概念而不顾呢？显然不行，正如胡玉鸿教授所说："离开了自然法原理的说明，现行的实在法就难以证成其正当性与合理性。"[③] 在对法律上的人格概念存在的必要性进行论证时，胡玉鸿教授提出了三

---

① 参见付翠英《人格·权利能力·民事主体辩思——我国民法典的选择》，载《法学》2006 年第 8 期。

② 德国学者汉斯·哈腾鲍尔宣布："在法律发展史上，'人之服从于自己的人格'这一原则具有非常伟大的意义"。［德］汉斯·哈腾鲍尔：《民法上的人》，孙宪忠译，载《环球法律评论》2001 年冬季号，第 398 页。

③ 胡玉鸿：《围绕"人格"问题的法理论辩》，载《中国法学》2008 年第 5 期。

个比较中肯的理由：第一，人与人格并不具有天然等同性；第二，人格表征人的尊严在法律上的显现；第三，通过人格对"现实中的人的存在"类型化，形成"具体人格"，从而使得抽象的人格尊严通过外化的权利保障而达到现实性和丰富性。①

从历史发展的角度看，对人格概念的起源，具有两种完全不同的观点：第一种观点认为"人格"概念由罗马法创制，第二种观点则认为"人格"概念是近代的伦理概念。就前一种观点而言，学者们对人格的界定又不尽相同。有学者认为"人格"是主体资格的意思，有学者认为是身份、角色的意思，有学者认为是权利能力的意思。②后一种观点则认为我们只是从罗马法中引入了"人"的概念，"人格"概念却是"18世纪末创造出来的"，并且人格概念首先不是法律概念而是伦理概念，是康德将此概念引入哲学。③日本学者星野英一也认为给予人格确定含义的是康德及其之后的哲学，人格概念是人文主义思想的表现。他还借用 Rene Sabatier 的观点："人（Homme）就其与近代法的关联而言，就是法律人格（personne）。"④因此，持此观点的学者们认为关于人格和人格权，罗马法并没有告诉我们很多。法国学者布律格耶尔甚至说："在罗马法和古代法律中，我们找不到任何关于人格权的痕迹。"⑤显然，此观点与"人格概念由罗马法创

---

① 详细论证参见胡玉鸿《围绕"人格"问题的法理论辩》，载《中国法学》2008年第5期。

② 关于人格与罗马法的关系及学者的相关争论详见王森波博士的论文《人格——源流、涵义及功能》，载《甘肃政法学院学报》2010年第5期。

③ ［德］汉斯·哈腾鲍尔：《民法上的人》，孙宪忠译，载《环球法律评论》2001年冬季号，第394—400页。

④ Rene Sabatier, *Metamorphoses economiques et sociales du droit pribe aujourd' hui*, Ⅲ serie, 1995, No. 336; Alex Well et Francois Terre, Droit civil, Les personnes, La famille, Les incapacites, 3. ed. , 1980, No. 2. 转引自［日］星野英一《私法中的人——以民法财产法为中心》，载梁慧星《为权利而斗争——梁慧星先生主编之现代世界法学名著集》，中国法制出版社2000年版，第332页。

⑤ ［法］让·米歇尔·布律格耶尔：《人格权与民法典——人格权的概念和范围》，肖芳译，王轶点评，载《法学杂志》2011年第2期，第138页。

制的"第一种观点截然对立。笔者认为，现代意义的人格（指严格意义上的"人格"概念，以区别于自罗马法以来的广义"人格"一词）以及人格权概念确实来自于近代。尤其是康德及其以后的哲学关于人格的界定和研究对法学上的人格、人格权的出现产生了深远的影响。如奥地利民法典，德国民法典、法国民法典、阿根廷民法典草案等都深受康德哲学的伦理人格概念的影响。① 德国学者卡尔·拉伦茨明确地说："《德国民法典》认为每一个人（Mensch）都生而为'人'（Person），对这一基本观念的内涵及其产生的全部后果，我们只有从伦理学上的人的概念出发才能理解。……这一伦理学的人的概念，系统地反映在康德创立的伦理人格主义哲学（ethischer Personalismus）中。康德的学说对《德国民法典》制定者的精神世界产生了深刻的影响。"拉伦茨甚至将《德国民法典》的精神基础归于"伦理学意义上的人格主义"。② 我国学者徐国栋教授在对人身关系的考察中也发现："康德的影响是如此巨大，以至于他的时代的其他法典如法国民法典和阿根廷民法典，乃至于现代的阿根廷民法典草案都或暗或明地把债处理成对人的关系。"③ 因此，"人格概念由罗马法创制的"，这仅仅意味着，首先，从词源上，是罗马法首次创制了它。其次，从内涵上，人格概念从创制之始就有主体资格的含义。但真正对其进行系统研究并赋予其现代意义，而且对现代法典产生深远影响的，则是康德哲学的伦理主义的人格概念。

康德及其之后的哲学关于伦理主义的人格概念到底如何影响法学的

---

① 如以深受康德影响的蔡勒（Zeiller）为起草人之一的奥地利民法典第 16 条规定："任何人生来就因理性而获得明确的天赋权利，故得作为（法的）人格（Person）而被看待。"深受康德影响的萨维尼也认为：所有的权利，皆因伦理性内在于个人的自由而存在。因此，人格、法主体这种根源性概念必须与人的概念相契合。参见［日］星野英一《私法中的人——以民法财产法为中心》，载梁慧星《为权利而斗争——梁慧星先生主编之现代世界法学名著集》，中国法制出版社 2000 年版，第 341 页。

② ［德］卡尔·拉伦茨：《德国民法通论》（上册），王晓晔、邵建东、程建英、徐国建、谢怀栻等译，法律出版社 2009 年第 5 版，第 45—46 页。

③ 参见徐国栋《人身关系流变考》（上下），载《法学》2002 年第 6、7 期。

人格概念？这是弄清现代意义人格权概念的一个关键问题。因此，有必要仔细考察人格和人格权概念的界定及其与法律人格、主体资格、权利能力等概念的关联。在法学领域人们在探讨"人格"概念时通常容易将"人格"概念等同于"法律人格"。但是法律人格与人格概念应该是两个相互区别的概念。"人格"作为一个多学科的研究对象，其在哲学、社会学、心理学有独特的含义。同时各学科之间并不是封闭的，不同学科间的研究成果随着历史的发展不断地相互渗透、相互影响。对法学领域影响甚深的是哲学领域尤其是康德哲学对人格的研究。正如上文已经提到的，是康德将现代意义的人格概念引入哲学。而哲学上的伦理人格主义概念又深深影响了法学，使得 19 世纪的人们不再满意于将此概念停留于理念幻想和哲学沉思，而纷纷将目光投向法律领域的人格保障，以便使"人格"那抽象的绝对价值现实化和具体化。直到 20 世纪初，世界各国纷纷通过案例的形式将"人格权"的概念真正确认下来之后，人们才开始在法律领域深思"人格"这个成为法律主体制度之灵魂的基石性范畴。

那么人格与法律人格及人格权之间到底有什么关联呢？首先必须弄清楚"人格"概念的内涵与本质。目前法学界一般认为：法学上"人格"一词有主体、人格利益、权利能力三种含义。罗马法关于人的概念有三种表达：homo，caput，persona。Homo 是指生物意义和物理意义上的人。Caput 一词原意指头颅。古罗马将具备法律资格的人登记在一种称为 caput 的登记簿上。① 布莱克法律大词典将 persona 在罗马法上的意思解释为"个体的人"，该词在古罗马还有面具的意思，引申为角色、身份之意。②这里还需特别提到 corpus（有躯体、身体之意）一词。

---

① 有学者认为 caput 因此引申为法律主体资格的意思。但是 caput 本身所内涵的主体性意思，到底是因为这一事件（将具备法律资格的人登记在一种称为 caput 的登记簿上）被赋予了，还是 caput 的主体性内涵通过这一事件而展示出来。也就是说，caput 的"主体资格"内涵是这一事件的原因还是结果，不得而知。

② 关于这三个词的详细论证参见王森波博士的论文《人格——源流、涵义及功能》，载《甘肃政法学院学报》2010 年第 5 期。

在古罗马法中，"法人"被称为 corpus，当今法人（corporation）术语来源于此①。虽然前文中，我们已经说明"人格"的确切含义来自于18世纪末的康德哲学。但这一含义的确定并不是空穴来风，它奠基在前人的文明成果之上。可以说，通过罗马法对人的概念的不同用词，我们可以发现罗马法中已经潜在地包含有现代意义上的"人格"内涵，只不过它还没有将人格概念的内在结构深入细致地剖析出来，这个工作由康德正式提出。康德认为人有三大要素："1. 作为一种有生命的存在者，人具有动物性的禀赋；2. 作为一种生命同时又是理性的存在者，人具有人性的禀赋；3. 作为一种有理性同时又能够负责任的存在者，人具有人格性的禀赋。"Homo 与现代德语词 Mensch（自然人）的含义相近，它意指基于自然出生并受自然律规范的生命体。康德称之为动物性的秉性，这种秉性受病理学（pathologische）刺激并被自然律规范。② 用黑格尔的话说，这种自然意义上的生命体是一种"直接的或自然的意志"，是受制于本性、需要、欲望和冲动的直接定在（Dasein）。③ 可以看出，自然人（Mensch）与人格（Personne）是有本质区别的两个概念。正是该本质的差异性成为了区分自然法学派和理性法学派的根基。自然法学派立基于自然人理论，认为自然权利的本质源于人的自然冲动和欲望，满足个体基于自然产生的独特利益是个体的

---

① 参见［美］罗斯科·庞德《法理学》（第四卷），王保民、王玉译，法律出版社2007年版，第187页。这里特别提到此术语，因为这一辞源似乎暗示了法人概念之性质：如果人格相当于"头颅"，则法人相当于"躯体"。也就是说，法人虽然没有人格概念那样的独立意志，但法人不外乎是具有独立意志的人格概念的特定延伸。就像"躯体"的各项活动受控于大脑，法人的设立、行为、消灭均取决于隐藏在其背后的意志，只是该意志并不是某一个体单独的整体意志，而是对"法人"有决定权的共同意志。该共同意志的性质决定了法人的性质，如果共同意志的目的为财产，则法人为公司法人或财团法人，如果共同意志的目的为公益，则为公益法人等。如同躯体各有其特定功能一样，法人的主要功能是实现共同意志的目的，如公司法人背后的共同意志是"财产"，或者说公司法人不过是诸多"财产"意志的聚合。

② ［德］康德：《康德著作全集》第6卷，李秋零主编，中国人民大学出版社2007年版，第24—25页。

③ 该直接定在最初显得自己是被自然所规定的。参见［德］黑格尔《法哲学原理》，范扬、张企泰译，商务印书馆1961年版，第13—22页。

天赋权利。因此，人的基本权利是一种自然权利。但理性法学派对此批判："自然权利理论的人是被自己的自然冲动和欲望规定的人。"① 基于人格与自然人概念的本质差异，康德对古典自然权利论进行了颠倒式重构，即将立足于自然权利、自然状态、自然人的"自然论"颠倒为立足于人的理性、法权状态或公民状态（status civilis）、人格人的"理性论"。在康德看来，"自然论"将人困囿于受病理学刺激的自然冲动和欲望，从而完全受自然法则规范（规制）或奴役，丧失了人格的尊严和高贵。只有立足于人的实践理性，将法权建立在道德之上，最终建立在人格性之上，法权才能获得正当性。正如德国乌波尔塔大学哲学教授曼弗雷德·鲍姆（Manfred Baum）所言，康德"重建了法权论，炸毁了传统的自然法"，在西方法学史和伦理思想史上来了一个"哥白尼似的革命"。②

康德吸收同时代心理学的成果（即人格表现为个体独特的一贯性或相对稳定的行为模式③），将人格定义为："凡是在不同的时间中意识到它自己的号数上的同一性的东西，就此而言它就是一个人格。"④ 该定义揭示了人格的内在结构包含了"自我意识（就理论理性而言）、自我决定（就实践理性而言）"之内容要素和"同一性"之形式要素。康德认为人格具备跨两界（感官世界和理知世界）的特点。康德将处于理知世界的人格称为人格性，以区别于处于感官世界或经验世界中的"人格"概念。人格性是人格的本质，用来提升人格。而人格是指处于

---

① 丁三东：《论黑格尔的自由谱系——对〈法哲学原理〉的一种解读》，武汉大学博士论文，2005 年，第 29 页。

② 邓晓芒：《康德论道德与法的关系》，载《哲学研究》2009 年第 4 期，第 6—7 页。

③ 参见相关心理学著作：Maddi, S., R. Personality Theories: A Comparative Analysis, 5th ed. Homewood, Ⅲ: Dorsey, 1989；[美] 戴维斯·库恩：《心理学导论——思维与行为的认识之路》（第 9 版），郑钢等译，中国轻工业出版社 2004 年版；Pervin, L, A. and John, O. P. Handbook of Personality, 2nd, ed., New York: Guilford, 1999. 转引自 [美] 赫尔雷格尔等《组织行为学》（第 9 版），俞文钊、丁彪等译，华东师范大学出版社 2001 年版。

④ [德] 康德：《三大批判合集》（上），邓晓芒译，人民出版社 2009 年版，第 278 页。

现象界的人在时间上表现出的持续性。也就是说，就形式要素而言，今天的我、昨天的我、明天的我都是同一个"我"。人格的同一性使得特定行为能够被归责于特定主体在形式上（即符合不矛盾律）成为可能。因此，法律不能要求具备多层人格的人对其行为负责。但人格概念不仅仅有形式要素，还必须有内容要素。正如"指责一个石头落在你的头上可能不是自相矛盾，但是很明显，这完全是不恰当和没有意义……只有针对自由行动者，道德评判才有意义"。① 康德认为人格的内容要素为"人格性"，即意指"摆脱了整个自然的机械作用的自由和独立"②。换句话说，是"人独立于感性冲动的强迫而自行规定自己的能力"。③ 也就是说，人不是那个仅仅受自然律规范的自然人，更重要的是独立于自然律的强迫而自行规定自己，从而服从由自己立法的自由法则——这正是人的高贵之处。因此就内容要素而言，康德认为人格是其行为能够归责的主体，而该主体之所以能够被归责，就是因为他的行为是他的自主选择，而不是完全被自然律决定。④ 回头再看康德关于人的三要素：第一要素是指自然人或感性人，它受自然律规范（完全他律），第二要素是指有限的理性人（感性与理性的混合体），它同时受自然律和自由律（道德律）约束。人的第二要素主要体现为一种法权人格，它由法律进行规范。自由律在这里体现为一种"命令"的形式（不完全他律，即形式上表现为他律，内容则来源于自律）。第三要素指体现了人格性的人，即道德性的人。它由自由法则进行规范（完全自律）。在康德这里，人格概念包含了"同一性"（形式要素）

---

① ［美］杰费里·墨菲：《康德：权利哲学》，吴彦译，中国法制出版社 2010 年版，第 36 页。

② ［德］康德：《三大批判合集》（下），邓晓芒译，人民出版社 2009 年版，第 100 页。

③ ［德］康德：《三大批判合集》（上），邓晓芒译，人民出版社 2009 年版，第 278 页。

④ ［德］康德：《康德著作全集》（第 6 卷），李秋零主编，中国人民大学出版社 2007 年版，第 231 页。

和"人格性"（内容要素——黑格尔将其界定为主体性）双重结构。没有"人格"这一终极价值作为正当性根基，不但法将丧失正义，就连道德也将连根拔起。人格一词内在地包含有自主性或主体性。因此可以说，从"自然人"到"人格人"，人类文明走过了漫长的道路。黑格尔在康德的基础上对"人格"概念作了进一步的推进。在康德那里自然人与理性人在某种意义上存在着断裂，分属于经验世界和理知世界。而在黑格尔这里，自然人和理性人是辩证统一的关系。因为人格是一个包含着无限性和有限性、抽象性和具体性的矛盾体。① 具体而言，"人格的要义在于我作为这个人，在一切方面（在内部任性、冲动和情欲方面，以及在直接外部的定在方面）都完全是被规定了的和有限的，毕竟我全然是纯自我相关；因此我是在有限性中知道自己是某种无限的、普遍的、自由的东西"。② 因此，黑格尔宣称，人（Mensch）最高贵的事是成为人格（Person）。所以，"法的命令是：成为一个人（Person），并尊重他人为人（Person）"。③ 一方面人格是有限的、具体的，表现为性别、年龄、冲动、需求、倾向、欲望等自然意志，法律就是要将这些自然意志纯洁化和体系化；但另一方面人格是无限的、抽象的，即我能摆脱一切自然的规定，并从中抽象出来、自己规定自己。

因此，笔者认为人格首先是一个哲学概念，它具有"主客体同一"的辩证结构，其特征：统一性和差异性并存。统一性——主客体的同构性；差异性——同一个人格范畴具有主体和客体两个不同的维度。作为主体的人格是意识到自身之主体性的主体，从而"一般地包含有权利能力"。④ 它根源人的自由意志。作为客体的人格是主体自

① 黑格尔高度赞赏这一矛盾体："人的高贵处就在于能保持这种矛盾，而这种矛盾是任何自然东西在自身中所没有的也不是它所能忍受的。"［德］黑格尔：《法哲学原理》，范扬、张企泰译，商务印书馆1961年版，第46页。

② ［德］黑格尔：《法哲学原理》，范扬、张企泰译，商务印书馆1961年版，第45页。

③ 同上书，第46页。

④ ［德］黑格尔：《法哲学原理》，范扬、张企泰译，商务印书馆1961年版，第46页。

身的一个对象。该对象包含了一切被规定的自然意志。这些自然意志一方面受自然律规范，因而与要摆脱自然律的主体相矛盾，另一方面它是有限的、偶然的，因而不同主体的自然意志之间以及同一个主体的自然意志之间相互冲突。解决这些矛盾与冲突的最理想途径当然是每个个体都能达到康德所说的道德人状态，或黑格尔所说的绝对自由的状态。但这毕竟只是完美之理念而非残酷之现实。因此，法律人格便有必要登上人类或人性的舞台。作为有限的理性人（感性与理性的混合体），它同时受自然律和自由律（道德律）约束。这一点很关键，因为它使法权的存在具有了必要性和可能性：第一，受自然律约束的感性人使得法权的存在具备必要性，而对无限理性的存在者如上帝或天使则无法权之存在必要；第二，受自由律约束的理性人使得法权的存在具备可能性，否则丛林法则将成为人类唯一的法则。因此，内含着"自由、主体、意志"的理性人格论，深深影响了法学领域中的法律人格概念的形成。伦理人格在本体论上为法律人格提供了存在的理论渊源，在价值论上为其提供了正当性。而法律人格则是人格理念的技术化、规范化和具体化。就功能而言，法律人格是符合规范要求的理性行为的"当为"形式，一种客观的构造。就社会效果而言，它的建构"统一了人的行为模式与特性，不仅使法律政策的控制变得容易，而且使每个人的行为具有可预测性"。① 在建构的过程中，法律人格需要洗涤各种自然的本质或情感：激情、愤怒、傲慢、欲望、吝啬、贪婪、背信弃义、脆弱、狡诈、轻率等。康德将这些自然本质称为来自病理性刺激的感性，黑格尔将之称为自然意志的内容。表述虽然不同，但都是将自然的本性归于人格本质结构中的第一层次（最低层）。康德的人格性作为提升人格的本质，是独立于感性而自行规定自己从而使一套理性法则（道德法则或自由法则）的形成得以可能。而法权则是为人们的行为立法，即人们的行为在人的交互关系

---

① 李永军：《民法上的人及其理性基础》，载《法学研究》2005 年第 5 期。

中外在地符合理性法则，不论其意志的规定根据是否也内在地符合理性法则（因为那是道德法则的事情）。因而，康德认为法权是道德的起点，人之所以需要法权，是因为人需要道德。但法权只需外在地符合道德，换句话说，只需符合道德的外在形式，而不问内在的意志规定是否也符合道德法则。从而使得道德与法律既内在联系又外在区别。黑格尔的法律人格则是将这些冲动的自然意志纯洁化以便将之从偶然性和完全的主观性（任意性）中解放出来，因而法学的内容只不过是"使得冲动成为意志规定的合理体系"。① 在某种程度上正如哲学家胡塞尔所言："在法律实践中并不涉及去创造人格人的本质，而是经由法律使得在法律之外被创造的人适格。"② 也可以说，法律人格是沟通伦理人格与作为动物性的自然人的一个桥梁或中介。它必须同时接受自然律和自由法则两方面的规范，在这个意义上，它体现为一门极其高超的技艺，争取着两大法则的平衡。

一般而言，法律人格是实在法上的一个概念，它通过洗涤或纯化各种感性的冲动和情感，而将人格客观化或形式化为行为规范，成为权利义务的载体或"作为法律关系的归属点"③。但客观化和形式化的背后内含有伦理人格的血液和灵魂。而且实在法"绝非一成不变，相反地，正如天空和海面因风浪而起变化一样，法律也因情况和时运而变化。……这些法律既然按照当时情况都有其意义和适当性，从而具有一般历史的价值，所以它们是实定的，因此之故，它们又是暂时性

---

① ［德］黑格尔：《法哲学原理》，范扬、张企泰译，商务印书馆1961年版，第29页。

② 这里为胡塞尔补充一句：人格人的本质是"法律使得在法律之外被创造的人适格"的正当性依据。或者换句话说也一样，不是法律实践创造人格人的本质，而是人格人的本质决定了法律实践的存在。Husserl, G., "Rechtssubjekt und Rechtsperson", in *Archiv für die civilistische Praxis*（AcP），127（1927），s. 129ff. 转引自［德］罗尔夫·克尼佩尔《法律与历史——论〈德国民法典〉的形成与变迁》，朱岩译，法律出版社2005年第2版，第59—60页。

③ ［日］星野英一：《私法中的人——以民法财产法为中心》，王闯译，载梁慧星主编《为权利而斗争》，中国法制出版社2000年版，第339页。

的"。① 比如法律人格就经历了从无生命的物到有生命的动物再到人的过程，而人作为法律人格又经历了身份人格，到一切人的人格的历史发展过程。正如马俊驹教授所说："伴随着从不平等到形式平等再到趋近实质平等的法律人格状态的变化，法律人格经历了从来源于哲学上具有伦理性的实体到确立以伦理性为本源再到超越伦理性又试图以否定之否定回归伦理性的历程。"② 就当下的时代精神和世界文明来说，"人格正在向财产夺回桂冠。"③ 并且作为直接体现人格意义的人格权也在进一步扩张。甚至对于死者是否有人格权的问题，也有法律作出了肯定的回答。如在"摩菲斯特案件"中，德国联邦法院以及联邦宪法法院大大扩展了对死者权利的保护（《联邦法院公报》第50卷，第133页）。这一理论中所包含的对于自然人死后人格继续生存的观点，在《联邦宪法法院公报》第30卷第194页有了规定："以宪法的禁止性规范确保的自然人人格尊严的不可侵害性，是其他一切基本权利的基础。任何人，均不得在其生存期间与他人达成协议，将其尊严设定为他人请求权的标的，使其死后人格受到侮辱或者贬低……"④

第三节　法律人格概念的内涵及理论探源

国内外学者对法律人格的界定大致有：格雷（Gray）同意"意志是法律人格的本质"⑤ 的观点。齐特尔曼（Zitelmann）将法律人格定

---

① ［德］黑格尔：《法哲学原理》，范扬、张企泰译，商务印书馆1961年版，第7页。

② 马俊驹、刘卉：《论法律人格内涵的变迁和人格权的发展——从民法中的人出发》，载《法学评论》2002年第1期，第36页。

③ ［日］星野英一：《私法中的人》，王闯译，载《民商法论丛》第8卷，第182页。

④ ［德］汉斯·哈腾鲍尔：《民法上的人》，孙宪忠译，载《环球法律评论》2001年冬季号，第403页。

⑤ Gray, *Nature and Sources of the Law*（1de. 1909）§65（2ed. 1921），27. 转引自［美］罗斯科·庞德：《法理学》（第四卷），王保民、王玉译，法律出版社2007年版，第153页。

义为"意志的法律能力"①。凯尔森则坚持将法律人格与自然人区分开来，认为法律人格是规范（权利义务）的集合体。② 我国台湾学者王泽鉴先生则认为"民法以人为本位，以人之尊严为其伦理基础。人格的保护为民法的首要任务。人格包括能力、自由及人格关系。人、权利能力及权利主体构成三位一体，不可分割。……自由为人格活动的基础，且为一种使命"。③ 鉴于此，他将人格权定义为"以人的价值、尊严为内容的权利"。并将一般人格权个别化为特别人格权如生命、身体、健康、名誉、隐私等和其他人格法益。④ 我国学者王利明教授给人格规定了三种含义：权利资格、权利能力、受法律保护的利益。⑤ 并因而将人格权定义为："人格权是指以主体依法固有的人格利益为客体，以维护和实现人格平等、人格尊严、人身自由为目标的权利。"⑥ 马俊驹教授认为法律人格是"私法上的权利和义务所归属的主体"。⑦ 而将人格权定义为"主体为维护其独立人格而固有的基于自身人格利益的权利，如生命权、身体权、名誉权、姓名权、肖像权、隐私权等"。⑧ 可以看出对法律人格的不同理解直接导致了对人格权的不同界定，换句话说，法律人格是界定人格权概念的前概念。

---

① 也有反对意志论者，如尼卡姆（Nekam）用"法律实体（legal unit）"替代"法律人格"。并且"法律上的人这一法律概念毫无意志可言，就法律而言，物理上的人（physical persons）只是带着皮囊（physical superfluum）的法律上的人"。庞德则习惯用"法律单位"代替"法律人格"。参见 *Grundlinien der Philosophie des Rechts* (1821), §34 – 35. 转引自 ［美］罗斯科·庞德：《法理学》（第四卷），王保民、王王译，法律出版社 2007 年版，第 153 页。

② ［奥］凯尔森：《纯粹法理论》，张书友译，中国法制出版社 2008 年版，第 74 页。

③ 王泽鉴：《民法总则》（增订版），中国政法大学出版社 2001 年版，第 125 页。

④ 王泽鉴：《民法概要》，中国政法大学出版社 2003 年版，第 38 页。

⑤ 参见王利明《人格权法研究》，中国人民大学出版社 2005 年版，第 5—7 页。

⑥ 王利明：《人格权法研究》，中国人民大学出版社 2005 年版，第 14 页。

⑦ 马俊驹、刘卉：《论法律人格内涵的变迁和人格权的发展——从民法中的人出发》，载《法学评论》2002 年第 1 期，第 26 页。

⑧ 马俊驹、刘卉：《论法律人格内涵的变迁和人格权的发展——从民法中的人出发》，载《法学评论》2002 年第 1 期，第 26 页。

　　有学者总结了 12 种关于法律人格的界定。① 其实这 12 种界定基本上可以分为两种类型：或泛指法律上所规定的人，或指权利义务的归属主体。再结合国外学者对法律人格的界定，笔者综合为以下几种观点：第一种认为法律人格就是泛指法律上的人。如 "法律上所谓人，系指人格者而言"（梅仲协）②，法律人格就是 "法律关系的当事人"（日本学者恒滕恭）。③ 第二种认为法律人格就是指权利义务的归属主体。如 "所谓法律人格就是私法上的权利和义务所归属的"。④ 第三种认为法律人格就是民事权利能力。如 "民事权利能力与法律人格具有等值性"。⑤ 这种观点遭到很多人的质疑。⑥ 如有反对此观点的学者认为人格是指民事主体成立之条件，而权利能力是指民事主体享受的权利范围。⑦ 鉴于此，有学者提出了第四种观点：法律人格是指主体资格或民事主体的主体性要素。它或意指 "作为一个法律主体的法律资格"，⑧ 或意指自然人构成主体的主体性要素，这种主体性要素以人格权益体现出来。⑨ 第五种观点，认为法律人格是指意志的法律能力。如上述 19 世纪西方学者们的观点。

　　这些分类主要集中于几个关键概念，即法律人格与主体资格、权利能力、责任能力及其相互之间的关联。根据前面的分析可以看出，

---

　　① 王子龙：《法律人格概念之辨析》，载《河北学院学报》2005 年第 3 期，第 16 页。

　　② 梅仲协：《民法要义》，中国政法大学出版社 1998 年版，第 53 页。

　　③ 参见恒滕恭《法律人格的理论》，世界思想社，昭和 24 年，第 86 卷 8 号，第 27 页。转引自秦伟、刘保玉《略论法律人格的内涵变迁及立法评判》，载《河北法学》2000 年第 6 期，第 8 页。

　　④ 马俊驹、刘卉：《论法律人格内涵的变迁和人格权的发展——从民法中的人出发》，载《法学评论》2002 年第 1 期，第 26 页。

　　⑤ 秦伟、刘保玉：《略论法律人格的内涵变迁及立法评判》，载《河北法学》2000 年第 6 期，第 38 页。

　　⑥ 转引自 ［德］汉斯·哈腾鲍尔《民法上的人》，孙宪忠译，载《环球法律评论》2001 年冬季号，第 402 页。

　　⑦ 参见江平主编《法人制度论》，中国政法大学出版社 1993 年版，第 3 页。

　　⑧ 参见崔栓林《私法中的 "人格" 范畴含义辨析》，载《法律科学》2008 年第 4 期。

　　⑨ 参张俊浩《民法学原理》，龙卫球：《民法原论》，中国法制出版社 2002 年版。

有学者认为主体资格本身包含了权利能力、行为能力和责任能力，因此认为法律人格等同于法律上的主体资格。而有学者认为主体资格与主体能力是两个不同的概念，所以法律人格包含了主体资格和主体能力两个要素在内。笔者认同第二种观点。法律人格是指享有权利承担义务之资格和能力的法律主体。简单说，法律人格就是指法律主体，只不过该主体包含了资格之形式要素和能力之实质要素。法律人格中的"主体资格"要素主要跟实定法所处历史的文明状态和某种民族的文化特性相关，它体现了主体在历史发展中所呈现的状态；而法律人格中的"主体能力"要素主要跟个体自身的意志相关。所谓法律的主体资格（或主体的法律资格），是指（某一实体）成为法律关系主体的逻辑前提或法定条件。简言之，如果某一实体不具备法律资格这一要素，那它就不能被称为法律人格。当然某一实体能否获得法律关系主体的资格，与某个历史时期的伦理人格概念之内涵紧密相关，或者说与某一历史时期的民族文化对人的本质认识相关。比如建立在血缘、地缘等基础上的人格概念（广义）在法律上体现为一种"身份人格（广义）"。[①] 换句话说，体现为身份性质的法律人格就是以血缘、地缘等为内容的身份关系在法律上的体现。如果这种特定的社会关系符合当时的历史条件和民族文化，那么这种体现为身份性质的人格也体现了特定时期的伦理人格的含义。随着人类历史的发展，身份人格逐渐向财产人格转化。当然这种转化是缓慢、连延的，它并不具备截然断裂的性质。因此，身份人格和财产人格在某种程度上是相互交叉的。只不过随着历史的不断发展，身份人格的统治地位逐渐让位于财产人格，但不管是身份人格还是财产人格都是整体人格概念某一个方面的特定内容，用黑格尔的话说是人格理念的特殊定在。伴随着人格概念的历史演变，法律人格也不断发生变化。比如在罗马法中，

---

① 参见马俊驹《从身份人格到伦理人格——论个人法律人格基础的历史演变》，载《湖南社会科学》2005 年第 6 期。

奴隶就不具备法律上的人格的资格，只能被当作财产或物。而在美国，直到内战时期，即便是拥有了自由的黑人也不具备法律人格的资格。① 与此相对应的倒是"在中世纪，上帝和圣徒经常被当作法律单位（即法律人格——庞德将法律人格界定为法律单位）"。② 因此"在罗马法中，在元老院或皇帝宪法会议的决定下，某些神被指定为继承人"。③ 更有甚者，动物和某些物也曾在历史上拥有过法律主体的资格。比如"在海事诉讼中船可以被起诉，被认定对一切碰撞负有过错，并且还可以得到一份针对它的判决"。④ 但实际上，这些法律人格仅仅具备法律资格，并不具备法律能力（包括权利能力和行为能力以及相应的责任能力）。某些财产比如走私货物虽具备法律人格中资格要素即拥有被起诉的权利，但实际上它并不拥有法律人格的能力要素，如履行相关的义务（该义务只能由财产所有人履行）。⑤ 所以法律人格实际上包含两种要素。这两种要素在应然状态中是统一的，但是在实在法中常常处于分裂状态。这种分裂状态不仅仅体现为物品曾在法律史上作为法律主体的资格，而且还体现在当今的自然人和法人作为法律主体资格的法律制度上。比如胎儿、未成年人、精神病患者或其他缺乏意志或意志不完全的自然人等等，甚至还包括死者和法人的人格化问题。根据不同的实在法，这些主体有被赋予法律人格的资格（如德国联邦宪法对自然人死后人格继续的肯定），也有不被赋予法律人格的资格（比如我国学界对于死者和法人是否是法律人格就存在较大争议）。即便该主体成为了法律人格，该法律人格的两大要素也是分裂的：仅仅拥有法律人格中的资格要素，却不拥有法律人格中的能力要素。这些主体虽然具有法定资格，却因其法律意志较弱甚至

---

① 参见［美］罗斯科·庞德《法理学》（第四卷），王保民、王玉译，法律出版社2007年版，第152页。

② 同上书，第157页。

③ 同上。

④ 同上书，第159页。

⑤ 同上。

缺乏，而需要他人代理。虽然法律规定代理的原则必须是最有利于被代理人的利益，但这不过是法律的一种技术性设定，目的是使每个法律主体尽可能完整地享有法律人格的权利。因此，需要通过技术性的法律构造尽可能地弥合分裂的两大要素。

总之，法律人格概念内在地包含资格和能力两大要素。前者是指某一实体成为法律关系之主体的前提条件或法定要件（形式要素），后者则是指具有了法律资格的主体行使法律意志的能力要件（实质要素）。这两大要素在一个圆满的法律人格（即，能完全行使法律意志的法律主体）身上是统一的。比如我国一个正常的年满18周岁的成年人，在此法律人格中，"年满18周岁"为其资格要素，而"正常的成年人"为其能力要素。在不圆满的法律人格上（即不能完全或完全不能行使法律意志的法律主体），该两大要素则是分裂的。比如历史上具备法律人格的动物和物，以及当今实在法上被赋予法律人格的未成年人或精神病患者等。在实定法中，某一具备法律资格的主体不能（完全不能或部分不能）行使自己的法律意志，那么法律将根据格雷所说的"原则类推"创设该主体行使自己意志所需要的法律条件。比如未成年人的法律意志由其监护人代理行使。有学者认为这种代理行为并不存在拟制问题，就如同"一个正常人通过他的代理人行使权利时，他是通过一种法律行为授权该代理人代表他的意志行使，这种情况下并不存在拟制"① 一样。因此，当一个法律上的人不能亲自行使自己的法律意志时，"他的法定代理人将为他行使法律赋予他的意志，其结果与一个正常人通过自己行使意志或通过授权他人代表他行使意志来主张自己的权利是一样的"。② 但法定代理人制度毕竟是为了弥补法律人格的不圆满状态而做的技术性修补，它与委托代理制度更体现被代理人的自由意志比较起来，更依赖于自然

---

① ［美］罗斯科·庞德：《法理学》（第四卷），王保民、王玉译，法律出版社2007年版，第154页。
② 同上书，第155页。

的血缘、身份关系。所以，如果说法律人格的资格要素是一个实体或主体能否成为法律关系中的人格的法定前提——该法定前提作为形式要素只需要满足平等性（人格结构中的同一性要素在法律人格中的体现），那么法律人格的能力要素，则是一个法律人格能否通过自己的法律意志而将自己的权利现实化的实质条件。而该实质条件的理论根源就在于人格结构中的实质（内容）要素：自我规定性或自主性。

因此，法律人格概念内在地包含两个要素：第一，资格是形式要素，即作为法律主体的法定前提，第二，能力是内容（实质）要素，即实现自己法律意志的能力。所以法律人格是指具备法定资格并拥有行使法律意志之能力的法律主体。它与私法上的人格权，从本质上讲是两个不同的范畴：一个是主体，一个是权利。法律人格中的任何一个要素都不能单独替代法律人格概念，我们不能因为在历史上或现实上存在两大要素的分裂，而否认其中任何一个要素。我们必须看到，不论是从现实看（法律人格的圆满状态是常态）还是从历史发展看（物的法律人格——身份性法律人格——一切人的法律人格），法律人格概念的两大要素是趋向统一的，人格概念在历史的逻辑中逐渐呈现出丰富的现实性和具体性。

第四节　人格权概念的论辩及理论探源

我们再来看看什么是人格权。徐国栋教授认为人格权最早的提出者可能是雨果·德诺（Hugues Doneau，1527—1591 年），他将权利分为对物权利（物权）和对人权利，而对人权利又分为对他人权利（债权）和对自身的权利（人格权）。[①] 无论人格权最早如何界定，迄

---

① 参见徐国栋《寻找丢失的人格——从罗马、德国、拉丁法族国家、前苏联、俄罗斯到中国》，载《法律科学》2004 年第 6 期。

今为止，学界关于人格权的定义主要有四种观点①。无论四种观点所呈现的内容如何纷繁复杂，但定义方式只有两种：主体界定法或客体界定法。从主体的角度进行界定，即认为人格权是与主体或人格不可分离的权利。如法国学者菲利普的"人格权是指人（Personnehumaine）具有主体资格所必须具备的权利"，我国学者梅仲协先生的"吾人生存上不可分离者"，王伯琦先生的"人格权为构成人格不可或缺之权利"等界定。② 从客体的角度定义，认为人格权是以人格要素或人格利益为客体的权利。如日本学者鸠山秀夫的界定："人格权是以自己的人格范围的构成因素如生命、身体、健康、名誉、自由、姓名、肖像等为客体的权利。"③ 以及德国学者基尔克的界定："人格权是指对人格利益支配的权利。"④ 因此可以说，人格权到底是针对人格的主体还是客体，学界还存在争论。但总的来说，从客体对人格权进行界定的方法占主导地位。而主导理论的内部又分为人格、人格要素和人格利益三种"客体"学说。⑤ 笔者综合不同意见，并结合本书对人格及法律人格概念之内在结构的剖析，认为人格权是（法律）人格完整拥有和独立支配自己的人格及其诸要素的权利。权利结构为：主体——人格（作为应然权利）或法律人格（作为法定权利）；客体——人格及其诸要素。权利结构的特征为：主客体具有同构性。

---

① 参见李新天《对人格权几个基本理论问题的认识》，载《法学评论》2009 年第 1 期，第 121 页。

② Philippe Malinvaud, Introduction à I'étude du droit, 9e édition, Litec, 2002, pp. 258 -284；梅仲协：《民法要义》，第 42 页，中国政法大学出版社 1998 年版。王伯琦：《民法总则》，第 57 页，台北，自版，1994 年。转引自王利明《人格权研究》，中国人民大学出版社 2005 年版，第 12 页。

③ ［日］鸠山秀夫：《日本债权法各论》，第 869 页，东京，岩波书店 1918 年版；王利明：《人格权研究》，中国人民大学出版社 2005 年版，第 13 页。

④ O. Gierke, Deutsches Privatrecht, Band I, Leipzig, 1895, p. 702. 转引自王利明《人格权研究》，中国人民大学出版社 2005 年版，第 12 页。

⑤ 各家观点的详细论证参见李新天《对人格权几个基本理论问题的认识》，载《法学评论》2009 年第 1 期。其中李新天教授明确界定人格权的客体为人格或人格要素，但该论证是通过质疑各种观点而直接提出的，并未做详细论证。

此概念似乎存在悖论，即人格既充当了主体又充当了客体。其实这是由"人格"概念本身的性质决定的，即人格概念的内容要素是"自我意识"或"自我规定"，正是该要素的特性使得人格既是主体又是客体。虽然实在法厌恶这种"思辨"并称其为"诡辩"，认为其违反了形式逻辑（A = A，A ≠ 非 A），甚至会使"权利丧失存在的意义"[①]。但根源于伦理人格的法律人格和人格权，不仅仅要符合形式逻辑，还必须符合辩证逻辑。辩证逻辑本身就是生命的逻辑、是自由的逻辑，是自我意识的逻辑。[②] 我们必须走出用物权的权利结构来看待人格权的权利结构的思维模式。物权的权利结构在于主体的人对客体的物的权利。而人格权的权利结构在于主体将整体的人格和人格中的诸要素作为客体来拥有自身。[③] 人格权的内在结构特征，即人格自身既是主体又是客体的本质属性，使得部分法律人无法接受它——当然也有学者明确提出"人格权的客体为其自身之人格，故主体与客体同属一人"[④]。甚至连萨维尼都出于"自杀权"这一道义上的担忧而取消了人格权。这种担忧表明了缺乏思辨的思维所呈现的僵化性，德国人格权的发展史充分证明了萨维尼的失误。

法律人格与人格权的概念并不纯然是一个技术性结果。法律人格和人格权的内涵直接来源于人格的内涵。黑格尔认为法律人格是"自

---

① 马俊驹、张翔：《人格权的理论基础及其立法体例》，载《法学研究》2004 年第 6 期，第 48 页。

② 详细论证参见邓晓芒《辩证逻辑之本质》，载《哲学史方法论十四讲》，重庆大学出版社 2008 年版，第 130—153 页。

③ 拉伦茨更是明确宣称："《德国民法典》把每一个人看作'自然人'，而对于人，重要的是，他应当具有自我意识，应当自主地决定自己的存在，相对于他人则应当承担起责任。"［德］卡尔·拉伦茨：《德国民法通论》（上册），王晓晔等译，法律出版社 2009 年第 5 版，第 56 页。

④ Kohler, *Das Eigenbild in Recht*, 1903, p. 6; *Einfuehrung in die Rechtswissenschaft*, 1919, p. 27. 转引自王利明《人格权法研究》，中国人民大学出版社 2005 年版，第 12 页。法国学者布律格耶尔也是明确将人格权的权利客体界定为人格。参见［法］让·米歇尔·布律格耶尔《人格权与民法典——人格权的概念和范围》，肖芳译，王轶点评，载《法学杂志》2011 年第 2 期，第 139 页。

为存在的意志即抽象意志"。① 换句话说法律人格就是指"正当意志的主观可能性"。② 法律人格（Person）与自然人（Mensch）的区别是人世间最高贵的事情。在黑格尔看来，一个自然人还未能与自然界中的其他生物区别开来，还仅仅是作为一个自然生命体而存在、一个纯然被自然规定的物。这种作为自然物而存在的自然人只能充当客体，而不具有主体性资格。只有意识到主体性的主体才具有法律人格。"人实质上不同于主体，因为主体只是人格的可能性，所有的生物一般说来都是主体。所以人是意识到这种主体性的主体，因为在人里面我完全意识到我自己，人就是意识到他的纯自为存在的那种自由的单一体。"③ 所谓"人格是意识到主体性的主体"是指人的自我意识。而自我意识的结构就是主体将自身当作对象（客体）的意识，是一种辩证统一的结构。④ 对于一个人格而言，我是直接的有机肉体，但是这个有机肉体必须以"生命的概念和作为灵魂的精神的概念为依据的"。⑤ 所以精神首先必须"占有"身体；身体则是"精神"的定在。因而，身体和精神是辩证统一的。康德将精神和肉体分开并认为纵使身体受到虐待，或者屈辱于他人暴力之下，自在之物即灵魂却不会被触及或受到伤害。黑格尔批评康德的这种观点是"缺乏理念的、诡辩的理智"。⑥ 因此从人格的主体性角度看，人格概念本身含有精神性的要素，所以对身体的侵害会导致对精神的侵害。这正是财产权与人格权的一个重大区别。故从人格的主体性角度看，就有了物质性人格权与精神性人格权的划分；而同一个人格，如果从客体角度看，

---

① ［德］黑格尔：《法哲学原理》，范扬、张企泰译，商务印书馆1961年版，第46页。

② ［美］罗斯科·庞德：《法理学》（第四卷），王保民、王玉译，法律出版社2007年版，第153页。

③ ［德］黑格尔：《法哲学原理》，范扬、张企泰译，商务印书馆1961年版，第46页。

④ 参见［德］黑格尔《精神现象学》，贺麟、王玖兴译，商务印书馆1979年版，第115—152页。

⑤ ［德］黑格尔：《法哲学原理》，范扬、张企泰译，商务印书馆1961年版，第56页。

⑥ 同上书，第56—57页。

则又可以划分为一般人格权与具体人格权。这些都根源于人格权的这种主客体同一的权利结构。

虽然也有学者承认"人格权客体为人格"的观点，但仍十分谨慎地从否定支配权的角度进行界定。如龙显铭先生认为人格权非直接支配生命、身体、自由等人格之全部或部分之权利，而在于其权利内容不被他人侵害而享受生命、身体之安全、活动之自由。① 但主体之所以有不被他人侵犯而自由享有人格内容的权利，正是根源于主体对自身人格所拥有的支配权，没有支配权在逻辑上的先验存在，排他权就成了无源之水。郑永宽教授虽承认人格权是一种支配权，却也十分谨慎地提出："人格权是一种不纯粹的支配权，即，它不如所有权那样纯粹，因而对人格权的支配如果违背人道主义、善良风俗，则需要法律基于伦理道德的考虑进行限制。"② 此种观点有一定的代表性。这里所谓的"不纯粹"是相对于物权之支配权的纯粹性而言的，其内容主要表现在它受到人道主义、善良风俗等伦理道德的限制。这种观点反映出"民法是财产权占支配地位的法律"的信念对民法学者们思维的深远影响，即学者们仍不能摆脱用物权的标准来衡量人格权的思维模式。反思一下我们会发现，即便是物权或所有权也不是完全不受限制的"纯粹"支配权。比如物权中的类型法定原则使得物权的拥有者对物的支配内容限制在法律的强制规定之下。并且即使在法定类型之下的权利也不具备纯粹的支配。比如不动产所有权人对不动产的支配受到相邻权的限制，有毒物体持有者不能将其任意抛弃在某一地点等等。如同德国学者施蒂尔纳在《德国物权法》的一开篇就说："所有权本身应内在着一定的约束。这种约束的产生，即基于对以国家形式所组成的社会公众需求的考虑，也源于对其他所有权人合法利

---

① 龙显铭：《私法上人格权之保护》，中华书局1937年版，第2页，转引自郑永宽《关于人格权概念的质疑与反思》，载《北方法学》2007年第6期，第43页。

② 郑永宽：《关于人格权概念的质疑与反思》，载《北方法学》2007年第6期，第43页。

益的尊重。"① 如同物权支配权的不纯粹性除受权利不得滥用的限制，也受物权客体之性质的限制一样，人格权中所体现的人格主体对整体人格以及人格诸要素的支配权之所以显得"不纯粹"或受到诸多限制是由人格权客体的本质属性所决定的。既然"人格"既是客体同时又是具有终极目的和最高价值的主体，那么借用康德的话，即便是个体也不能将人格这一客体仅仅当作手段而不同时当作目的。当个体将人格（即便是自己的人格）仅仅当作手段（比如出卖人格）或做任何有违伦理道德的行为时，他不仅伤害了自己的人格，同时也伤害了其他人格的类意识（正是类意识以及类存在使得人类社会不断地迈向文明），甚至直接就是对类存在的公然否定。② 在实在法上，也正是类意识和类存在使得未成年人以及精神病人获得法律上人格的资格。因此，人格权中人格主体对人格客体的支配权之所以看上去不如物权中的支配权那么纯粹，是因为人格这一客体的特殊性使然。毕竟任何支配权都不可能是纯粹的，附着于不同源权利之下的支配权的"不纯粹性"必然会呈现出不同的内容和特征。比如物权中的物如果是动物的话，那么这种支配权在某些国家还要受到《动物保护法》的限制。不能因为此"支配权"内容不符合彼"支配权"内容，就否认其支配性。

因为无论支配权如何界定，该权利都具备相同的形式结构：主体对客体的支配力。至于其内容，则会随着客体的不同而呈现出不同的特征。因此，在主体相同的情况下，支配权的内容之所以有差异是由其支配的不同客体决定的。物权和人格权对应的客体分别为物和人格，因此，其支配权的内容呈现出不同的特征是理所当然的。不能因为支配权的内容呈现出不同于物权的特征而否定人格权的支配性。每

---

① ［德］鲍尔·施蒂尔纳：《德国物权法》（上册），张双根译，法律出版社 2006 年第 2 版，第 4 页。

② 关于类意识与类存在的论述详见马克思的《1844 年经济学哲学手稿》。正如马克思所言："只有当现实的个人同时也是抽象的公民，并且作为个人，在自己的经验生活、自己的个人劳动、自己的个人关系中间成为类的存在物的时候……只有到了那个时候，人类解放才能完成。"参见《马克思恩格斯全集》第 3 卷，人民出版社 2002 年版，第 189 页。

个个体对其人格客体的支配不能违背"人格"这一客体的属性，就如同物权中对物的支配权不能违背"物"这一客体的属性一样，都不可能具备纯粹性。正如王利明教授所言："无论法律是否承认人格权的支配性，人对于包括生命在内的所有的人格价值都存在事实上的支配状态。"① 如果因为自杀、自残或安乐死等对人格的支配性行为违背伦理道德或公序良俗就否认人格权的支配性，显然既不符合事实也不符合理论。就像我们不能因为对物的支配必须在法定类型范围之内等限制而取消物权的支配性一样。

因此，人格权是一种支配性权利，但支配的内容是什么呢？马俊驹教授和王利明教授都是明确宣称人格权是一种支配权，但前者认为其客体为人的伦理价值，后者认为是人格利益。② "人的伦理价值"作为人格权的客体内客其外延过宽，而"人格利益"又过狭。通过以上对人格和法律人格内在结构的剖析，可以将人格权的客体界定为人格及其诸要素。正如界定物权的客体为物，知识产权的客体为智力成果一样。法国学者布律格耶尔也是明确将人格权的权利客体界定为人格，只是他认为人格权只具有单一的客体，即"被界定为个人的社会身份，而且仅仅涉及人精神上的完整性"。这种定义名义上是从客体进行界定，实质上还是从主体进行界定的。或者换句话说，布律格耶尔虽然将人格权的客体界定为人格，但又将其完全等同于精神的完整性，这仍然是着眼于人格的主体性，而忽视了人格的客体性。我们既要看到人格的"主客体同一"结构，同时也要看到主体和客体的区别。正如德国联邦法院在审理"储存精子灭失案"③（BGHZ124，52 乙案）中认为，人格的存在及其自主决定领域，实质化于身体的状态之上，并

---

① 王利明《人格权法研究》，中国人民大学出版社 2005 年版，第 34 页。
② 参见马俊驹、张翔《人格权的理论基础及其立法体例》，载《法学研究》2004 年第 6 期；王利明《人格权法研究》，中国人民大学出版社 2005 年版，第 15 页。
③ 此案件评论详见：Schnorbus, *Schmerzensgeld wegen schuldhafter Vernichtung von Sperma*, JuS 1994, 830；Rohe, JZ1994, 465；Taupitz, *Der deliktsrechtliche Schutz des menschlichen Köpers und seiner Teile*, NJW1995, 745。

以人的身体作为人格的基础加以保护。① 精神与身体一方面并不是截然对立的关系，另一方面也不是完全混同的关系。如果强调其中的区别，则涉及人格的要素，如果强调其融合统一，则涉及人格整体。因此，人格权的客体应该包括人格与人格诸要素两个层面。总之，对人格权"权利结构"及"主客体同构性"研究的不足，可能会导致以下问题：一方面，就外延而言，其界定比较模糊：如"人的伦理价值"界定——外延过宽；"人格利益"的界定——外延过窄；"人格要素"的界定——遗漏了作为整体而存在的人格本身（这正是一般人格权处于争论焦点的原因）。另一方面，就内涵而言，其界定容易两极分化，或完全着眼于人格的主体性，或完全着眼于人格的客体性。

第五节　主客体同构及人格权的类型化

上面我们分析了人格权的主客体同一的内在结构，如果这种结构还只是抽象的形式，那么我们有必要再考察人格权的具体规定和内容，也就是阐述主客体是"如何［How］"同一的。实质上这种同一主要是通过"权利"这个中介而实现的。人格本身具有双重性，这就决定了法律人格的概念包含着无限和有限的统一，纯粹抽象的无规定性和具体的有规定性的统一。也就是说，当法律人格仅仅还只是一个正当意志的主观可能性的时候，它还仅仅是一个纯粹抽象的自我，它是抽象掉了一切具体限制而以"自身即抽象的而且自由的自我为其对象和目的"②，但是这种纯粹无规定性的抽象自我必须"从无差别

---

① 王泽鉴：《侵权行为法》（第一册），中国政法大学出版社 2001 年版，第 108 页。

② ［德］黑格尔：《法哲学原理》，范扬、张企泰译，商务印书馆 1961 年版，第 45 页。黑格尔的这种观点深深影响了法律人格的规定，比如日本学者星野英一说：私法中的人就是作为被抽象掉了各种能力和财力等的抽象的个人而存在。如德国学者拉德布鲁赫：民法典不知晓农民、手工业者、制造业、企业家、劳动者等之间的区别。转引自［日］星野英一《私法中的人》，王闯译，载梁慧星主编《为权利而斗争》，中国法制出版社 2000 年版，第 347 页。

的无规定性过渡到区分、规定，和设定一个规定性作为一种内容和对象"。① 也就是说"我不光是希求而已，而且希求某事物"②。因此"正当意志的主观可能性"的法律人格还只是纯然抽象的可能性。它必须外化自己，要在区别于主观的外在实践领域中获得定在，即获得客观性和现实性。换言之，"由于纯粹主观的意志在外界是没有意义的，因此人的外在化的意志要真正成为人与外部事物的中介，它必须有自己的实在化的载体。这种载体的意义在于克服意志的纯粹的主观性，从而使他人知晓，便于他人承认。这一意志的载体，在事实的层面上，通常表现为人支配于意志对象的'行为'；而在法律基础的层面上，外部事物上的人的意志，则是通过'法律'本身的实在性与公开性来体现的。确切地讲，在法律上用以表彰外部事物上人的意志存在的载体就是'权利'"。③ 这就是为什么黑格尔认为"人格一般包含着权利能力"④。这就是说要使某项事物或对象成为某一特定法律主体所拥有的东西，就必须通过"权利"将某物与特定主体连接起来，使之成为权利的客体。⑤ 按照黑格尔的说法，权利首先是自由以直接的方式产生的直接定在，"人有权把他的意志体现在任何物中……人对一切物具有据为己有的绝对权利"⑥。黑格尔认为人格权与物权的本质区别就在于：对某个个体身体和精神的施加伤害，就是现实地直接伤害了一个人的人格，而对"我的物"的侵害就没有这种现实性和直接性。物之所以可以被转让，是因为它是外在于我的人格的，跟我的人格没有直接性。如他认为"作为人格，我自身直接地

---

① ［德］黑格尔：《法哲学原理》，范扬、张企泰译，商务印书馆1961年版，第16页。
② 同上书，第17页。
③ 马俊驹、张翔：《人格权的理论基础及其立法体例》，载《法学研究》2004年第6期，第47页。
④ ［德］黑格尔：《法哲学原理》，范扬、张企泰译，商务印书馆1961年版，第47页。
⑤ 马俊驹、张翔：《人格权的理论基础及其立法体例》，载《法学研究》2004年第6期，第47页。
⑥ ［德］黑格尔：《法哲学原理》，范扬、张企泰译，商务印书馆1961年版，第52页。

就是一个个体；这即是说首先在其进一步的规定上：我在这有机的身体中是活生生的，这身体对于普遍的未区分的外部定在来说，是我的一切进一步规定之定在的真实可能性。但作为人格我同时像拥有其他事物一样拥有我的生命和身体，只要就此而言它是我的意志"。① 黑格尔认为"我"的自由对于他人而言，就是我在定在中的自由，或者说，我直接占有我的身体就是我的自由。虽然"在枷锁中我也可以是自由的"，但是这种自由是对于我自己的意志而言的，不是对于他人而言。因此，他人加于我的身体的暴力，就是加于我的人格的暴力。从自由的本质来看，人格就体现为权利，对于一切体现我的自由及其定在的权利。因而人格权简言之就是对自我人格的权利。显然，我对我的人格的支配权不仅仅体现在我对身体和精神的直接占有和支配，还需获得外在（包括法律和他人）的承认并在排除他人干涉的方面得到法律的保障。

因此，人格权就是指法律人格完整拥有和独立支配自己人格及其要素的权利。这种定义是从人格、法律人格、人格权的本质上界定的。首先，从客体上讲，人格权就是（主体）对作为客体的人格整体及其诸要素的权利，其次，从主体上讲，作为主体的人格要现实地获得自主性以及人格的尊严，必须对构成整体人格的肉体和精神拥有支配的权利和由支配权所派生出的其他权利，如对人格诸要素以及由它们产生的人格利益的权利以及排除他人干涉的权利。之所以将人格权定义为对人格及其诸要素的权利而非对人格利益的权利，是因为人格利益不过是人格诸要素如姓名、名誉、隐私、肖像等对人格主体呈现权利的一种外化方式，但绝不是唯一的方式。或者说，人格利益不

---

① G. W. F. Hegel, *Grundlinien der Philosophie des Rechts*, Geory Lasson, Zweite Aufiage, Leipzig 1921/Verlag von Felix Meiner. §47. 英文参见 *Elements of the Philosophy of Right*, trans. by H. B. Nisbet, Cambridge University Press；《剑桥政治思想史原著系列》（影印本），§47，p. 78. 中国政法大学出版社 2003 年版。中文参见［德］黑格尔《法哲学原理》，范扬、张企泰译，商务印书馆 1961 年版，第 55—56 页。

过是主体的权利作用于客体所产生的效果。正如耶林那饱含激情的呼吁："原告为保卫其权利免遭卑劣的藐视而进行诉讼的目的，并不在于微不足道的标的物，而是为了主张人格本身……被害人为提起诉讼而奔走呼号，不是为了金钱利益……诉讼对他而言，从单纯的利益问题转化为主张人格抑或放弃人格这一问题。"① 如果这些都还是停留在抽象的推理和激情的呼吁，那么让我们再来看看活生生的案例。日本的"X教派"教徒手术输血侵权案。② 在该案中，医生为拯救患者在手术中对其进行了输血行为。但该患者因宗教信念而在就诊时曾明确拒绝伴有输血的医疗行为。得知被输血的消息后，精神极度痛苦的患者起诉了医院与医生。最后法院选择了尊重患者的自我决定权。在该案中，医生的行为并没有侵犯患者的身体权，也很难说侵害了其人格利益——将自我决定权等同于人格利益未免太牵强。因此，该案虽然没有明确界定医生的行为侵犯了一般人格权，但自我决定权作为一般人格权的权利内容却通过案例的形式得到了确定。

我们从法理上阐述了人格权的形式结构和丰富内容。还需要从实证法的角度将这些内容技术化。我们不但要找到人格权的"质"，还要厘清其"量"，即权利内容的类型化，使得丰富多样的内容借助类型化而获得相对清晰的权利边界。一方面使其能为社会所认知而减少被侵犯的可能，达到"划定共同生活的个人的意志统治的界限"③的目的；另一方面为司法提供相对确切的司法依据。当然更为重要的依然是体现公平正义的价值，因为侵犯者只需要对被侵犯的程度负责，也就是只需对行为的"类"负责，而无需对行为的"种"负责。比

---

① ［德］鲁道夫·冯·耶林：《为权利而斗争》，王闯译，载梁慧星主编《为权利而斗争》，中国法制出版社2000年版，第11页。

② 参见杨立新、刘召成：《论作为抽象人格权的自我决定权》，载《学海》2010年第5期，第181页。

③ ［德］萨维尼·F.C.，《当代罗马法的体系》第一卷，第334页，转引自［德］罗尔夫·克尼佩尔《法律与历史——论〈德国民法典〉的形成与变迁》，朱岩译，法律出版社2005年第2版，第64页。

如侵犯人格的某一要素只需对该要素负责，无需对该要素所依附的整体人格负责。更何况作为整体的人格与诸人格要素之和并不是完全等同的关系。所谓人格的诸要素是指构成人格的诸多元素，大致可以分为"物质性"和"精神性"两大类。一般而言，人格权包括：生命权、身体权、健康权、人身自由权、姓名权（名称权）、肖像权、名誉权、荣誉权、信用权、隐私权、贞操权、自主权等等。① 这些权利可以根据人格的双重性含义分成两大类：一类为精神性人格权（主要就人格的主体性而言），包括生命权、人身自由权、名誉权、信用权、隐私权、贞操权等；另一类为物质性人格权：生命权、身体权（完整权）、健康权、肖像权等（主要就人格的客体性而言）。其中生命权的客体是人格，而不仅仅是人格的要素，本身就具有人格的双重内涵。所以生命权可以被同时看作是精神性人格权和物质性人格权。从人格的客体着眼，根据是作为整体的客体还是作为要素的客体，可以将人格权划分为一般人格权与具体人格权。具体人格权的客体是人格诸要素，如健康权、隐私权、名誉权等分别对应着健康、隐私、名誉等人格要素。一般人格权的客体是作为整体的人格，权利内容为人格自由、人格尊严、人格平等以及人格自主决定。总之，着眼于主体与客体的外在区别，可划分为精神性人格权与物质性人格权；着眼于整体客体（"一"）与客体要素（"多"）的关系，则可划分为一般人格权和具体人格权；着眼于主体本身，则划分为精神型人格权、自由型人格权、识别标识型人格权。又因为主客体的同构性，各类划分均具有交叉性。如人格尊严既是一般人格权也是精神性人格权；而隐私权既是精神型人格权又是具体人格权；身体权为物质性人格权和具体人格权。

看看人格权的法定化状态，极为有趣的发现是人格权大多并不是明确出现在各国的法典中，而是首先出现在各国的法院判决中。如法

---

① 参见王利明《人格权法研究》，中国人民大学出版社 2005 年版。

国人格权首次出现在最高法院 1902 年 Lecoq 案的判决之中。而在日本虽然没有人格权的现行法规定，但为了承认人格权，日本运用宪法在 1964 年的"宴会之后"案的判决中首次对隐私权进行了确定。再比如在德国，"读者来信"案的判决成为德国人格权发展史上的分水岭——从对人格权的不承认或模糊承认到明确承认。还有瑞士 1954 年 3 月 25 日联邦法院的一项判决首次对人格权进行了确认。① 而在英美法中，虽然即便在当今也没有人格权这一概念，但其对于在大陆法中关于人格权各种利益的保护却有着大陆法系无法比拟的丰富多彩的发展。②

因此，对人格权的保护和立法成了一个世界性的迫切议题。人格权的现实需求远远在人格权作为概念并将其法典化之前就确定无疑地进入人们的生活并获得各国案例法的承认。这正如同伯尔曼评判罗马法时说："罗马法是由一种复杂的法律规则网络组成；但是它们并不表现为一种知识的体系，而宁可说是由解决具体法律问题的实际方案组成的一份精致的拼凑物。"③ 人格权法首先也不是表现为一种知识的体系，而是从解决具体法律问题的实际方案中形成的一个复杂的法律规则网络。这将在稍后的人格权谱系进化表中可以更加直观地体现出来。这大概是因为人类的法律本能和现实需求从时间上说总是先于法律概念和法律体系而出现。但法律概念或理念在逻辑上未必不是早就潜在着，并等待着现实地展开。因此，现实对人格权的需求使得法学家们有必要反思其概念、研究其本质，并因而得以着手构建合理的

---

① 分别参见：［法］让·米歇尔·布律格耶尔《人格权与民法典——人格权的概念和范围》，肖芳译，王轶点评，载《法学杂志》2011 年第 2 期，第 137 页。［日］五十岚清《人格权法》，［日］铃木贤、葛敏译，北京大学出版社 2009 年版，第 12 页。张红：《基本权利与私法——以法律行为无效规则和权利侵害救济规则为中心》，中国政法大学博士学位论文，2009 年版，第 115 页。
② 参见［日］五十岚清《人格权法》，［日］铃木贤、葛敏译，北京大学出版社 2009 年版，第 3 页。
③ ［美］伯尔曼：《法律与革命》，贺卫方等译，法律出版社 2008 年版，第 145 页。

人格权法体系。

第六节　人格权的谱系简表及立法体例试析

最后我们从比较法的角度为人格权的发展梳理出一个谱系简表，从中我们可以比较直观地看出主体对人格权中的整体人格以及诸多人格要素的权利是如何在历史发展中逐渐展现出来的。从而明晰人格权的发展趋势，进而为界定更为合理的立法体例提供线索。因此在对德国的人格权发展进行梳理的基础之上，我们再比较分析德国、中国台湾和中国大陆的人格权体例。

（德国人格权发展简表①）

表 11

权利类型及相关立法体例	年份	案例/法典
首次保护肖像权	1899	俾斯麦遗体偷拍案（RG45.170）
规定姓名权，无人格权一般规定	1900	《德国民法典》（BGB）
确定肖像权	1907	《艺术品制作权法》（KUG）
人格尊严、人格自由发展	1947	《联邦基本法》（GG）
创设一般人格权	1954	Leserbrie（读者投书案 BGHZ13，334）
肯定肖像权为人格权，并确立其财产价值	1956	Paul Dalke（BGHZ 20.345）
开辟侵害人格权的抚慰金制度	1958	Herrenheiter（骑士案 BGHZ36，345）
基本法作为精神损害赔偿依据	1961	Ginsengwurzel（BGH）

---

① 参见王泽鉴《人格权保护的课题与展望》，载《人大法律评论（2009 年卷）》，第 71 页；张红《20 世纪德国人格权法的演进》，载《清华法律评论》第四卷第 1 辑，第 41 页。

续表

权利类型及相关立法体例	年份	案例/法典
基本法作为侵权法违法性的判案依据	1963	Blinkfüerfall（BVerfG）
死者人格精神利益保护	1968	Mephisto（BGHZ50，133）
人格权与言论自由价值平等	1973	Lebach（BVerfG）
获利作为精神损害赔偿的标准	1995	Caroline I（BGH）
死者人格财产价值的保护	1999	Marlene Dietric（BGH）
确立人格权的财产性与继承性	2000	巴特里希案

　　对上表简要说明如下：1899 年"俾斯麦遗体偷拍案"（RG 45.170.1899）首次保护肖像权。此案虽然在保护肖像权方面功劳显著，比如在几年后的德国《艺术品制作权法》（KUG）中为了回应该案例，在该法中确定肖像权。但是该案回避死者人格权的问题，遭到人格权学者 Kohler 的批判（该批判受到学界广泛赞同）。[①] 此一"回避"使死者人格权延迟了近 70 年。直到 1968 年的 Mephisto 案[②]德国联邦法院才第一次承认了死者的一般人格权。1900 年的德国民法典却没有人格权的一般规定，只规定了姓名权。在 1949 年的《联邦基本法》（以下简称 GG）中确定了人格尊严（第 1 条）与人格自由发展（第 2 条）的权利。1954 年的"读者投书案"（BGHZ，13，334）创设了一般人格权。1956 年的"保罗·达尔克（Paul Dahlke）"（BGHZ 20，S.353 vom 8.5.1956）案确定肖像权为人格权。但美中

　　[①]　Kohler, *Der Fall der Bismarck Photographie*, GRUR, 1900, s.196. 转引自张红《20 世纪德国人格权法的演进》，载《清华法律评论》第四卷第 1 辑，第 13 页。
　　[②]　BGHZ, 50, 133 = NJW, 1968, 1773. 详细论述参见张红《20 世纪德国人格权法的演进》，载《清华法律评论》第四卷第 1 辑，第 28 页。

不足的是，该案仍然认为"无强调精神保护之必要"①，法院还是援用传统的损害赔偿规范来保护人格权。同样是肖像权的判例，1958年的"骑士案"（BGHZ 26，S，349ff，vom 14，2. 1958）肯定了侵害人格权的抚慰金请求权。从而为德国人格权法开创了精神赔偿制度，对精神领域的重视为精神性人格权开辟了广阔的视域。2000 年"马兰·迪特里希案"（Vgl. BGH NJW 2000，2195.）确立了人格权的财产性与继承性。② 对比一下法国民法典的人格权家族表：1970 年《法国民法典》增加第 9 条，保障私人生活的权利，此项权利引起诸多其他人格权如肖像权、声音权、姓名权等的发展，甚至成为其他人格权权利的摹本。③ 该法条起到了德国第 823 条第 1 款之"其他权利"相同的功效：创设其他人格权权利。1994 年确认"人格尊严和人的生命得到尊重的权利"；2004 年确认"身体得到保护的权利"。2008 年规定死者的身体和遗留物得到尊重的权利。④ 虽然在民法典中，人格权的家族表确实很年轻，用法国学者布律格耶尔的话说："只有四十岁。"⑤ 但其发展速度相当快，以至于成为《法国民法典》修改内容最多的部分。⑥

从德国和法国的人格权法的发展可以看出：第一，人格权是在实务与理论不断的交互作用下逐步发展起来的，现实需求与理论反思对

---

① ［德］汉斯—彼特·哈佛坎南：《1918 年以来一般人格权在德国的发展》，载《华东政法大学学报》2011 年第 1 期，第 118 页。

② 张红：《论一般人格权作为基本权利之保护手段——以对"齐玉苓案"的再检讨为中心》，载《法商研究》2009 年第 4 期，第 54 页。

③ 如巴黎大审法院于 2004 年 9 月 27 日作出的一项判决写道：私人生活得到保护的权利主要包括形象权、姓名权和声音权。参见：［法］让·米歇尔·布律格耶尔《人格权与民法典——人格权的概念和范围》，肖芳译，王轶点评，载《法学杂志》2011 年第 2 期，第 139 页。

④ 参见［法］让·米歇尔·布律格耶尔《人格权与民法典——人格权的概念和范围》，肖芳译，王轶点评，载《法学杂志》2011 年第 2 期，第 139 页。

⑤ ［法］让·米歇尔·布律格耶尔：《人格权与民法典——人格权的概念和范围》，肖芳译，王轶点评，载《法学杂志》2011 年第 2 期，第 138 页。

⑥ 参见《法国民法典》，罗结珍译，北京大学出版社 2010 年版。

人格权的发展同样重要；第二，对人格权精神领域的保护需求越来越强烈；第三，侵害人格权的手段呈现多样化，需要更细致的人格权规范体系；第四，一般人格权之必要性，不但来自于其权利性质，还来自于其基本权利的转介功能和"框架性"权利的补充、创设新权利的开放性功能。

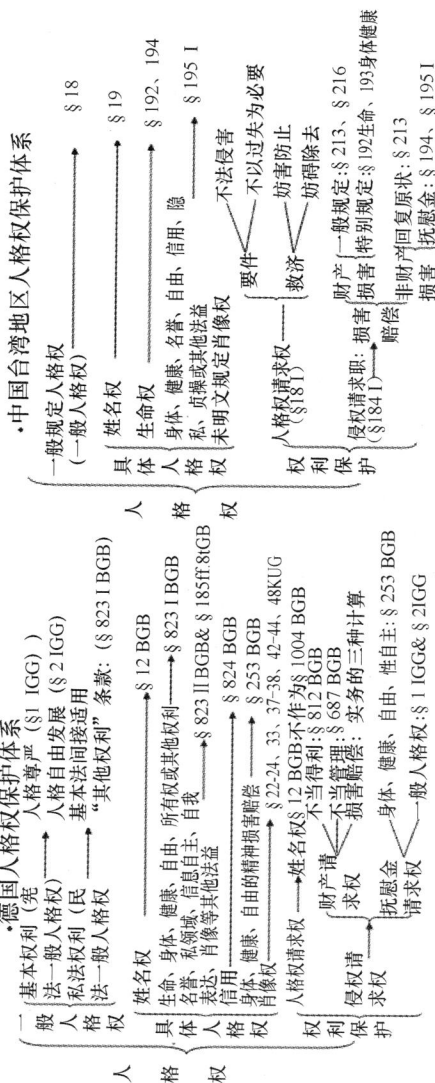

人格权

•德国人格权保护体系

一般人格权
- 基本权利（宪法人格权）（§1 IGG）
  - 人格尊严（§1 IGG）
  - 人格自由发展（§2 IGG）
- 私法权利（法一般人格权）
  - 基本法间接适用
  - "其他权利"条款：（§823 I BGB）

具体人格权
- 姓名权 §12 BGB
- 生命、身体、健康、自由、所有权或其他权利 §823 I BGB
- 名誉、私领域、信息自主 §823 II BGB & §185ff 8GB
- 表达、肖像等其他法益 §824 BGB
- 身体、健康、自由的精神损害赔偿 §253 BGB
- 肖像权 §22-24, 33, 37-38, 42-44, 48KUG

权利保护
- 人格权请求权——姓名权 §12 BGB不当作为他权利：§1004 BGB
- 财产请求权
  - 不当得利：§812 BGB
  - 损害管理：§687 BGB
- 抚慰金请求权
  - 侵权请求权 损害赔偿：实务的三种计算
  - 身体、健康、自由、性自主：§1 IGG & §2IGG
  - 一般人格权：§1 IGG & §2IGG

•中国台湾地区人格权保护体系

一般规定人格权（一般人格权）§18
具体人格权
- 姓名权 §19
- 生命权 §192、194
- 身体、健康、名誉、自由、信用、隐私、贞操或其他法益 §195 I
- 未明文规定肖像权

权利保护
- 人格权请求权（§18 I）
  - 不法侵害
  - 不以过失为必要
  - 救济
    - 妨害防止
    - 妨害除去
- 损害赔偿（侵权请求权）（§184 I）
  - 财产损害
    - 一般规定：§213、§216
    - 特别规定：§192生命、193身体健康
  - 非财产损害
    - 回复原状：§213
    - 抚慰金：§194、§195 I

下面比较德国与中国以及台湾地区的人格权保护体系①：

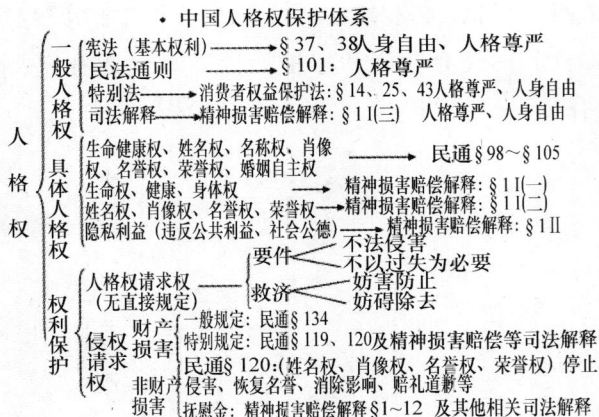

中国人格权保护体系

从人格权的三大保护体系中，我们可以看出：第一，具体人格权保护了大致相似的内容如身体、健康、姓名、肖像、名誉、隐私、信用等，它们都是人格的诸要素。第二，不同的保护体系虽然都没有直接规定一般人格权，但或通过宪法中基本权利的间接适用，和/或通过民法中"其他权利"条款的创设，和/或通过特别法的规定，都对一般人格权予以保护。而且一般人格权的内容也呈现出相似的内容：人格尊严、人格自由、人格的自主决定。第三，人格权之请求权可以划分为人格权请求权和侵权请求权，两种请求权的构成要件不同，为人格权提供的保护也就不同。不能直接用侵权请求权完全代替人格权

---

① BGB 为《德国民法典》缩写，GG 为《联邦基本法》，§ 为条文。表 1 中的基本法间接适用主要指：1958 年 Lüth 案（BVerfG，7，198）基本权利间接第三人效力；1961 年 Ginseng-wurzel 案（BGHZ35，363），基本法作为精神损害赔偿依据；1963 年 Blinkfüerfan 案（BVerfG，7，198）基本法作为侵权法违法性判决依据；1973 年 Soraya 案（BVerGE34，269）合宪性肯定。参见张红《20 世纪德国人格权法的演进》，载《清华法律评论》第四卷第 1 辑，第 42 页；王泽鉴：《人格权保护的课题与展望》，载《人大法律评论（2009 年卷）》，第 81 页。王泽鉴：《侵权行为法》（第一册），中国政法大学出版社 2001 年版，第 104 页；王泽鉴：《民法学说与判例研究》（第一册），北京大学出版社 2011 年第 2 版，第 29—45 页。

请求权。第四，精神损害赔偿得到各种不同保护体系的承认，但各种保护体系自身都不完备。第五，不同国家和地区对人格权的保护没有一个相对统一完备的体系，新型的权利不断地通过判例的形式被创设。

人格权的保护体系虽然各不相同，却反映了一个共同的特征："由解决具体法律问题的实际方案组成的一份精致的拼凑物。"在对人格权的保护问题上，立法者和法官们都表现出不同程度的过度谨慎。看来人格权体系的完备与统一，确实不仅是中国面临的重大课题，同时也是世界各国面临的重大挑战。

就立法体例争论较大的部分，笔者仅对一般人格权展开分析。国内外均有学者或否认一般人格权概念或认为无设立一般人格权之必要。大致原因有①：第一，其过于抽象，具体内容难以确定，导致法官自由裁量权过大，甚至会危及法律安定性。第二，一般人格权因为没有明确的权利义务界限，甚至根本就没有客观载体，从而不符合法律权利的概念内涵。第三，就立法体例而言，特殊人格权 + 一般性（概括性）条款足以实现保护人格权的功能，无须另设一般人格权概念。

但即便有诸多反对的声音，一般人格权在现实需求的推动下呼之欲出，甚至已经以各种方式出现在各国司法判例中。只是在一般人格权的理论上，某些学者还在犹豫不决。笔者认为反对者对一般人格权的质疑倒是不难化解。正如前文已经详细论述，一般人格权并非没有客观载体。而且一般人格权作为一种"框架性权利"是由人格的本质属性决定的。概念本身的抽象性和现实生活的复杂性使得该权利遭受到"不确定性"质疑，但法律从来就不排除"模糊性"。法学家蒂莫西、A. O. 恩迪克特不但认为"模糊性"是法律制度必然包含的部

---

① 参见 Larehz, *Das allgemine Personlichkeitsrecht im Recht der unerlaubten Handlungen*, NIW1955, 521; 冉克平《一般人格权的反思与我国人格权立法》，载《法学》2009 年第 8 期。

分，而且因为模糊性而产生的"不确定性"对于法律来说意义重大。① 正是这种"开放性结构"为新型人格权提供了入口，使人格权不至于在固定僵化的实在法和现实生活的张力中失去保障人格自由与尊严的资格和能力。也正如张红博士的研究表明：一般人格权能够成为基本权利的保护手段，为公法之基本权利的现实化提供了一条私法的可行通道。② 如我国《宪法》第 37 条之人身自由与第 38 条之人格尊严通过一般人格权这一私法上的权利转化而得以现实化。而著名的《德国民法典》第 823 条第 1 款之"其他权利"在德国民法没有明确界定一般人格权的情况下起到了与"一般人格权"相似的功效。③ 这也是许多学者干脆将此条款称为"一般人格权"的原因。至于一般人格权的性质，国内外学者分别提出"概括性权利"、"一般性权利"、"基本权利"、"渊源权利"等学说。④ 这些学说只是从功能或特征上对一般人格权进行定性，却没看到一般人格权与具体人格权的划分是根据人格权的权利结构而来的。如果说一般人格权内容难以穷尽而具有概括性，或者说为了达到补充具体人格权的目的而创设一般人格权，那么"概括性权利"和"一般性权利"的这种定性实际上都是着眼于一般人格权的功能，并未揭示其本质。"渊源权利"、"基本权利"等学说虽然都表述了一般人格权的某些性质，但都不太全面。比如就"基本权利"说而言，根据我国《宪法》第 38 条，"人格尊严"确实为基本权利。但一般人格权的内容并不仅仅是保护人格尊

---

① 参见〔英〕蒂莫西、A. O. 恩迪克特《法律中的模糊性》，程朝阳译，北京大学出版社 2010 年版。

② 参见张红《论一般人格权作为基本权利之保护手段——以对"齐玉苓案"的再检讨为中心》，载《法商研究》2009 年第 4 期。

③ Vgl. Martin, *Das allgemeine Persönlichkeitsrecht in seiner historschen Entwicklung*, 2007, s. 287.

④ 参见 Von Caermmerer, *Wandungen des Deliktsrechts*, 1964, p. 107; Stim Stromhom, *Right of Privacy and Right of the Personlity*, Stockholm, 1967, p. 57; Enneccrus-Kipp, *Lehrbuch des bürgerlichen Recht der schuldverhältnisse*, 1995, p. 937。

严。一般人格权到底包括哪些内容，不同学者有不同看法。① 但这些内容都容易混淆一般人格权与具体人格权的区别。

人格权的客体为人格及其诸要素，因此其本身就存在着哲学意义上的"一"与"多"的关系。之所以有必要将一般人格权与具体人格权区别开来，是因为"一"并不是"多"的简单相加。企图完全采取列举式的具体人格权来保障一般人格权在现实中是不可能的，甚至极易出现以"合法形式"产生出显失公平的结果。如"齐玉苓案"②，依据现行法判定加害人只是侵犯受害人的"姓名权"显然有失公允。而以侵犯"受教育权"的名义却只能追究辅助侵权人的责任，主要侵权人却逍遥法外。况且受教育权作为基本权利，在适用上存在诸多困难。此案实质上没有那么复杂，用一般人格权与具体人格权的理论分析，就是以侵犯具体人格权的手段（姓名权）侵犯了被害人的一般人格权（人格自由发展）。

关于人格权的立体体例，学者们已经做出许多解答。囿于篇幅，本文不做分析，仅就以下几点做一个总结：第一，就人格权的权利结构而言，人格权为总权利，而一般人格权与具体人格权是根据人格权的不同客体所做的划分，从形式上说是一种并列关系，但在内容上则有一种包容与被包容的关系。第二，"其他权利"条款为具体人格权

① 如：Münchener Kommentar 认为包括（1）共同场所人的保护；（2）名誉和人的整体性保护；（3）对个人形象认同保护；（4）对共同调查侵入个人领域的保护；（5）个人信息的保护；（6）人格被不当利用的保护；（7）对人格权自由发展基础的保护。Larenz/Wolf 认为包括：（1）名誉保护；（2）自我表达的权利；（3）自我言语和自我的合法陈述；（4）肖像权；（5）隐私领域；（6）私人领域；（7）信息自主；（8）过失歧视；（9）综合权利。Medicus 认为包括：（1）名誉保护；（2）肖像；（3）隐私领域；（4）不当利用；（5）权利群但不是所有案例的口袋。参见 *Münchener Kommentar Bürgerliches Gesetzbuch*（MüchKommBGB）/Rixecker, 2006, §12, Rdnr. 40–131. Larenz/Wolf, *Allgemeiner Teil des Bürgerlichen Rechts*, 9. Auflage, 2004, S. 138. Medicus, *Allgemeiner Teil des BGB*, 9. Auflage, 2006, S. 426。转引自张红《20世纪德国人格权法的演进》，载《清华法律评论》第四卷第1辑，第18页。
② 案情详见张红《论一般人格权作为基本权利之保护手段——以对"齐玉苓案"的再检讨为中心》，载《法商研究》2009年第4期。

的一般条款，可以在一般人格权内涵之下创设诸多新型的具体人格权，也就是说，具体人格权的创设方式是通过"其他权利"条款，其外延必须被包含在一般人格权之内涵之下，并不是漫无边际或模糊不清。第三，在权利保护的请求权上可以设立人格权请求权和侵权请求权。第四，在赔偿制度上，设立财产损害赔偿与非财产损害赔偿，尤其需对精神领域加大保护力度。第五，具体人格权的规范纷繁复杂，需要对其构成要件与赔偿制度进行更加细致的规定。看来，中国未来民法典制定人格权篇实有必要。

第八章

刑罚之理据——自由与刑罚的
悖论与和解

第一节　一个法哲学的疑问——刑罚
正当性的追问

上一章我们将本文的理论在民法领域的人格权问题上做了运用。现在我们来看看刑法领域中的刑罚正当性问题。为什么要选择这一主题做运用，原因之一在于，刑罚从单纯形式上是与自由概念相悖的。但同时它却作为一个现实存在着，那么，刑罚存在的根据在哪？也就是要追问刑罚的正当性问题。我们将论证，刑罚的根据正是自由。

刑罚正当性的问题也是理性的自我追问。刑法学的研究应该突破以实在法规范为研究对象的注释刑法学理论，进而深入到以本体论和价值论为对象的理性刑法学或（刑）法哲学研究。有学者如是说"面对来自刑法法哲学的这种方法论与价值追求上的挑战，注释刑法学的任何沉默都只能理解为故作镇静或麻木不仁"。① 法律教义学者将"刑罚"作为一个先予的既定存在或一个不容置疑的前提未予批

① 邱兴隆：《刑罚理性导论——刑罚的正当性原论》，中国政法大学出版社 1998 年版，导读，第 7 页。

判地独断地接受下来。

刑罚正当性问题是"社会生活中特别令人困扰不安的面向"。①刑罚哲学家 A. C. 尤因（A. C. Ewing）写道："……惩罚，本身善的正义，甚至罪刑均衡等理念是如此深刻地根植于我们的道德观中，以至于难以轻易消除它们，但是，合理化这些概念却也是异常地困难。"② 罗尔斯就提出："关于惩罚的困惑不在于人们在惩罚是否具有正当性上持有不同意见……困难在于如何证明惩罚的正当性：道德哲学家们为此进行了各种各样的争论，提出了各种各样的理论，但没有一种理论获得了普遍的接受，没有一种理论能够远离嫌恶。"③ 之后，哈特也声明："在惩罚的正当性证明上，这些不同的价值或目的如何协调一致，没有一个理论能够说清楚。"④ 大卫·葛兰甚至尖锐地宣称："社会大众之所以对惩罚制度没有太多的质疑，并不是因为惩罚实践本身有着明显的合理性，而是因为既有体制蒙蔽民众并唤起民众信心所产生的结果。"⑤ 他认为人们即使对惩罚制度有所思考，也只是限制在狭隘的固定模式。因为现代惩罚制度能产生如同社会其他制度一样的惯性模式，这种惯性模式使得人们认为惩罚制度自身存在的必要性和现状的合理性是理所当然的。但犯罪率提高、监狱暴动、社会治安混乱等社会现实表明惩罚制度无法满足需求、遏制冲突或圆满地解决某些令人困扰的问题。致使其合理性或正当性地位受到挑战。甚至"到了当代，刑罚乐观主义已经被怀疑主义所取代，人们普遍对

---

① ［英］大卫·葛兰：《惩罚与现代社会》，刘宗为、黄煜文译，台北：商周出版、城邦文化事业股份有限公司 2006 年版，导论，第 2 页。

② A. C. Ewing, *The Morality of Punishment*, London：Kegan Paul, 1929, p. 45.

③ John Rawls, "Two Concepts of Rules", *The Philosophical Review*, 64：3—32（1955）. 转引自王立峰《惩罚的哲理》，清华大学出版社 2006 年版，引论，第 3 页。

④ H. L. Hart, *Punishment and Responsibility*：*Essays in the Philosophy of Law*, Oxford：Clarendon Press, 1955, p. 2. 转引自王立峰《惩罚的哲理》，清华大学出版社 2006 年版，引论，第 4 页。

⑤ ［英］大卫·葛兰：《惩罚与现代社会》，刘宗为、黄煜文译，台北：商周出版、城邦文化事业股份有限公司 2006 年版，第 6 页。

现代惩罚制度的合理性与有效性存疑……人们不再相信惩罚原本所奠基的社会复归（rehabilitative）价值与意识形态"。① 福柯也认为刑罚作为一种减少犯罪的主要手段不过是人们的一种错觉。② 尽管学者们对刑罚提出了种种质疑，但是刑罚本身仍岿然不动地屹立在人类的法典中，并成为定义犯罪甚至定义刑法的方式。法国社会学家迪尔凯姆认为对犯罪进行定义的标准只能是惩罚，换句话说，只能根据外在特征（惩罚）对现象（犯罪）下定义。他说："我们可以找到某些具有所有这种外部特征，而一经完成就必然引起社会对它们作出我们称之为'惩罚'的反应的行为。我们把这些行为归为一个特别的类，并给它加上一个共同的名称，称一切受到惩罚的行为为'犯罪'，把如此定义的犯罪作为一个专门学科即"犯罪学"的研究对象。"③ 当然根据迪尔凯姆的观点，用惩罚来定义犯罪，并不是说犯罪是由惩罚造成的。而是说"犯罪只能由于惩罚才明显地暴露于我们眼前。因此，我们要想明白何为犯罪，必须从研究惩罚着手"。④ 德国刑法学家罗克辛更是将刑罚作为定义刑法的形式标准："刑罚和保安处分是全部刑法条文的共同基本点，也就是说，在形式意义上，刑法是由它的惩罚方式进行定义的。一个条文不会由于违反了的是应当行为或没有行为的规定而属于刑法，那种情况在许多民事和行政法规中也会规定，但是，一个条文会由于一种违反规定受到惩罚或保安处分的惩罚而属于刑法。"⑤ 当然刑罚之现存并不是其存在之合理化或正当化的根据。如同太阳"现存着"并不等同于太阳"存在的原因"。更何况刑罚作

---

① ［英］大卫·葛兰：《惩罚与现代社会》，刘宗为、黄煜文译，台北：商周出版、城邦文化事业股份有限公司 2006 年版，第 8 页。

② ［法］米歇尔·福柯：《规训与惩罚》，刘北成，杨远婴译，生活·读书·新知三联书店 2006 年第 6 版，第 26 页。

③ ［法］E. 迪尔凯姆：《社会学方法的准则》，狄玉明译，商务印书馆 1995 年版，第 55 页。

④ 同上书，第 61 页。

⑤ ［德］克劳斯·罗克辛：《德国刑法学总论——犯罪原理的基础构造》（第 1 卷），王世洲译，法律出版社 1997 年第 3 版，第 3 页。

为实在法的现存更多地体现为一种"人造物"的属性。因而具有了双重性，即，"物性"和"人造性"。一方面该"人造物"必须符合一定的法则或规律，另一方面该"人造物"的现存还需要一个正当性根据。正如同人类制造原子弹，一方面要遵循一定的物理法则，另一方面还需要正当性理由，如果是为了毁灭人类，则缺乏正当性理由。

美国法学家哈伯特·L. 帕克认为："当代刑法一如既往地处于两股热情的争夺之中：一方面，一种观点认为，对道德上不齿行为的惩罚本身就具有正当性；另一方面，则有观点主张，刑事程序的唯一恰当的目的就是预防反社会行为的发生。"① 简要说，刑罚的正当性根据主要有两种理论：一种是报应主义（又称道义论），一种是功利主义（又称结果论或目的论）。功利主义所主张的目的刑论是指以刑罚目的正当性为刑罚这种"恶"寻求合理存在根据的一种理论体系。目的刑论主张通过具有负价值的刑罚来预防犯罪，进而遏制将来更大程度的犯罪侵害。——这种目的刑论是未经哲学反思的目的刑论，它暗含了一个理论预设：恶是刑罚的本质。不但如此，它还推导出"遏制"这一刑罚目的。但对刑罚而言，不论是本质为恶，还是目的为遏制，这都是一些存疑的观点。

第二节　刑罚与犯罪的辩证关系

张明楷先生"刑随罪至，罪因刑显"② 的观点，形象地道出了刑罚和犯罪的关系。"刑随罪至"既可以从经验（如时空）角度理解，也可以从逻辑上理解。某一项行为之所以要受到惩罚，是因为它本身是一种犯罪行为，同样反过来也成立，某一行为之所以是犯罪行为，

---

① ［美］哈伯特·L. 帕克：《刑事制裁的界限》，梁根林等译，法律出版社 2008 年版，第 7 页。

② 张明楷：《刑法原理》，商务印书馆 2011 年版，第 1 页。

是因为它必须要体现为刑罚。不体现为刑罚的犯罪行为本身只是一个空洞抽象的概念，不具有任何实质意义。反过来没有犯罪这一逻辑前提的刑罚既不符合刑罚概念的"真"，也不符合刑罚价值判断的"善"或"正当性"。

法国学者埃利·哈列维总结古典的刑罚哲学观时写道："法官密不可分地将罚的观念与罪的观念联系起来；他逐渐相信，这两个术语之间存在着天然的关联，罪从本质上要求罚——罪行应得到惩罚。……惩罚表现为一种善行，因为这是法律秩序的表现。"① 例如孟德斯鸠将法视为"由事物的性质产生出来的必然关系"。② 他相信存在一个根本理性，法是根本理性与各种存在物以及各种存在物彼此之间的关系。'人为法'建立在公道关系之上。"'一个智能存在物'损害'另一个智能存在物'就应当受到同样的损害。"③ 孟德斯鸠宣称为了避免立法者的专断，对惩罚的政治安排应该产生于"事物的性质"，并且罚与罪之间应该有"恰当比例"④。他倾向于将惩罚界定为"一种报应"，并且根据他对法的本质的界定，报应的惩罚理论是从事物的本质中引申出来的，其根源于理性和善恶。他说："如果刑法的每一种刑罚都是依据犯罪的特殊性质去规定的话，便是自由的胜利。一切专断停止了，刑罚不是依据立法者一时的意念，而是依据事物的性质产生出来的；这样，刑罚就不是人对人的暴行了。"⑤ 因此，惩罚在孟德斯鸠这里还不是一种恶，相反，惩罚是对恶行的报应，因而本身含有善的道德价值。

---

① ［法］埃利·哈列维：《哲学激进主义的兴起——从苏格兰启蒙运动到功利主义》，吉林人民出版社 2006 年版，第 59 页。
② ［法］孟德斯鸠：《论法的精神》（上册），张雁深译，商务印书馆 1995 年版，第 1 页。
③ 同上书，第 2 页。
④ 同上书，第 91 页。
⑤ ［法］孟德斯鸠：《论法的精神》（下册），张雁深译，商务印书馆 1995 年版，第 189 页。

边沁与之相反。边沁指责孟德斯鸠的理论本身建立在一种"专断"的理论之上，即同情和厌恶的原理，即"是厌恶原理使人们指出罪行应得到惩罚；与之相对应的同情原理使人们指出某些行为应得到奖赏，应得（merit）这个词一无是处，只会导致愤怒和谬误"。①边沁批评道"人们被告知，他们应该憎恨罪行。罪行是他们应予憎恨的事物。那么当他们产生憎恨时如何惩罚呢？……什么标准更清楚呢？了解他们共同憎恨的事物——知晓两罪之中他们最为憎恨哪一个——除了求教于他们的感觉外还能做些什么呢？"②边沁试图超越本能和感觉，而将刑罚和犯罪的理论建立在理性的基础之上。根据那著名的"快乐和痛苦"或"最大幸福"的功利原理，认为犯罪给人带来痛苦，因而是一种恶，同理，任何惩罚都给人带来痛苦，因而也是一种恶。"如果它应当被允许，那只是因为它有可能排除某种更大的恶。"③与边沁相反，贝卡利亚宣称他是孟德斯鸠的追随者。他将犯罪的本质界定为：对社会的危害。并宣称这是"一条显而易见的真理"。④"公众所关心的不仅是不要发生犯罪，而且还关心犯罪对社会造成的危害尽量少些。"⑤刑罚作为一种"政治约束"就必须出来"防止恶果的产生"。⑥因此，刑罚的政治目的就是"对其他人的威慑"或"预防犯罪而非惩罚犯罪"。

贝卡利亚在其著名的7万字的小册子《论犯罪与刑罚》的著作中多次讨论刑罚的目的。他说："刑罚的目的既不是要摧残折磨一个感

---

① ［法］埃利·哈列维：《哲学激进主义的兴起——从苏格兰启蒙运动到功利主义》，吉林人民出版社 2006 年版，第 59 页。

② ［英］边沁：《刑罚的理论》，鲍林版，第 X 卷，第 69 页。转引自［法］埃利·哈列维《哲学激进主义的兴起——从苏格兰启蒙运动到功利主义》，吉林人民出版社 2006 年版，第 59 页。

③ ［英］边沁：《道德与立法原理导论》，时殷弘译，商务印书馆 2006 年版，第 158 页。

④ ［意］贝卡利亚：《论犯罪与刑罚》，黄风译，中国法制出版社 2009 年第 4 版，第 82 页。

⑤ 同上书，第 80 页。

⑥ 同上。

知者，也不是要消除业已犯下的罪行。一个并不为所欲为的政治实体平稳地控制着私人欲望，难道它能够容忍无益的酷政为野蛮、为虚弱的暴君充当工具吗？难道一个不幸者的惨叫可以从不可逆转的实践中赎回已经完成的行为吗？刑罚的目的仅仅在于：防止罪犯再重新侵害公民，并规诫其他人不要重蹈覆辙。"① 为了达到预防犯罪的政治目的，刑罚必须确定（必定）、及时并与犯罪相对称。因此，必须使犯罪和刑罚紧密衔接，才能指望刑罚概念使"那些粗俗的头脑从诱惑他们的、有利可图的犯罪图景中立即猛醒过来……刑罚尽量符合犯罪的本性，这条原则惊人地进一步密切了犯罪与刑罚之间的重要连接，这种相似性特别有利于人们把犯罪动机同刑罚的报应进行对比，当有人侵犯法律的观念竭力追逐某一目标时，这种相似性能改变人的心灵，并把它引向想法的目标"。② 最后贝卡利亚总结了一条刑罚的普遍公理："为了不使刑罚成为某人或某些人对其他公民施加的暴行，从本质上讲，刑罚应该是公开的、及时的、必需的，在既定条件下尽量轻微的、同犯罪相对称的并有法律规定的。"③

从上述中我们可以看出，无论是孟德斯鸠、贝卡利亚还是边沁都是从犯罪的前提界定刑罚，简言之就是"刑随罪至"的观点。即某一项行为之所以要受到惩罚，是因为它本身是一种犯罪行为。而反过来也成立的观点"某一行为之所以是犯罪行为，是因为它必须要体现为刑罚"，是从刑罚的角度出发来界定犯罪的思路。它是在古典哲学康德和黑格尔那里萌芽的。

第三节　道义论之自由意志本质说

本书主要讨论道义论的观点。道义论的代表人物康德和黑格尔关于

① ［意］贝卡利亚：《论犯罪与刑罚》，黄风译，中国法制出版社2009年版，第52页。
② 同上书，第71页。
③ 同上书，第133页。

刑罚正当性的理据则立基于自由意志的概念。虽然康德和黑格尔被认为是典型的报应主义的拥护者。但他们对刑罚的界定可能并不像通常的观点那样，认为他们之所以"被作为报应主义的典型代表，原因就在于其主张刑罚以惩罚为目的"。① 这种论断对康德和黑格尔的法哲学理论作了大大的简化，甚至到了严重误解的程度。

从康德实践哲学的分析中，我们可以看出，在康德那里道德与法是一致的：道德是法律的提升，之所以需要法律是因为人需要道德。而之所以需要道德是因为人有理性，人之所以有理性，是因为人有自由。为什么有自由或自由是什么，这个在康德那里是不能追问的，因为它属于自在世界，只能思维不能认知。道德与法在形式上的分离是因为人的双重性，即人是有限的理性人。有限是因为身处于现象界，理性内含着无限性，它本身属于理知世界的。所以人是跨两界的。正因为有限，所以需要法律，正因为有理性所以要通往道德，通往理知世界。那么应用在刑罚领域，惩罚的正当性，那就是每个人都是有理性者。而有理性者的最核心含义就是有自由意志。

可以说，自由是康德实践理性的一个必然悬设。从某种意义上可以说，康德实践理性就是道德和法权的哲学。既然他的实践理性哲学观是建立在自由之上，那么，康德的道德和法权哲学思想也是建立在"自由"这一核心概念之上。康德根据外在自由和内在自由的区分，将整个实践哲学分为法权论（外在自由）和德性论（内在自由）。康德的法权哲学也可称为权利或正义法则。功利主义者认为，惩罚本身因为带来痛苦，本身就是一种恶，这种恶得以存在的正当理由就是能实现预防或减少犯罪的这一目的。也就是说某一行为本身的善恶并不是其是否遭受惩罚的正当理由，而是如果该行为不受到惩罚是否带来更大的恶果才是成为某一行为本身是否受到惩罚或遏制的正当理由。

康德极力反对这种将个人仅仅作为手段的做法。每个人格作为客观

---

① 参见邱兴隆《刑罚是什么？——一种报应论的解读》，载《法学》2000 年第 4 期。

目的本身都具有绝对价值，他承担责任或者接受惩罚的唯一原因在于他
是某种行为的自由主体，如果他自由选择的行为侵犯了别人同样的自主
权利，他就必须承担责任接受惩罚。因此接受惩罚的原因正是在尊重个
人自主的人格尊严之上的。我们来看看康德精彩的论述："无论为了犯
罪者本人还是为了公民社会，司法的惩罚绝不能仅仅作为促进另一种善
的手段，惩罚被施加给某个人只能因为他犯了罪。因为人决不能仅仅作
为实现他人目的之手段，或被当作物的法权对象：他的天赋人格性保护
他不受此种遭遇，即便他有可能被判决失去公民人格。在任何想要从对
他的惩罚中得到好处（为了他本人或其他公民）想法之前，他必须预
先就被认定是应受惩罚的。刑罚的原则是一条定言命令，对于那个爬过
功利主义的曲径，为了去发现某种东西，通过它所许诺的好处，能够免
除对他的惩罚或甚至仅仅是减轻惩罚的程度的人来说，按照法利赛人的
格言：'一个人的死胜过全民族的毁灭'，那他就要倒霉了。因为如果
正义消失了，人世间就再也没有什么价值可言了。"① 所谓"刑罚的原
则是一条定言命令"是指："如此外在的行动，使你的任意的自由运用
能够与每个人按照一条普遍法则的自由而共存。"② 并且康德这条原则
成为"法权的普遍法则（或普遍的法权原则）"，这与绝对命令（"即，
你要仅仅按照你同时也能够愿意它成为一条普遍法则的那个准则去行
动"③）——被称为"纯粹实践理性的普遍法则"的表述是相同的。

　　定言命令是完全剥离了理性的不纯粹性而达到的一种形式标准。这
种纯粹的形式标准如同纯粹几何学的公设一样是"实践命题的公设"。该

---

　　① Immanuel Kant, *The Metaphysic of Morals*, edited and translated. by Mary Gregor, Cam-
bridge University Press, 2000, pp. 140 - 141. 中译本见李秋零主编《康德著作全集》（第 6
卷），中国人民大学出版社 2007 年版，第 343 页。译文根据英文版本有改动。
　　② 李秋零主编：《康德著作全集》（第 6 卷），中国人民大学出版社 2007 年版，第 239
页。译文参照英文版有改动。英文版参见 Immanuel Kant, *The Metaphysic of Morals*, edited and
translated. by Mary Gregor, Cambridge University Press, 2000, p. 56.
　　③ Kants, *Gesamm elte Schriften*, Band IV, S. 421, 译文参见 ［德］康德《道德形而上学
基础》，杨云飞、邓晓芒译。

公设表明的是一个"应当如何行动"才是纯粹道德的检验公式。就像所有的数学公式要进行运用一样，该条"实践命题的公设"也要在人类实践领域进行运用。那么运用在法权领域，就成为了检验某一行为"合法性"即正义性的标准了。那么检验正义性的标准的公式就是法的绝对命令。

因此，对于康德来说，犯罪侵害了他人同样的自由权，因而违背了法权的原则，即定言命令。而刑罚则是定言命令对违背者的强制，或者说，是违背者承担的义务。因此刑法界将康德的报应论称为道义报应论。

黑格尔的法哲学是在超越康德的基础上形成的。黑格尔关于自由、道德与抽象法的内在逻辑结构是非常清晰的：法的理念是自由，而自由就是意志，并且自由只有作为意志才是现实的。所以法是自由意志的定在，也就是说自由意志通过他物的中介而现实的、外在的表现出来的东西就是法。因此，黑格尔对法的界定是以自由意志为起点而展开的。而自由意志又分为特殊意志、共同意志和普遍意志。

黑格尔被人们称为报应主义的代表人物。如果用古典的"报应主义"刑罚观来理解黑格尔的刑罚观的话，在某种程度上误解了黑格尔。黑格尔指出："报复就是具有不同或互不相同的外在实存的两个规定之间的内在联系和同一性。对犯罪进行报复时，这一报复具有原有不属于他的、异己的规定的外观。可是如我们已经看到的，刑罚毕竟只是犯罪的显示，这就是说，它是必然以前一半为其前提的后一半。报复首先会遭到这种非难，即它显得是某种不道德的东西，是复仇，因而它可能被看作某种个人的东西，但是实行报复的不是某种个人的东西，而是概念。"① 黑格尔认为刑罚并不是一种复仇。复仇在黑格尔那里被认为不过是"主观意志的特殊偏好"而已。复仇在本质上跟犯罪是等同的，因而是"不道德的东西"。而刑罚对犯罪的否定则不同，因为犯罪是特

---

① ［德］黑格尔：《法哲学原理》，范扬、张企泰译，商务印书馆 1961 年版，第106 页。

殊意志对自由意志的否定，是对作为法的法的否定。因而刑罚是否定之否定，或者是对侵害的扬弃。正是通过这种扬弃，"法显示出其有效性，并且证明了自己是一个必然的被中介的定在"。① 黑格尔认为犯罪不论是对于加害人的意志还是对于被害人以及一切其他人的意志而言，都不具有"肯定实存"的性质。因为犯罪是对"自在存在的意志（自在存在的法）"② 的否定。因此需要对犯罪进行再次否定，即否定之否定，以便确立意志的肯定状态。而对犯罪进行否定，通常有两种方式，一种是复仇，一种是另一种法的强制。黑格尔否定了复仇，因为复仇虽然从内容上是正义的，但是其形式却不是正义。这形式的不正义主要是指复仇只是"主观意志的行为"③。而主观意志的行为是否合乎正义只具备偶然性。因而对于他人而言，复仇不过是一种特殊意志。因此复仇虽然是一种肯定行为，但这种肯定行为因为只是特殊意志的表达，所以是"一种新的侵害"④。当然就历史发展的进程而言，复仇是作为最初形态的报复而出现的。

不过，随着历史精神的发展，复仇逐渐让位于法的强制，即刑罚。刑罚体现的是法律的普遍意志，而不是被害人的个别的特殊意志。这体现了历史文明的发展过程。这过程要求"从主观利益和主观形式下、以及从威力的偶然性下解放出来的正义，这就是说，不是要求复仇而是刑罚的正义"。⑤ 黑格尔在其著名的《精神现象学》中也谈到了刑罚与犯罪以及与报复的关系。借助于这里的论述，我们可以更清楚地看出黑格尔的刑罚观。"在另一个领域里，例如对敌人进行报复，在直接性的法律（Gesetz）中，对于被伤害的个体而言，是最高的满足。但这条法律对于那不把我当成自身本质来对待、即没有把我显示为他面前的本质、并反

---

① ［德］黑格尔：《法哲学原理》，范扬、张企泰译，商务印书馆1961年版，第106页。
② 同上书，第101页。
③ 同上书，第107页。
④ 同上。
⑤ 同上书，第108页。

过来把他作为本质而加以扬弃的人来说，却通过另一世界的原则而颠倒
为相反的法律了，即通过扬弃异己的本质而使作为本质的自我恢复在自
我损害中了。现在如果把这种表现在惩罚罪行方面的颠倒制定为法律，
那么就连这样一种惩罚也再次只是这样一个世界的法律，这个世界具有
一个颠倒了的超感官世界与自己相对立，在这个超感官世界里，凡是前
一世界里受轻视的东西便受到尊重，而在前一世界受尊重的东西便遭受
轻蔑。按照前一个世界的法律，令人耻辱并且毁灭人的惩罚，在对它是
颠倒的那个世界中，便转变成维护它的本质并给它荣誉的免罪了。"①

这里直接性的法律是指第一世界的法律，换句话说，直接性的法
律作为第一个世界的法律可以理解为一种他律，而在第二个世界中的
法律可以理解为一种作为法律的法律。这里作为法律的法律用黑格尔
的话说，就是作为概念而本质存在的法。但是这种作为概念而本质存
在的法是对第一个世界的直接的法的颠倒。因此，犯罪和刑罚实际上
是同一个意志的相互颠倒。在第一个世界中，对敌人进行报复，对于
被伤害的个体而言，是最高的满足。在第二个世界中颠倒成为："那
不把我当成自身本质来对待、即没有把我显示为他面前的本质、并反
过来把他作为本质而加以扬弃。"因此，在第二个世界中，刑罚既不
是对敌人的报复也不是为了对被伤害个体的满足。惩罚（变成了扬弃
异己本质的一种运动）是罪行者（异己的本质的人）为了恢复自己
的本质而进行的一种"自我损害"。"第一个世界中受到轻视的东西"
这里指的是什么呢？就是惩罚，并且这是"令人耻辱的并且毁灭人
的"。但是在第二个世界中就是受到尊重的，也就是说惩罚是扬弃异
己的本质而恢复自我本质的自我拯救。"而在前一世界受尊重的东西
便遭受轻蔑。"受到尊重的东西就是报复敌人而获得被伤害个体的满
足。为什么这种看法在第二个世界受到轻蔑，是因为这种看法实际上

---

① 译文参照邓晓芒先生的《黑格尔〈精神现象学〉句读》中对精神现象学的新译文（网址：http：//www.xiaomang.com/viewthread.php? tid＝2922&extra＝page%3D1）。

是没有将人格或人的本质作为普遍的概念来看的，这是与第二个世界的原则相违背的，是受到第二世界的轻蔑的。因此，刑罚并不是对犯罪的报应，而是对罪犯自我拯救、自我惩罚的尊重。这样一来，我们更能明白马克思对黑格尔的那句评价："毫无疑问，这种说法有些地方好像是正确的，因为黑格尔不是把罪犯看成是单纯的客体，即司法的奴隶，而是把罪犯提高到一个自由的、自我决定的人的地位。"①黑格尔的法哲学以及马克思对黑格尔法哲学的批判对西方刑罚学乃至整个法学，政治哲学产生了深远的影响。

总之，笔者认为如果用古典的"报应主义"刑罚观来理解黑格尔的刑罚观的话，大大误解了黑格尔。黑格尔认为，刑罚并不是对犯罪的报应，相反是对罪犯自我拯救，自我惩罚的尊重。

第四节　道义论的局限性

康德理论所受到的批判与赞誉几乎同样多。英国学者艾伦·诺里（Alan. Norrie）在《刑罚、责任与正义》一书中总结了反康德主义的三个命题：（1）康德个人主义在抽象的个体概念和个体行为所处的更广阔的社会道德环境之间形成了特有的谬误割裂；（2）割裂带来的影响对个体行为人的真实特性进行法律推理的分析模式是不恰当的，需要另一种可供选择的辩证法研究路径；（3）需要重振并捍卫康德个人主义中蕴含的伦理价值，并且，知道如何在关联的研究方法中正确地评价它。② 其实康德哲学本身的问题在刑罚理论中也同样存在。诺里认为，康德理论的局限性在于，"它排除了道德形式和道德

---

① 《马克思恩格斯全集》（第 8 卷），人民出版社 1965 年版，第 579 页。
② 前面两个论题是直接批判康德主义的，第三个论题是在康德主义与后结构主义之间形成一条中间道路。［英］艾伦·诺里：《刑罚、责任与正义的关联》，杨丹译，中国人民大学出版社 2009 年版，第 10 页。

实质的内在本质联系"。① 因为评价个体的可罚性或者应受谴责性的方式不能仅仅依靠个体实施的行为是否在形式上是自治的，换句话说，可罚性不仅依赖个体形式上的自控性，还包括对个体实施该行为的原因进行道德内容或实质属性的审查。英国学者 J. 加德纳（J. Gardner）也是有力批判康德刑事正义观点的一位法哲学家。他认为康德哲学将意志作为道德行为的来源，该理念是传统形式责任观点的基础。②

对康德而言，道德范畴脱离需要和结果而存在，为具有内在道德性的行为提供前提。康德反对非自治的、热情的、由结果理性所统治的世界，他设想存在一种道德法则将"行为理性"建立在个人道德自治的基础之上。但"这种将道德法则界定为对立于实际存在的世界，通过果断地将现实世界排除在外来实现道德法则的独立"③ 的做法，却与人类真实状态不符。因为即便将需要和结果排除在道德法则之外，需要和结果即便在康德哲学中仍然占有一席之地，比如康德的圆善是德福一致，也就是说，没有幸福的因素的善还不是真正圆满的善。这种论证方式"拒绝对作为个体自治基础的他治条件进行回溯性的关注"。④ 也就是说，理性个体在承担刑罚责任时，撇开构成他治的世俗条件、环境以及其犯罪的语境，因为这些条件与理性的意志无关，一个理性的意志在发挥作用的时候可以无视这些条件，那么这些外部条件就此与个体承担责任无关。这一点显然是不符合实质正义要求的。根据加德纳教授的理论，对个体行为的责任分析一定要关注更加丰富的道德情景。因此，更为重要的问题不是个体的行为，而在于

① ［英］艾伦·诺里：《刑罚、责任与正义的关联》，杨丹译，中国人民大学出版社2009年版，第10页。

② J. Gardner, "On the General Part of the Criminal Law", in A. Duff, *Philosophy and Criminal Law*, Cambridge University Press, 1998, p. 219.

③ ［英］艾伦·诺里《刑罚、责任与正义的关联》，杨丹译，中国人民大学出版社2009年版，第38页。

④ 同上。

关注处于集体中的活动。换句话说，应该将个体的行为置于整体的活动情景之中进行判析。加德纳批判现代刑法说："由于法治的种种理由，现代刑罚力图规范个体的行为……却相对地无视由行为构成的活动的存在。"[①] 我们需要思考处于活动情景之中的行为，需要将个体的责任置于其所处的整体生活境遇之中。这并不是否定行为者对行为进行心理控制的观点和个体意志对行为的重要性，而是说"在判断行为对与错的过程中，行为的整体道德意义以及行动者的性格至关重要的。我们做了什么以及为什么这么做，与我们能否控制自己的行为同等重要。亚里士多德哲学的解释将丰富的和情景化的道德特质回归到行为之中，而这正是被康德哲学解释所剥离的"。[②] 也就是说，在确定刑罚理论根据时，我们既要"向前看到"（预见性地）行为的性质，也要"向后看到"（回顾性地）行为人的技能、品德和性格等一切行为境遇。

即便报应主义有这样那样的不足，但它仍持久地散发出其理论的魅力和超越时空的穿越力，马克思一方面对传统报应主义表示尊重，认为它是唯一一种尊重人的刑罚观，但同时也对其持批判态度，认为它以一种特性（自由意志）替代人的许多特性，忽视了人的社会特性。他说："一般来说，刑罚应该是一种感化或恫吓的手段。可是，有什么权利用惩罚一个人来感化或恫吓其他的人呢？况且历史和统计科学非常清楚地证明，从该隐以来，利用刑罚来感化或恫吓世界就从来没有成功过。适得其反！从抽象权利的观点来看，只有一种刑罚理论是抽象地承认人的尊严的，这就是康德的理论，特别是当黑格尔用了一个更严谨的定义来表述它的时候。黑格尔说'刑罚是犯罪的权利。它是犯罪本身意志的行为。罪犯把违法说成是自己的权利。他的

---

① J. Gardner, "On the General Part of the Criminal Law", in A. Duff, *Philosophy and Criminal Law*, Cambridge University Press, 1998. p. 221.

② ［英］艾伦·诺里：《刑罚、责任与正义的关联》，杨丹译，中国人民大学出版社2009年版，第42页。

犯罪是对法的否定。刑罚是这种否定之否定，因而又是对法的肯定；这样法是罪犯自己要求的，并且是他强加于自身的'。毫无疑问，这种说法有些地方好像是正确的，因为黑格尔不是把罪犯看成是单纯的客体，即司法的奴隶，而是把罪犯提高到一个自由的，自我决定的人的地位。但是，只要我们稍微渗入些观察问题的本质，就会发现，德国唯心主义只有通过神秘的形式赞同了现存社会的法律；在这里是如此，在其他许多情况下也是如此。如果用'自由意志'这个抽象概念来顶替有着行为的现实动机和受着各种社会条件影响的一定的人，如果只用人的许多特性的一个特性来顶替人本身，难道这不是荒谬地吗？这种把刑罚看成是罪犯个人意志的结果的理论只不过是古代报复刑——以眼还眼、以牙还牙、以血还血——的思辨表现罢了。直截了当地说：刑罚不外是社会对付违反它的生存条件（不管这是些什么样的条件）的行为的一种自卫手段。"①

马克思从社会学的角度批判报应主义只注重逻辑层面的人的抽象平等，却忽视了人在社会现实层面的真实的不平等。刑罚将会使社会不平等的问题进一步恶化，进而使社会不平等披上合理化的外衣。正如有学者指明的，如果法律惩罚的目的是恢复到违法或犯罪发生前的原状，因为违法或犯罪行为有不当得利，那么惩罚的功能就是剥夺这种不当得利，进而恢复由违法犯罪行为者所破坏的社会平衡。但问题在于，这种违法犯罪行为之前的不平等是否就是正义的。② 如果之前的不平等本身不正义，那么对不正义的破坏就是正义。而法律却对正义行为进行惩罚，必然导致更大的不正义。

报应主义的一个重要的理论基础是：人是自由的或自治的理性人。但正如休谟、德里达等人也指出，这种假设仅是逻辑上的，在真实的经验人身上这种假设不成立。休谟说"我们能严肃地说一个贫穷

---

① 载《马克思恩格斯全集》（第8卷），人民出版社1965年版，第578—579页。
② 参见王立峰《惩罚的哲理》，清华大学出版社2006年版，第115页。

的农民或者工匠能通过自由选择来离开自己的国家吗——他不懂任何外语或外国的生活方式，靠日复一日的微薄收入生活"。[①] 德里达也批判道，康德意义上的有罪者是以理性高度界定的那种在自由状态下、承担责任的犯罪，而非一般意义上的"反常"犯罪，只有理性、自治的犯罪才配判处惩罚，但在经验世界中，这样的理性、自治犯罪比较罕见。[②]

但正因为犯罪作为一种经验现象始终存在，惩罚作为犯罪的回应同时也伴随着人类行为一直现存着。那么惩罚毕竟还有其合理性的根据。但如果如同马克思认为的只有在人真正成为自由的理性人时，惩罚的正当性才得以证明，那么另一个论题产生了，如果每个人在经验上都成为自由的或自治的理性人，那么犯罪是否存在，犯罪如果不存在，那么惩罚作为犯罪的结果也就是不存在。或者另外一个论题也发问：是否犯罪就是不理性的行为？这些都还是困扰着刑罚理论的一些问题。

笔者认为自由或自治的理性人是一种逻辑前提，在这种逻辑前提下提出一项伦理公式或法则，作为衡量实在法的根据。因此，在理论上，建立在理性的道德公式之下的法则本身必然是正义的，那么违法犯罪之人就违背了公共的道德要求或正义法则，惩罚因此作为理性法则之恢复而具有了正当性，但这种正当性只是从原则或公式上讲的，仅仅是形式的。同时一项法则或正义规则还具有内容要素，这就决定了除第一性公式原则之外，还需要具有操作性的内容规则，那就是功利主义规则。功利主义规则负责法则之内容，并关注经验性的人。

综上，笔者认为理论法学是一套规范体系，是一个含有终极目的

---

① A. John Simmons, Marshall Cohen, Joshua Cohen, and Charles R. Beitz, *Punishment*, Priceton University Press, 1995, pp. 26—27. 转引自王立峰《惩罚的哲理》，清华大学出版社2006年版，第116页。

② 参见张宁《解构死刑与德里达的死刑解构》，载赵汀阳主编《论证》（3），75—76页，广西师范大学出版社2003年版。

和具体目的之目的链条。道义或正义作为统摄的框架性原则起作用，它作为终极目的指出法之正当性的方向和根基。作为本体意义上的法，或说法的本质问题，是一个原则的问题，是方向的问题，是终极目的的问题，是关乎人之所以为人的问题，是人最终实现自身自由的问题。但它并不能代替实证的法，经验中的法。而是应该投身于现实之中、经验之中，甚至投身于自我异化之中。正如前文已提到的那样，法的命令——人之作为人，并尊重他人为人这一终极命令——作为精神的力量必须要像它表现出来的那样强大，并敢于"在经验世界中扩展自己"（即外化出各种法律原则和规则），更重要的是要"敢于丧失其自身"（即各种具体的义务和强制性，甚至惩罚就其单纯性本身与对人的尊重的单纯性本身是相互对立的，以及限制人的自由与保障人的自由之间等在形式逻辑上的种种矛盾等），而且也只能在其丧失自身中回归自身、实现自身。

结　　论

　　本书的核心论点建立于"以自我规定性的能力为基质的同一性表象"这一人格界定之上。"人格"此概念的根基在于自由。因为自由从本源上讲是自我规定性的能力。本体论上的法作为一种自由意志的存在，承担着高贵的历史使命：命令"人"成为"真正的人"，并尊重他人为人，即法哲学必须承担起使人现实地拥有人的尊严和自由、享受"真实的人的法权"的使命。

　　总而言之，三大范畴内在逻辑结构分为范畴各自的内在结构，以及三大范畴之间的逻辑结构，而三大范畴之间的逻辑结构与各个范畴自身的内在结构又互相关联。三大范畴之间的逻辑结构为：

　　人格具有形式和内容、表象和本质等相互区别又统一的内在结构；这个内在结构使得人格具有跨现象界和理知世界的特点。在这个内在结构中，自我规定性是本质，同一性是表象，表象呈现出一种号数上的同一性属性——不断地产生出人格角色的惯性力量。本质和表象的关系不是一个平行的关系，而是一种交互关系：就形式而言，自我规定性之本质是同一性表象的逻辑前提；就两者的内容而言，表象又通过内外的诸复杂因素，比如外界对表象的回应（独立于主体的外在因素）、人格角色的惯性力量（主体内在因素）等反过来影响自我规定的内容。

　　而人格特征的决定因素在于：人格性之本质，即自由。自由正是决定人格之成为人格的最本质的规定性。自由是什么？本书认为自由是独立于强制性而进行自我规定的资格和能力。所以对人这一主体而言，自由意味着自我规定性的能力。正因为人格的这种内在结构，所以人既不是纯粹经验意义的人，也不是纯粹本体的人，而是"作为人格的人"。对于主体性的这一跨两界性状而言，人既相对于自然界而存在，也相对于本体界而存在，既相对于他者和他物而存在，也相对于自我而存在即自在自为的存在。就人格相对于本体界而存在而言，即就人作为本质的存在、自在自为的存在而言，人的自由的特性使得法具有了终极关怀的理念从而背负着历史的神圣使命，即追求人的全面的自由和尊严；又因为人格相对于自然界而存在，相对他者和他物的存在，作为一种现实关系的总和而存在，从而使得法具有了现实存在的必要性，这一必要性以命令的形式"向着"人格的现象界。正是在规范的现实世界中，通过对人的基本权利以及各项其他权利的保障使得那抽象的本质、绝对的原理现实化。自由作为一个本质性的规定，还只是一个单纯的起点，还只是一个空洞的开端，一个纯粹的意向，一个抽象和普遍的绝对。而法正是这个绝对的中介，所以法的实现过程就是自由的现实过程，也就是人格的现实性。

　　人格的绝对价值和终极目的是法之正当性的根基。人格尊严和价值的外在体现和现实性必须体现为法权意义的人格权和人格利益。法不但以自由为逻辑前点，而且必须以自由为理念。这一点是由人格的本质含义决定的。法的真理在于自由，但第一层次的自由首先是作为一个本质性的命令展示出来的，即自由作为法的理念或终极关怀范导整个法律体系和形式。法作为本质性的命令必然要在现实世界中体现它的实效、外化出它的内容，从而保障人的自由的全面实现。这内容体现为以权利保障和权力制约为内核的宪法和各种法律原则、法律规范和法律制度。所以在现代社会中，法的根本精神和真理追求都必须以追求人的自由、尊重人格尊严为根本指向，只有这样，规范体系才有可能具备正当性，由此所追求的社会基本结构和制度才具有合理性。人的自由本质使人具有自主性、能动性、独立性，但这种自主性、能动性和独立性必须建立在规范性之上，并在与他人的交互关系中能达到外在的一致。因此，现实的或真实的自由和人格尊严必须在普遍的平等人格之间的交互关系中才能实现。

总之，法的正当性必须是建立在一种普遍平等人格间的交互关联中。法本身的规律性和客观性必须与人的自由和人格尊严形成"主客体同一的图式"。所以必须扬弃主客体相互分离的观点，即要么认为法是某种主观意志的人为之物，要么认为法是脱离人的意志的纯粹客观之物。建立在实践理性之上的法律理论体现了个体与社会的关联和个体之间的交互关系。这种关联论强调法本身不是一种客观实体，而是呈现为关系结构的主观性和客观性的合体。这种主客体统一的图示主要体现为内容和形式两个方面。从内容上说，自由理念和人格尊严是法的最高目的和终极目的，但这一最高原理和抽象理念需要法赋予其充实的内容和丰富的现实性。如果说这时自由和人格还只是主观的理念，那么这主观的理念必须要体现为具备真实性和现实性的客观法；反过来如果实在法不体现自由理念和人格尊严，那么实在法不过是某些人或某个权威的主观意志，这种情况下，那自由和人格的理念必将发挥客观的不以主观意志为转移的力量来摧毁实在法的主观任意。从形式上说，关联本体论的主客体统一图示是在一种普遍平等人格间的交互关联中建立起来。它体现一种具备了正当性的规范世界，而达到主客体统一的法正是这规范世界的蓝本。这样的法才能完成自身神圣的使命：使人现实地获得幸福和人格尊严，人的自由的全面实现才有可能。

最后分别引用米尔恩和黑格尔的两句话作为结束语："道德在逻辑上先于法律，没有法律可能有道德，但没有道德就不会有法律。这是因为，法律可以创设特定的义务，但却无法创设服从法律的一般义务。"① 也正如黑格尔所言"那些人是多么的盲目！他们竟然能想象，当制度、宪法和法律不再符合人类的道德、需要和目的之后，在它们已经不再有任何意义之后，它们能够存留长久；他们竟然能够想象，不再具有理解和感觉的形式能够保持约束一个民族的力量"。②

---

① ［英］米尔恩：《人的权利与义务》，夏勇译，中国大百科全书出版社1995年版，第4页。

② 参见《黑格尔全集》，1789，第150—151页；转引自［英］韦恩·莫里森《法理学》，李桂林等译，武汉大学出版社2003年版，第171页。

参考文献

外文著作

康德著作

1. Immanuel Kant（178/187）, *Kritik der Reinen Vemunft*, Riga, Hartknoch（1781 first edition as A; 1787 second edition cited as B）. English translation by Norman Kemp Smith, *Critique of Pure Reason*, London, Macmillan 1929.

2. Immanuel Kant（1781a）, *Grundlegung zur Metaphysik der Sitten*, reprinted in Königlich Preussische Akademie der Wissenschaften（ed.）: Kants gesammelte Schriften, volume 4, 385 – 463（AK4: 385 – 463）, Berlin, Verlag Georg Reimer 1911. English translation by H. J. Paton: *Groundwork of the Metaphysics of Morals*, New York, Harper and Row 1964.

3. Immanuel Kant（1788）, *Kritik der Pratischen Vemunft*, reprinted in Königlich Preussische Akademie der Wissenschaften（ed.）: Kants gesammelte Schriften, volume 5, 1 – 163（AK5: 1 – 163）, Berlin, Verlag Georg Reimer 1913. English translation by Lewis White Beck: *Critique of Practical Peason*, Bobbs-Merrill 1956.

4. Immanuel Kant （1793a）, *Die Religion innerhalb der Grenzen der bloßen Vernunft*, *reprinted in Königlich Preussische Akademie der Wissenschaften* (ed.): Kants gesammelte Schriften, volume 6, 1 – 202 （AK6: 1 – 202）, Berlin, Verlag Georg Reimer 1914. English translation by Theodor Greene and Hoyt Hudson: *Religion within the Limits of Reason Alone*, La Salle, Open Court 1934.

5. Immanuel Kant （1793b）, *Über den Gemeinspruch: Das mag in der Theorie richtig sein, taugt aber nicht für die Praxis*, reprinted in Königlich Preussische Akademie der Wissenschaften (ed.): Kants gesammelte Schriften, volume 8, 273 – 313 （AK8: 273 – 313）, Berlin, de Gruyter 1923. English translation by H. B. Nisbet: "*On the Common Saying: This be True in Theory, but it Does not Apply in Practice*", in Hans Reiss (ed.): Kant's Political Writing, Cambrige, Cambrige University Press 1970.

6. Immanuel Kant （1797）, *Die Metaphysik der Sitten*, reprinted in Königlich Preussische Akademie der Wissenschaften (ed.): Kants gesammelte Schriften, volume 6, 203 – 493 （AK6: 203 – 493）, Berlin, de Gruyter 1914. English translation by Mary Gregor: *The Metaphysics of Morals*, Cambrige, Cambrige University Press 1996.

7. Immanuel Kant, *Fundamental Principles of The Metaphysic of Morals*, translated. by Thomas Kingsmill Abbott, University of New South Wales 2000.

8. Immanuel Kant, *The Metaphysic of Morals*, edited and translated. by Mary Gregor, Cambridge University Press, 2000.

黑格尔著作:

1. Ge. Wilh. Hegel, *Phänomenologie des Geistes*, Herausgegeben von Johannes Hoffmeister, 1952, Verlag von Felix Meiner.

2. G. W. F. Hegel, *Grundlinien der Philosophie des Rechts*. Geory Lasson Zweite Aufiage Leipzig, 1921/Verlag von Felix Meiner.

3. G. W. F. Hegel, *Philosophy of Right* ［M］. by Cosimo, Inc. 1821.

4. G. W. F. Hegel, *Elements of the Philosophy of Right*, trans. by H. B. Nisbet, Cambridge University Press, 2003.

5. G. W. F. Hegel, *Outlines of the Philosophy of Right*, translated by T. M. Knox, Oxford University Press, 1952.

6. G. W. F. Hegel, *Phenomenology of Spirit*, translated by Miller, Oxford University Press, 1977.

7. G. W. F. Hegel, *Lectures on the Philosophy of World History*: *Introduction*, translated by H. B. Nisbet, Cambridge University Press , 1975.

其他外文资料

1. D. Davidson, *The Paradox of Irrationality* ［A］. In Richard Wollheim & James Hopkins （ed.）. *Essays on the Philosophy of Freud.* Cambridge ［C］. Cambridge University Press. p. 289.

2. Mischel, W. and Shoda, Y. Reconciling processing dynamics and personality dispositions. "Annual Review of Psychology", 1998.

3. Pervin, L, A. and John, *O. P. Handbook of Personality*, 2nd, ed., New York: Guilford, 1999.

4. Isaiah Berlin, "Two Concepts of Liberty", in Henry Hardy, eds., *Liberty*: *Incorporating " Four Essays on Liberty "*, Oxford University Press, 2002.

5. John Austin, *Lectures on Jurisprudence*, or *the Philosophy of Positive law*, London: Schloarly Press, Inc., 1977.

6. Paul Gewirtz, "Privacy and Speech", in *The Supreme Court Review*, 2001.

7. Otfride Hoeffe and Karl Ameriks （de.）: *Kant's Moral and Legal Philosophy*, Cambridge University Press, 2009.

8. Arthur Ripstein, *"Force and Freedom"*, Harvard University Press, 2009.

9. Mischel, W. and Shoda, Y. "Reconciling processing dynamics and personality dispositions", *Annual Review of Psychology*, 1998.

10. Pervin, L, A. and John, *O. P. Handbook of Personality*, 2nd, ed. New York: Guilford, 1999.

11. Michael Henry, International Privacy, Publicity and Personality Laws, London, Butterworth, 2001.

12. Matthew H. Kramer, *The Quality of Freedom*, Oxford University Press, 2003.

13. Serena Olsaretti, *Liberty and the Market*, Cambridge University Press, 2004.

14. Alan Watson, *The Evolution of Law*, The Johns Hopkins University Press, 1985.

15. Allen. R. T. Beyond Liberalism: The political thought of F. A. Hayek and Michael Polanyi New Brunswich, N. J. : Transaction Publishers, 1998.

16. Arblaster. The Rise and Decline of Werstern Liberalism, Oxford: Basil Blackwe ll, 1984.

17. Arendt, Hannah, The life of the Mind, vol. 1, thinking, New York: Harcourt Brace Jovanovich, 1972.

18. Berlin, Isaiah, Four Essays on Liberty, Oxfoud University Press, 2002.

19. Boaz, David, Libertarianism, A Primer New York: Free Press, 1969.

20. Cowling, Maurice, Mill and Liberalism, Cambridge: Cambrige University Press, 1990.

21. Menger: *Probiems of Economics And Sociology*, University of Illinois Press, 1883.

22. Lewis, D. , *Convention: a Philosophical Study*, Harvard University Press, 1969.

23. Hart: *The Concept of Law*, Oxfod University Press, 1994.

24. H. Peyton Young：The Economics of Convention，The Journal of Economic Perspectives，Vol. 10，No. 2（Spring, 1996），pp. 105 – 122.

25. Dworkin, Ronald："Foundations of Liberal Equality"，in staphn Darwall ed. ，Equal Freedom：Selected Tanner Lectures on Human Values，Ann Arbor：University of Michigan Press，1995.

中文著作及论文

1. ［德］康德：《纯粹理性批判》，邓晓芒译，杨祖陶校，人民出版社2004 年版。

2. ［德］康德：《实践理性批判》，邓晓芒译，杨祖陶校，人民出版社2004 年版。

3. ［德］康德：《判断力批判》，邓晓芒译，杨祖陶校，人民出版社2004 年版。

4. ［德］康德：《道德形而上学基础》，苗力田译，上海世纪出版集团 2005 年版。

5. ［德］康德：《法的形而上学原理：权利的科学》，沈叔平译，商务印书馆 1991 年版。

6. ［德］黑格尔：《小逻辑》，贺麟译，商务印书馆 1980 年版。

7. ［德］黑格尔：《逻辑学》（上下卷），杨一之译，商务印书馆2003 年版。

8. ［德］黑格尔：《哲学史讲演录》，贺麟译，商务印书馆 1960 年版。

9. ［德］黑格尔：《精神现象学》，贺麟、王玖兴译，商务印书馆 1979 年版。

10. ［德］黑格尔：《自然哲学》，梁志学译，商务印书馆 1986 年版。

11. ［德］黑格尔：《法哲学原理》，范扬、张企泰译，商务印书馆1979 年版。

12. 中共中央著作编译局编译：《马克思恩格斯全集》（第 1、2、3 卷），人民出版社 1995 年第 2 版。

13. ［古希腊］柏拉图：《柏拉图全集》，王晓明译，人民出版社 2003 年版。

14. ［古希腊］亚里士多德：《尼各马可伦理学》（第三卷），廖申白译注，商务印书馆 2003 年版。

15. ［美］亨利·E. 阿利森：《康德的自由理论》，陈虎平译，辽宁教育出版社 2001 年版。

16. ［德］阿图尔·考夫曼、温弗里德·哈斯默尔编：《当代法哲学和法律理论导论》，郑永流译，法律出版社 2002 年版。

17. ［加拿大］查尔斯·泰勒：《黑格尔》，张国清、朱进东译，译林出版社 2002 年版。

18. ［美］涛慕思·博格：《康德、罗尔斯与全球正义》，刘莘、徐向东译，上海译文出版社 2010 年版。

19. ［英］伯林：《自由论》，胡传胜译，译林出版社 2003 年版。

20. ［英］泽格蒙特·鲍曼：《自由》，杨光、蒋焕新译，吉林人民出版社 2005 年版。

21. ［英］边沁：《政府片论》，沈叔平译，商务印书馆 1995 年版。

22. ［英］查理德·贝拉米：《自由主义与现代社会》，毛兴贵等译，江苏人民出版社 2008 年版。

23. 李龙：《李龙文集》，武汉大学出版社 2009 年版。

24. 邓晓芒：《康德〈纯粹理性批判〉（句读）》，人民出版社 2010 年版。

25. 邓晓芒：《康德哲学诸问题》，生活·读书·新知三联书店 2006 年版。

26. 邓晓芒：《思辨的张力——黑格尔辩证法新探》，商务印书馆 2008 年版。

27. 邓晓芒、赵林：《西方哲学史》，高等教育出版社 2005 年版。

28. 邓晓芒：《哲学史方法论十四讲》，重庆大学出版社 2008 年版。

29. ［意大利］洛苏尔多：《黑格尔与现代人的自由》，丁三东译，吉林出版集团有限责任公司 2008 年版。

30. ［法］科耶夫：《黑格尔导读》，姜志辉译，商务印书馆 2005 年版。

31. ［德］京特·雅科布斯：《规范·人格体·社会》，冯军译，法律出版社 2001 年版。

32. ［美］富勒：《法律的道德性》，郑戈译，商务印书馆 2007 年版。

33. 钱满素：《美国自由主义的历史变迁》，生活·读书·新知三联书店 2006 年版。

34. ［德］G. 拉德布鲁赫：《法哲学》，王朴译，法律出版社 2005 年版。

35. ［法］邦雅曼·贡斯当：《古代人的自由与现代人的自由》，阎克文等译，上海世纪出版集团 2005 年版。

36. 应奇、刘训练编：《自由主义中立性及其批评者》，江苏人民出版社 2007 年版。

37. 应奇、刘训练编：《第三种自由》，东方出版社 2006 年版。

38. 曹典顺：《自由的尘世根基——马克思〈黑格尔法哲学批判〉研究》，中国社会科学出版社 2009 年版。

39. ［美］罗尔斯：《正义论》，何怀宏等译，中国社会科学出版社 1988 年版。

40. 刘星：《法律是什么》，中国政法大学出版社 1998 年版。

41. ［法］福柯：《规训与惩罚》，刘北城等译，生活·读书·新知三联书店 2007 年版。

42. 丁三东：《论黑格尔的自由谱系——对黑格尔〈法哲学原理〉的一种解释》，武汉大学博士学位论文，2005 年。

43. ［法］科耶夫：《法权现象学纲要》，邱立波译，华东师范大学出版社 2010 年版。

44. 高兆明：《黑格尔〈法哲学原理〉导读》，商务印书馆 2010 年版。

45. 费希特：《自然法权基础》，谢地坤、程志民译，商务印书馆 2004 年版。

46. ［德］贡塔·托依布纳：《法律：一个自创生系统》，张骐译，北京大学出版社 2004 年版。

47. ［英］韦恩·莫里森：《法理学——从古希腊到后现代》，李桂林等译，武汉大学出版社 2003 年版。

48. ［奥］凯尔森：《法与国家的一般理论》，沈宗灵译，中国大百科全书出版社 1996 年版。

49. ［英］霍布斯：《利维坦》，黎思复、黎廷弼译，商务印书馆 1985 年版。

50. ［英］哈特：《法律的概念》，张文显等译，中国大百科全书出版社 1996 年版。

51. ［美］杰费里·墨菲：《康德：权利哲学》，吴彦译，中国法制出版社 2010 年版。

52. 谢文郁：《自由与生存——西方思想史上的自由观追踪》，上海人民出版社 2007 年版。

53. 瞿同祖：《中国法律与中国社会》，中华书局 2007 年版。

54. 汤因比：《历史研究》，上海人民出版社 2005 年版。

55. 颜阙安：《法与实践理性》，中国政法大学出版社 2003 年版。

56. ［法］弗朗索瓦·夏特莱著：《理性史——与埃米尔·诺埃尔的谈话》，冀可平、钱瀚译，北京大学出版社 2000 年版。

57. ［英］弗里德利希·冯·哈耶克：《法律·立法与自由》（第一卷），邓正来、张守东、李静冰译，中国大百科全书出版社 2000 年版。

58. 林喆：《权利的法哲学——黑格尔法权哲学研究》，山东人民出版社 1999 年版。

59. 王利明：《人格权法研究》，中国人民大学出版社 2005 年版。

60. ［美］戴维斯·库恩：《心理学导论——思维与行为的认识之路》（第 9 版），郑钢等译，中国轻工业出版社 2004 年版。

61. ［美］理查德·格里格、菲利普·津巴多：《心理学与生活》（第 16 版），王垒、王甦等译，人民邮电出版社 2003 年版。

62. ［德］马丁·海德格尔：《现象学之基本问题》，丁耘译，上海译文出版社 2008 年版。

63. ［日］今道友信：《关于爱和美的哲学思考》，王永丽等译，生活·读书·新知三联书店 1997 年版。

64. 彭文本：《阿利森对康德自由理论的诠释》，载《台湾大学哲学论评》2010 年第 39 期。

65. ［美］罗斯科·庞德：《法理学（第四卷）》，王保民、王玉译，法律出版社 2007 年版。

66. 王泽鉴：《民法总则》（增订版），中国政法大学出版社 2001 年版。

67. 梅仲协：《民法要义》，中国政法大学出版社 1998 年版。

68. ［德］迪特尔·梅迪库斯：《德国民法总论》，法律出版社 2000 年版。

论文类

1. 蔡宝刚：《法律与道德关系的制度解析》，载《法学》2004 年第 6 期。

2. 陈金钊：《认真对待规则》，载《法学研究》2000 年第 6 期。

3. 储昭华：《法权的逻辑基础与实质——关于黑格尔法哲学的启示与教训的再认识》，载《哲学研究》2007 年第 7 期。

4. 邓晓芒：《康德论道德与法的关系》，载《哲学研究》2009 年第 4 期。

5. 邓晓芒：《康德自由概念的三个层次》，载《复旦学报》（社会科学版）2004 年第 2 期。

6. 邓晓芒：《康德和黑格尔自由观比较》，载《比较哲学（社会科学展现）》2005 年第 3 期。

7. 邓晓芒：《康德〈实践理性批判〉中的自由范畴表解读》，载《哲学研究（外国哲学）》2009 年第 9 期。

8. 公丕祥：《马克思心目中的法与自由图式》，载《法律科学》1990 年第 3 期。

9. 冯川：《黑格尔法哲学再诠释》，载《法学研究》2006 年第 11 期。

10. 李天新：《对人格权几个基本理论问题的认识》，载《法学评论》2009 年第 1 期。

11. ［德］汉斯·哈腾鲍尔：《民法上的人》，孙宪忠译，载《环球法律评论》2001 年冬季号。

12. 马俊驹、张翔：《人格权的理论基础及其立法体例》，载《法学研究》2004 年第 6 期。

13. 徐国栋：《寻找丢失的人格——从罗马、德国、拉丁法族国家、前苏联、俄罗斯到中国》，载《法律科学》2004 年第 6 期。

14. 张君平：《康德"法权人格"要旨透析》，载《前沿》2010 年第 9 期。

15. 李建华、覃青必：《论康德的道德自由观》，载《哲学研究》2007 年第 7 期。

16. 薛桂波：《意志、自由和法——黑格尔〈法哲学原理〉基本概念解读》，载《吉林师范大学学报》（人文社科版）2009 年第 1 期。

17. 朱学平：《黑格尔法哲学思想探源》，载《现代法学》2005 年第 2 期。

后　　记

　　本书是在我的博士论文基础上修改而成。

　　首先要感谢我的博士导师李龙教授。感谢导师时时刻刻的敦促和教导，使我不敢有半点的松懈和骄傲。从博士开学的第一天直到博士论文的初稿完成，我每次去见恩师都是忐忑不安。因为每逢见面导师必首先询问读书进展、论文写作、有何新观点等问题。每每没有达到要求先生就会严厉地批评，闻者既羞愧难当又坐立不安。毫无疑问，没有恩师的督促和教诲，就不可能有今日这篇论文的完成。还要感谢武汉大学法学院徐亚文、汪习根、秦前红、张万洪、廖奕等恩师，他们给予我极大帮助，借此机会对他们表示深深的谢意和敬意！

　　此时此刻，除了感激之情以外，心头萦绕的就是忐忑、羞愧、内疚与不安。因为深感自己的识见和文笔是多么的浅陋可鄙，明白自己离真正的学术之路是多么的遥远。但毕竟还是窥见了学术这个纯粹的、澄澈的、充满寂寞却欢愉的世界，虽不能至心向往之吧。何其有幸，在武大遇到我的精神导师邓晓芒先生，他引领我瞥见了智慧之光，让我如此着迷于真理问题的探索，颠倒了我的世界观和人生观，让我知道什么是真善美，也让我见识了思想和人格的力量。无法想象，如果没有先生，我将还要迷茫多久。

　　感谢武汉纺织大学的朱丽霞教授为本书出版所做的一切。如果没有她的督促和鼓励，这本书是不可能出版的。博士毕业后，回头再看此文，看到自己都脸红。一直犹豫着，不敢出版。但毕竟还是出版了，算是一个踉跄的起步吧。

行路何其难，最后用帕斯卡尔在《思想录》中的一句话勉励准备重新出发的自己："（做一个）能思想的苇草——我应该追求自己的尊严，绝不是求之于空间，而是求之于自己思想的规定。我占有多少土地都不会有用；由于空间，宇宙便囊括了我并吞没了我，有如一个质点；由于思想，我却囊括了宇宙。"

周雪峰

2011 年 5 月 22 日深夜于珞珈山

2013 年 12 月 17 日修改于瑜珈山